大足石刻十八讲

李小强 著

江苏凤凰美术出版社

李小强，70后，大足石刻研究院大足学研究中心副主任，研究馆员，著有《大足道教石刻论稿》《崖壁上的世俗文化》《大足石刻佛教造像论稿》《大足石刻史话》等专著，发表大足石刻研究论文50余篇、大足石刻欣赏性文章百余篇。

《大足石刻十八讲》从十八个角度，对世界文化遗产大足石刻进行了解读，涉及大足石刻造像史与发现历程、主要造像题材内涵、文化和艺术特点等方面，使读者对大足石刻诸多价值有一个较为深入、详细的认识。该书是重庆市大足区2021年度科技发展项目（项目编号：DZKJ，2021ABB1009）的成果。

前言

凝固的记忆——大足石刻

　　一千多年前的初唐时期，一群匠师挥动着凿斧，开始在今天重庆大足境内的岩石上雕刻佛像，记载文明的演变。于是，一部始建于初唐，历经五代，鼎盛于两宋，绵延至明清，历时千余载的丰厚文化巨著，以其 5 万余尊技艺精湛、蕴涵哲理的造像，屹立在世界文明之林，它——就是大足石刻！

　　大足石刻是大足境内主要表现为摩崖造像的石窟艺术的总称。迄今公布为各级文物保护单位的石窟造像点多达 75 处。其中，以宝顶山、北山、南山、石门山、石篆山"五山"为代表的大足石刻，是一座凝固着唐风宋韵记忆的文化宫殿，它在不断吸收着丝绸之路的古老文明，在不断延续华夏文明的成果之时，以鲜明的民族化、世俗化、生活化特色，成为具有中国风格的石窟艺术的典范。1999 年，大足石刻以"美术价值之高，风格和题材之多样化，代表了中国石刻艺术的最高水平"等标准，被联合国教科文组织列入《世界遗产名录》，它代表着公元 9 世纪至 13 世纪长达 400 多年时间里，世界石窟艺术的最高水平，被誉为世界石窟艺术史上的最后一座丰碑。

　　以雕刻细腻、精美典雅著称于世的北山石刻，可谓中国"观音造像的陈列馆"。其造像反映出晚唐、五代、两宋时期不同的艺术风格。唐代造像衣纹细密，薄衣贴体；五代造像小巧玲珑、体态多变；宋代造像形态优美、比例匀称。如建于南宋初期的"转轮经藏窟"，其间的造像个个端庄典雅、玲珑剔透。她们柔和的目光以及弥漫于脸部、能洞察一切的浅浅微笑，透露出内心的恬静与优雅，显示出超凡绝尘的气质。整个"转轮经藏窟"距今虽已 800 多年，但保存完好，宛如新刻，被誉为"世界石窟艺术皇冠上的一颗璀璨的明珠"。

　　南山石刻是南宋时期的纯道教造像，其造像仙风道骨、雕刻精美，是中国这一时期道教造像最多、最集中、反映神系最完整的石刻造像。

　　石门山石刻、石篆山石刻是佛、道、儒"三教"合一造像区，这在石窟造像中实为罕见，显示了中华民族博采兼收并外来文化，推陈出新的博大胸襟。

宝顶山石刻是一座宏伟精深、充满人间情趣美的佛教艺术殿堂，由一代高僧赵智凤于南宋中晚期清苦70余年主持开凿而成，宝顶山石刻把佛教的基本教义与中国儒家的伦理以及理学的心性融为一体，显示了中国宋代佛教思想的基本特征。其造像内容晓之以理、动之以情，令人省度人生，百看不厌。这里有慧眼微闭、横卧于天地间的"释迦牟尼涅槃圣迹图"；有金碧辉煌、如流星闪烁、孔雀开屏状的"千手观音"——造型各异、千姿百态，拥有"国宝中的国宝""天下奇观"等诸多赞誉；还有长30余米，充满田园生活气息的"牧牛图"，抒情诗般地再现了牧牛生活，揭示了佛教"调伏心意"的禅观修证过程；更有充满人伦情怀的"父母恩重经变相"，通过日常生活情节，淋漓尽致地表现了父母含辛茹苦养育子女的艰辛历程，形象生动，感人肺腑。宝顶山石刻由此成为中国石窟艺术世俗化、生活化的典范。

石刻中有我们的人生、我们的世界，让我们一同去寻觅那凝固在岩石上的文明记忆——大足石刻！

大足石刻博物馆远眺

目 录

1

第一讲　千年历程

——大足石刻造像简史

唐代

大足石刻初创于唐代，此时期主要有尖山子、圣水寺、法华寺、北山这四处造像点。

目前调查发现，当今大足境内的石刻造像，以尖山子石刻为最早。尖山子造像位于今大足铁山镇境内，通编为 10 号，其中第 7 号为弥勒说法图龛，在龛门外的左侧崖壁上，刻有"永徽口年八月十一日"，可知造像年代在唐永徽年间（650—655 年）。另外，还有第 4 号一佛五十菩萨龛等造像具有初唐特征。尖山子多数造像雕凿年代较早，对于了解佛教文化在今巴蜀东部一带此时期的传播颇有价值。

圣水寺石刻位于高升镇境内，造像通编为 10 号，第 3 号龛千手观音保存较好，对于研究唐代千手观音图像的流变具有较高价值。该处造像无题记，但"从造像龛形制、题材及雕造手法看，应为中晚唐作品"[①]。

法华寺石刻位于金山镇境内，通编为 8 号，其中 1 号窟保存较好，正壁为 4 身佛像；左壁内侧刻佛像 16 身，外侧刻说法图；右壁刻 37 身佛像，分三排布列。该处造像无纪年题记，依造像组合和风格特征来看，应为唐代。

法华寺石刻 1 号窟右壁造像

---

① 重庆大足石刻艺术博物馆《大足尖山子、圣水寺摩崖造像调查简报》，《文物》1994 年第 2 期。

北山石刻位于大足城区北面，造像分布位置以佛湾为主，周边还有营盘坡、佛耳岩、观音坡等规模较小的造像点。其中，佛湾石刻造像共编有290号龛窟。北山造像最初的营造与韦君靖密切相关。有关韦君靖的生平事迹，在北山第1号《韦君靖

尖山子石刻全景

碑》中记载较详。从碑刻可知，在晚唐景福元年（892年）之际，时为昌、普、渝、合都指挥使的韦君靖，在北山筑造永昌寨，并"凿出金仙，现千手眼之威神"。据调查发现，该龛造像即为佛湾第9号千手观音龛。另，第3、5号天王龛等造像，亦为韦君靖时期所雕凿。

韦君靖在北山开凿石像，由此拉开了北山石刻的营造。受其影响，其后造像从晚唐、五代，一直延续到南宋初期，历时两百余年方具今日所见的规模。其中，晚唐时期较为重要的造像，除北山第245号观无量寿佛经变之外，有纪年的造像有昌州刺史王宗靖造第58号观音地藏龛（896年）和第51号三世佛龛（899年），僧明悟造第50号如意轮观音龛（897年），军事押衙塞知进造第243号千手观音龛（901年）等。

大足圣水寺、北山等唐代造像的雕凿，与地方行政变化这一背景关系较大。

唐乾元元年（758年），置昌州，其后州治（昌元）毁于兵火。大历十年（775年），复置昌州，州治迁移至静南。静南县所在地，据考，在今大足西南境高升镇太和村境内，其地毗邻尖山子、圣水寺。景福元年（892年），昌州州治迁徙至大足，从而开始北山石刻的雕凿。由此来看，唐代大足境内的造像，与当时昌州州治的变化有较大的关联。

唐代的大足石刻，题材主要有一佛五十菩萨图、三世佛、观经变、菩提瑞像（亦有学者称为毗卢佛龛，下同）、千手观音、如意轮观音、观音地藏合龛、北方天王等题材。多数造像的题材，其来源与巴蜀北部、西部的造像密切相关，如北方天王的造像，在石窟造像中见于巴中南龛、夹江千佛岩、资中重龙山等地。在寺院壁画中北方天王也常是绘画的题材，在成都寺院中，就有范琼、张腾、赵温奇等画家绘过北方天王。这些作品，在时间上基本上早于大足北山石刻，

北山石刻局部

呈现出由西向东传布的线路。另外、观经变、菩提瑞像、千手观音、如意轮观音等亦如此。因此，可以说，大足晚唐时期造像的题材，主要是受以川北、川西（成都及其周边）为源头，由西向东逐渐流布的影响。

此时期造像，以晚唐时期的北山造像最具有代表性，艺术风格上多沿袭盛唐时期丰满、健壮的特点：佛像大多面相丰圆；菩萨像下颏丰圆饱满，衣裙轻薄似纱，肌体隐透，如佛湾第10号持莲花观音像；以北山第5号为代表的天王像，身躯健壮，气势逼人；飞天造像体态丰满，多被祥云环绕；供养人像较少，多出现在龛左右门楣下或龛内两侧壁。

五代

五代时期，受战乱的影响，石窟开凿极少，而在大足一地，因为社会安定，未受到战乱影响，加之前、后蜀王都颇为崇信佛教，石刻造像得以延续。

五代时期大足的造像集中在北山。这一时期主要的造像龛有第53号阿弥陀佛和观音地藏龛（915年）、第39号大威德金轮炽盛光佛龛（922年）、第37号地藏菩萨龛（940年）、第

281号药师佛经变相龛（954年）、第279号药师佛经变相龛（955年）等。除此之外，未见有纪年，但一般认为属于五代时期的作品，还有第36号和第220号十六罗汉龛、第209号解冤结菩萨龛、第273号千手观音龛等。

此时期的造像题材，主要有阿弥陀佛观音地藏（或观音地藏）、药师佛经变相（含日月光菩萨）、大威德金轮炽盛光佛、观音、地藏、解冤结菩萨、十六罗汉、佛顶尊胜陀罗尼经幢等，其中，观音像有千手观音、水月观音、不空羂索观音等。从五代时期造像题材来看，多数沿袭之前晚唐的题材。在新出现的一些造像题材中，

北山第39号大威德金轮炽盛光佛龛

北山第281号药师佛经变相龛

最具有代表性的是药师经变，在第 279、281 号两龛作品中，汇聚了药师佛、日月光菩萨、八大菩萨、十二神将、地藏、佛顶尊胜陀罗尼经幢等题材，这种做法不见于佛经的记载，是五代时期特殊历史环境的产物。

五代大足石刻造像龛形制都较为小型，体量较大的龛如第 281 号，龛高 1.86 米、宽 2.46 米、深 0.66 米。这一现象，与之前的晚唐和其后的两宋时期龛窟比较，都有所不及，体现出五代时期大足一地经济实力与晚唐、两宋时期有很大的差距。尽管此时期造像龛较小，但是在造像艺术上，亦不乏其自身的特点，如菩萨造像，面相较晚唐时期略显清瘦，神情更为丰富，璎珞渐渐趋向于繁缛精细。其中典型如第 253 号正面站立着观音和地藏，慈眼微闭，身姿婀娜。这些特点表明，五代时期的造像，正渐渐由晚唐向两宋时期过渡，对于宋代石窟艺术的繁荣起着承上启下的作用。

北宋（960—1096 年）

大钟寺罗汉造像

北宋绍圣三年（1096 年）前，造像主要集中于大钟寺、石篆山、石门山等几处。

大钟寺造像，位于万古镇境内，系 1986 年农户修建住宅挖掘屋基时发现，皆是圆雕作品，当时清理出具有保存价值的造像 51 件，造像记未见有彼时寺院名称，本地民众世代称此地为"大钟寺坡"，故称其为大钟寺。大钟寺造像，部分有纪年，最早的为北宋咸平三年（1000 年）李承谦造圣僧像，最晚的为北宋嘉祐八年（1063 年）陈炳造罗汉像，据此推知，大钟寺造像主要集中在这一时段。

大钟寺造像题材较多，菩萨像中，有花供养菩萨立像；罗汉像较多，可知当时有十六罗汉之类的组合。其他还有天王、尊胜陀罗尼经幢等。造像中，还有道教神像，具有代表的有许汉琼造中元地官像，可见该处当时为佛、道造像相融的寺院。该处造像具有较高艺术价值，如花供养菩萨身材颀长，衣纹线条流畅简洁；罗汉像面容各具情态，体现出工匠对造像细节处理的娴熟。

在大钟寺一件经幢上刻有"镌作文昌，男惟简、惟一"。据考证，文昌是目前发现的文氏工匠来大足的第一代，在他之后，先后有五代文氏后人在大足献艺，如题刻中的第二代文惟简、文惟一，其后不久分别在石篆山、石门山进行雕凿。

紧接大钟寺之后，是位于三驱镇境内的石篆山石刻的雕凿。该处造像现通编为13号。据北宋元祐五年（1090年）《严逊记碑》和造像铭文记载，石篆山石刻是在元丰五年至绍圣三年（1082—1096年）间，由庄园主严逊主持营造，雕凿的匠师有文惟简和其子文居安、文居用、文居礼等。《严逊记碑》中还记载了造像题材，主要有毗卢释迦牟尼弥勒龛、炽盛光佛十一活曜龛、观音菩萨龛、

石篆山观音菩萨龛

北山多宝塔

长寿王龛、文殊普贤龛、地藏王菩萨龛、文宣王龛、志公和尚龛、圣母龛等。石篆山造像题材不重复，这与严逊和匠师主持设计有关，显示出这是一处有计划的造像点。题材中，佛、道、儒三教兼具，是大足境内最早的三教合一造像点；同时，从造像记和题材来看，这一处造像受到了佛教水陆法会的影响。

在石篆山营造之际，文氏家族文惟一等在石门山开始雕凿石刻。石门山位于石马镇境内，通编为 16 号。石门山最早有纪年的造像为北宋绍圣元年（1094 年），由文惟一镌山王龛，文居道等镌水月观音龛，其后绍圣三年（1096 年）文惟一父子镌一佛二弟子二菩萨龛。由此，开启了石门山石刻的营造。

在这一时期，造像主要集中在上述几处，可见造像活动开始逐步在乡里渗透，题材上佛、道、儒走向融合，并出现了文氏家族的匠师题名。

北宋绍圣三年至南宋淳熙六年（1096—1179 年）

此时期，是大足石刻又一次营造高潮时期，造像点有在昌州州治附近的北山、南山，更多的雕凿点则出现在大足山地之中，可谓是遍布乡里；造像题材更为丰富，佛、道、儒三教更趋于融合；涌现出更多的雕刻工匠，匠师署名的造像更为普遍；艺术上不断推陈出新，可谓达到一个新的境地。

北山石刻，至宋初开始沉寂之后，在北宋后期开始迎来繁盛时期。北宋末期，主要的造像龛窟有第 180 号十三观音变相、第 168 号五百罗汉窟、第 155 号孔雀明王窟、第 176 号弥勒下生经变等。南宋开始，有第 149 号如意轮观音窟（1128 年）、第 136 号转轮经藏窟（1142—1146 年）等纪年造像龛窟。除此之外，第 113、133 号水月观音，第 125 号数珠手观音，第 130 号摩利支天等造像龛窟亦属于此时期。北山石刻另一个造像密集点就是多宝塔的修造。据塔内造像铭文，现存造像年代在绍兴十七年至二十五年间（1147—1155 年），主要有释迦佛、如意轮观音、龙树菩萨、涅槃龛、善财童子五十三参以及捐资者冯楫等像。

石门山石刻在南宋绍兴年间雕刻进入繁盛时期，佛教造像主要有十圣观音洞（1136—1141 年）、孔雀明王、诃利帝母等龛，道教造像有玉皇龛（1147 年）、三皇洞、东岳夫妇龛等。石门山石刻佛道题材兼备，依次布列，可见二者在民众认识中已是相处无碍。

妙高山石刻位于季家镇境内，通编为 8 号，其中雕刻于绍兴十四年（1144 年）的第 2 号窟造像别具一格，佛、道、儒三教主尊汇于一窟之中，是三教融合的真实反映。十六罗汉洞、十

圣观音洞等造像窟的年代，亦大致在三教窟雕刻时间。

以佛教题材为主的造像点，还有峰山寺、玉滩、佛安桥、七拱桥、石佛寺、十王殿等石刻造像点。

这一时期，还出现了单纯的道教题材造像点。

南山石刻位于大足城区南山之巅，通编为15号。南山石刻兴起于南宋绍兴年间，这一时期的雕刻作品主要为三清古洞，它以道教神系完备、雕刻技艺娴熟著称，是大足道教石刻代表作品。圣母龛内三位圣母，端庄和蔼，是宋代难得的生育神祇题材。龙洞内，仅雕刻一龙，在石窟中极其少见。

舒成岩石刻位于中敖镇境内，造像雕凿在一巨石之上，其中有5龛体量相当的造像龛，分别为淑明皇后龛（1153年）、东岳大帝龛（1152年）、紫微大帝龛、三清龛、玉皇龛（1143年）。从造像记可知，该处造像极可能由道教天心正法派信奉者所为，造像题材不重复，系有意识规划而成。

之外，道教石窟造像点还有邮亭镇的佛儿岩、中敖镇的玉皇庙等。

从上述来看，此时期造像题材与前期相比，进入一个更为丰富、多样的时期。佛教造像中，观音可谓是备受民众喜好，既有各种不同的单尊观音形象，如不空羂索观音、数珠手观音、玉印观音、千手观音、水月观音、如意轮观音等，也有观音的组合，尤其是十圣观音的组合，出现在多处造像点，可谓是观音信仰深入乡里的表征。之外，龛窟主尊的造像题材，还有地藏十王龛、诃利帝母、摩利支天、孔雀明王、弥勒经变、解冤结菩萨以及各种高僧造像等，龛窟侧壁（或龛门外侧）的造像中，有天王像、侍者像、善财龙女、供养人像等，在布局上与前期相比更为灵活多变。道教造像题材中，主要是以三清四御为主体的神系，其次，造像主尊还有玉皇、东岳大帝、紫微大帝、三皇等，在其侧壁一般布局所属神系的天尊或侍从像。佛、道、儒三教题材更加走向融合，此在妙高山三教窟有所体现。

此时期雕刻水平甚高，可以说将大足石刻技艺推进到一个新的时代。佛教龛窟中，北山转轮经藏窟内的造像，从洞窟的整体设计到细节的雕琢，都浸透着匠师的苦心经营，其间的造像各具特色，体现出了独特的民族雕塑风格。北山第125号数珠手观音则是别开生面之作，其身材婀娜多姿，表情似笑非笑，是难得的佳作。道教造像艺术也在此时期达到巅峰，石门山三皇洞造像中的文官，细眉凤眼，身材颀长，极具仙家风范。

舒成岩石刻局部

雕刻工匠的署名在此时期较多。文氏家族中，第四代的文仲璋在妙高山、玉滩等地造像署名，第五代出现文琇、文珆、文珠、文玠等，第六代则有文孟周、文孟通等。文氏工匠的造像点主要分布在大足的乡里之中。在北山、舒成岩两处石刻中，出现了伏元俊、伏元信、伏世能、伏小六、伏小八等伏姓家族工匠。从造像点分布区域来看，文、伏二姓工匠未见有在同一地点造像的现象。此外，少见有其他姓的工匠，目前仅发现有胥安营造北山转轮经藏窟、蹇忠进刻石门山药师佛龛（1151 年）等数例。

南宋：宝顶山营建时期

从目前研究成果来看，约在南宋淳熙六年（1179 年）开始，大足石刻进入了以宝顶山为主的营建时期。

宝顶山石刻位于宝顶镇境内，为一代高僧赵智凤于南宋淳熙六年至淳祐九年（1179—1249 年），清苦 70 余年主持营造而成。宝顶山石刻是一处大型的石窟艺术群，它以大、小佛湾为中心，在方圆五里内广大山、佛祖寺、龙头山、三元洞、珠始山等古道旁，开凿有十余处结界像的大型密宗道场。宝顶山石刻造像近万尊，雕刻技艺精湛绝伦，蕴含极其深厚的佛教哲理，同时将儒家的孝道和道教的学说融入其间，展现了宋代佛教文化的特色。

大佛湾造像位于一马蹄形山湾之中，长约 500 米，依岩雕凿在东、南、北三面 8 ～ 20 米的崖面或洞窟之中，通编为 32 号，其中南宋造像 28 龛窟。大佛湾造像题材中，大多数为之前大足石刻未见的题材，如六道轮回图、广大宝楼阁、毗卢道场、牧牛图等；尤其是大幅经变的雕刻，如父母恩重经变、大方便佛报恩经变、地狱经变、柳本尊行化道场等皆是石刻艺术中的上乘之作；即或是沿袭之前的题材，也有极大的创新，如释迦牟尼涅槃图、千手观音、观无量寿佛经变等，在艺术表现上都极富新意。

小佛湾，主要建筑为一石砌的坛台，其上用条石砌成石壁、石室，遍刻佛、菩萨像，主要有千佛、父母恩重经变、大方便佛报恩经变、毗卢庵、华严三圣、柳本尊行化图、八大明王等。在坛台前方，有经目塔和七佛壁。在小佛湾附近，有一座转法轮塔，俗称倒塔，为八面、四级，总体上属未完工之作，在其上刻佛、菩萨像等。分散在各处的结界像，其造像题材主要是华严三圣，其余还有佛与护法神、诸天等像。

宝顶山石刻是一处具有内在联系的造像，尤其是大佛湾的造像之间，极为重视龛窟之间的相辅相成，逐层阐述，采取晓之以理、动之以情的外在形式，将深奥的佛教义理表现得浅显易懂，有"完备而别具特色的密教道场"之称。

宝顶山开凿期间，大足境内其他地方少有造像活动，目前发现仅有普圣庙、石壁寺、灵岩寺等几处，造像规模较小。其中，在灵岩寺内发现有文惟简玄孙文艺的镌记，据考，文艺为文氏家族工匠第六代。

明清时期

元代，大足石刻未见有雕凿石刻造像的记载。明清时期，大足石刻造像得以延续。

明代造像中，宝顶山高观音石刻洪武三十年（1397年）的观音龛，开启了明清石刻的营造。明代造像点中，主要有千佛岩、七佛岩、大石佛寺、光明殿、多宝寺等。千佛岩是明清时期规模最大的一处造像，位于三驱镇境内，造像分布在高约8米、长约200米的岩面上，造像通编为11号，现存500余尊。第1号龛中的十二光佛龛保存一则明代永乐元年（1403年）的题记，记载当时大足县僧会司僧人铭宗，募化资金开凿十二光佛像。第8号观无量寿佛经变龛体量较大，整龛造像构图上，明显受到唐宋时期同题材的影响。千佛岩雕刻佛像颇多，主要有三世佛、

千佛岩石刻局部

七佛和千佛等，"千佛岩"一名亦与佛像众多有关。明代，香炉雕凿的技艺甚为精湛，具有代表性的如宝顶山成化七年至十一年（1471—1475年）的三件香炉。

清代，主要有雷打岩、双山寺、斗碗寨、全佛岩等石窟造像的开凿，规模都较小。一些之前的造像点也续有开凿，如宝顶山大佛湾内的三清、赵公明等像。

明清时期，对之前造像进行妆彩是民众一项重要的活动。其中，对宝顶山千手观音造像就多达5次妆彩，且参与者不局限于大足一地，涉及周边区县信众，可见影响甚广。

明代成化七年香炉

明清石刻造像题材的一个重要特点是，更为世俗化、民间化。具体来说，那就是佛、道、儒三教和民俗信仰题材皆备，多数题材与民众的生产生活息息相关，比较常见的题材有观音、真武大帝、药王、财神、送子娘娘、川主、土主、灵官、灶王、牛王等。其在艺术上少有创新，远逊于唐宋时期造像，一些造像还沿袭前代的模式，如千手观音大多具有宝顶山千手观音的图像特点。

第二讲　巅峰之作
——宝顶山石刻

概述

宝顶山石刻为一代高僧赵智凤于南宋淳熙至淳祐年间（1174—1252年），清苦70余年主持营造而成。宝顶山造像群位于大足宝顶镇境内，是以大、小佛湾为中心，在方圆五里内广大山、佛祖寺、龙头山、三元洞、珠始山、仁功山、三块碑、松林坡等地古道旁，开凿有十余处结界像的大型密宗道场。宝顶山石窟造像近万尊，雕刻技艺精湛绝伦，蕴含极其深厚的佛教哲理，同时将儒家的孝道和道教的学说融入其间，展现了宋代佛教文化的特色，被世人誉为石窟艺术的巅峰之作。

宝顶山石刻是石窟艺术民族化的典范之作。造像中，有柳本尊、赵智凤这些本土自创教派的人物造像，其中，往往出现有一髻发人，有专家认为这就是赵智凤自身，而且在石刻铭文中还直接宣称"诸佛菩萨，与我无异"，可谓佛教在中国经历千年之久传播后，与华夏文明融合的产物，是佛教中国化历程的真实见证。

图文并茂是宝顶山石刻的一个重要特色。造像中，既重视采取具有故事性的雕刻题材（尤其是经变），还重视在造像间雕刻诸多经文偈颂，展现出造像所具有的丰厚内涵。如父母恩重经变"生子忘忧恩"，在夫妇逗小孩享受天伦之乐图旁，刻有"初见婴儿面，双亲笑点头。从

宝顶山石刻局部

前忧苦事，到此一时休"，图文并茂地展现了父母得子的愉悦之情。此种形式，可谓是古代珍贵的石刻连环画。

宝顶山石刻因其世俗化的特色，生动展现了南宋社会生活诸多场景，可谓一幅雕刻在崖壁上的"清明上河图"。在造像中，清晨起来喂鸡的养鸡女、担负双亲在外行乞的孝子、乡村山野中牧牛的牧牛人、父母养育子女的种种场景……这些日常生活中常见的情景，在神圣的佛教石窟艺术殿堂中得到了极其生动的展现。

宝顶山石刻造像之中，未见有工匠题名。关于造像开凿的匠师，结合大足石刻在此时期的发展情况推测，极有可能为文、伏等为首的工匠参与雕凿。

经典造像

宝顶山石刻造像规模巨大、内容丰富，其中，大佛湾造像历来备受称道。造像位于一马蹄形的山湾之中，长约 500 米，在高 8～20 米的崖壁之上或洞窟之中雕刻千余尊摩崖造像。大佛湾是一处具有内在联系的造像，石窟造像间极为重视龛窟之间的相辅相成，逐层阐述，采取晓之以理、动之以情的外在形式，将深奥的佛教义理表现得浅显易懂。小佛湾造像主要有经目塔、七佛壁、大方便佛报恩经变、父母恩重经变、毗卢庵等。

关于大佛湾的造像，本书相关章节多有介绍，在此对一些造像略做简述。

第 2 号护法神龛，正中并肩而立九位身高 2.3 米的护法神，其职能为不分昼夜守护道场，防止外道邪魔入侵。

第 3 号六道轮回图，亦称"六趣唯心图"。龛正中雕刻一转轮圣王，正怒目獠齿死咬轮盘，象征业力不可

宝顶山六道轮回图

猫鼠图

逆转。在轮中心雕刻一鬞发人像，在胸部发出六道毫光，将转轮分为六部分。在鬞发人之外，轮中还雕刻有三圈造像，由里至外第一圈为六道，之外的一圈雕刻的是佛教十二因缘说，对于具体内容，工匠师都用生动的生活场景表现出来，如"生苦"，表现的是一位孕妇正坐在床前生孩子。再之外的一圈，雕刻一圆柱体器物，前端露出的部分表示来世，后端露出的部分表示前生，人在其中轮回不休，或为鱼、马，或为官吏，等等。在转轮下部雕刻有两组像，左下方有一官吏和侍者，表示"贪"；右下方刻有一猴子一边抚着生殖器，一边瞅着后面的少女，表示"爱"，二图所表现的"贪""爱"之心，使得轮盘旋转不休。在鼋的右侧下部，有一组颇有趣

宝顶山华严三圣

味的猫鼠图。下方雕刻一猫，正蹲在竹林下，仰首上望，凝视竹枝上的鼠，而老鼠逃至竹枝前部，紧紧抓住颤巍巍的竹枝，欲下而不能，图中猫不能食鼠，而鼠又不能下，二者皆处于烦恼中，以此表示众生皆处于苦恼之中。

第4号广大宝楼阁图，龛中雕刻3位仙人，有学者认为是赵智凤老、中、青时期的形象。该龛造像依据唐代密教高僧不空翻译的《大宝广博楼阁善住秘密陀罗尼经》而雕刻。

第5号华严三圣，正中为毗卢遮那佛，左为普贤菩萨，右为文殊菩萨，三像皆高达7米，肩宽2米，面目慈祥宁静，眼目下视，脚下踏莲台。此龛造像是大足石刻

宝顶山锁六耗图

宝顶山毗卢道场局部

寓力学、透视学原理于艺术构思的一处典型范例。

第 8 号千手观音、第 11 号释迦牟尼涅槃图、第 12 号九龙浴太子图、第 13 号孔雀明王经变相等参见本书相关章节。

第 14 号毗卢道场，造像主要雕刻在高 6.6 米、宽 11.6 米、深 4.2 米的洞窟内。洞窟正中有一六角攒尖飞檐双层亭，仅雕刻其一半，另一半隐没于后壁之中，亭的上部雕刻有四根龙柱，正面有毗卢遮那佛，口中射出两道毫光，双手结印于胸前，似正在讲授高深的佛法。在下部雕刻有一蟠龙。该亭雕刻于窟正中，类似中心柱形制，据考实为典型的转轮经藏。窟内雕刻造像甚为精致富丽，精品迭出，菩萨造像面容细腻祥和，袈裟自然流畅；武士造像昂首站立，气宇轩昂。

第 15 号父母恩重经变、第 16 号云雷音图、第 17 号大方便佛报恩经变、第 18 号观无量寿佛经变、第 20 号地狱变相、第 21 号柳本尊行化道场等参见本书相关章节。其中，观经变和地狱变相之间为第 19 号六耗图，分为上、下两个部分。上部为"缚心猿锁六耗图"，正中雕刻一髻发人像，胸口刻有一圆心，分别由左右手腕放出毫光，在光带上各刻"善福乐""恶祸苦"三字。在莲台座位下，刻有六根绳索，分别牵着犬、乌鸦、蛇、狐狸、鱼、马六种动物，此六种动物即"六耗"，它们代表着眼、耳、鼻、舌、身、意，是佛教所谓的"六根"。人若放纵六根，就会产生诸多痛苦和烦恼，因此，只有把持六根，才能使心得到清净。所以，劝告世人要注重修心，否则如同碑刻中所刻，"天堂地狱，在一念之间"。下部刻"相识满天下，知心能几人"碑，在其上部和左右两侧刻有偈颂、诗歌等，有《咏心歌》《咏心偈》等，以及"天堂地狱，只在目前""诸佛菩萨，与我无异"等偈语。

第 22 号十大明王龛，全像宽近 25 米，呈一字形布列在柳本尊行化道场下方。此处的十大明王像大都是未完工的粗坯，可知宝顶山是一处未完工的造像，究其原因，有学者认为系与宋元战争有关。

第 27 号正觉像，主尊为毗卢佛半身像，冠上有两道毫光，其中刻有一小像，即柳本尊。有说法认为，这是赵智凤为其师柳本尊造的成佛像，所以，在佛顶两道毫光之间，刻有柳本尊的居士形象，因此，此龛像也被认为是柳本尊成正觉像。

第 29 号圆觉洞是大足石刻代表洞窟之一。该窟造像在巨大的岩石上开凿一进深 12.13 米、高 6.02 米、宽 9.55 米的洞窟，是大足石刻中最大的洞窟造像。在窟门处有长达近 4 米的甬道，其中刻有"报恩圆觉道场"六个大字，以及"宝顶山""宝岩"等字，甬道上方开有一长方形天窗。窟内正壁为三身佛像，中间为毗卢佛，左为阿弥陀佛，右为释迦佛，窟内正中圆雕一头微低垂、双手合十、跪坐的菩萨像，在窟左右两壁各雕刻有六身菩萨，近似于圆雕，皆头戴花冠，胸饰

璎珞。该窟造像依据《圆觉经》雕凿。造像的雕刻技艺娴熟，菩萨身上的璎珞披帛，柔和而流畅。特别是该窟的采光、排水设计，展示了古代匠师巧夺天工的技能。

第30号牧牛图参见本书相关章节。

小佛湾位于宝顶大佛湾东面约200米处，毗邻圣寿寺，据碑刻介绍，此处造像系赵智凤西去弥牟学习本尊密法后，回到大足，首先建造的传法、修行之所，当时名为"圣寿本尊殿"。有专家研究，此处为信徒修行、观想、受戒的内院，而大佛湾则为向信众宣说教义的外道场。现造像通编为9号，择要简介如下：

第1号经目塔见本书相关章节。第2号七佛壁，刻七身佛像。第3号为一洞窟，正壁主像为释迦佛，窟左右壁面：内侧雕刻"大方便佛报恩经变"，外侧雕刻"父母恩重经变"，故事的题材与大佛湾同题材基本相同，相比之下唯人物略少，面积很小。第4号毗卢庵，亦为一洞窟，正壁主像为毗卢佛，两侧壁刻柳本尊和释迦佛，下方刻面貌狰狞的护法金刚。第6号为本尊殿，正壁为宽近12米、高近2米的千佛壁，基本上由条石堆砌而成，由上至下有5排，每排内刻有33个圆龛，龛内有佛像；在殿左右壁亦如此雕刻有佛像，故有千佛壁之称。千佛是佛教艺术中较为常见的题材，小佛湾的千佛造像，表情和姿势极其丰富，可见匠师营造时不拘一格的匠心。

宝顶山小佛湾千佛壁

之外，龛内佛像手中大多持有器物，仅就乐器而言，就有 20 多身佛像手中拿着竖笛、手鼓、拍板、横笛等不同乐器。第 9 号毗卢庵，正壁为毗卢佛，左右龛内为文殊和普贤，左右壁有八大明王、柳本尊行化十炼图等，后者造像内容与大佛湾同题材造像近似。在窟后有"释迦牟尼舍利宝塔禁中应现之图碑"，上有南宋绍定四年（1231 年）纪年。

小佛湾造像与大佛湾造像在题材上颇多相似处，加之为赵智凤回大足后最先修建的殿堂，因此，有学者认为小佛湾是大佛湾造像的"蓝本"。

完备而有特色的密宗道场

关于宝顶山造像的性质，历年来学界争议不断。目前，多数学者认为，宝顶山石刻是一处完备而有特色的密宗道场。

对于宝顶山石刻为密宗道场的说法，起源较早，1945 年大足石刻考察团认为"在中国本部密宗道场之有大量石刻者，唯此一处，诚中国宗教史上之重地，莫之与比也"[1]。其后，这一论

---

① 吴显齐《介绍大足石刻及其文化评价》，《新中华》复刊，3 卷 7 期【罗斯福纪念号】，1945 年 7 月。

断受到诸多学者的赞同，其中，郭相颖《略谈宝顶山摩崖造像是完备而有特色的密宗道场》《再谈宝顶山摩崖造像是密宗道场及研究断想》[①]、陈明光《大足宝顶山石窟造像年代布局及内容研究——密宗道场造像群研究之一》《大足宝顶山石窟对中国石窟艺术的创新——密教道场造像研究之二》[②] 等文，对宝顶山为密宗道场进行了较为详细的阐释。结合这些论述，简要对宝顶山为密宗道场的说法略叙如下。

一、主要密宗造像龛

宝顶山密教中，大佛湾主要有广大宝楼阁、千手观音（详见本书相关章节）、孔雀明王、柳本尊行化道场等，小佛湾密宗造像主要有第4、9号毗卢庵等。

其中，孔雀明王龛编号第13号，高6米、宽9.5米、深3.2米。龛中的孔雀张展两翅，凌空飞翔，其背负之莲台上为孔雀明王，明王面容慈祥，戴七佛冠，四臂分别持莲花、俱缘果、吉祥果、孔雀尾。龛右壁还刻有佛弟子阿难手持经书念诵，旁边有一比丘俯卧在地，后面枯树中有蛇爬出。此图即表现莎底比丘被大黑蛇咬伤，因听闻《大佛母孔雀明王经》而得到解救的故事。壁下刻有虎、狼、毒蛇等凶猛之兽，以示孔雀明王咒能驱赶它们，消灾免难。

宝顶山孔雀明王龛

---

① 郭相颖《大足石刻研究》，重庆出版社，2000年。

② 陈明光《大足石刻考察与研究》，中国三峡出版社，2001年。

宝顶山柳本尊行化道场龛

柳本尊行化道场编号第 21 号。造像高近 13 米，宽近 26 米。龛顶部岩檐上，横刻有"唐瑜伽部主总持王"8 字，龛正壁上层为以大日如来为中心的五佛四菩萨坐像，在其下方，中央雕刻柳本尊像，结跏趺坐，为居士装扮，头戴平顶方巾，身着交领长服，左眼紧闭，左耳垂残缺，左臂亦残缺，空袖搭在腿上，右手举于胸前，作结印状。在柳本尊像两侧，雕刻两排造像。上列造像为柳本尊"十炼图"，下排为柳本尊弟子和仆从像，造像有文官、武将、优婆塞、优婆夷等。此龛造像，内容丰富，人物众多，铭文记载史实颇详，对于了解五代时期四川地区密教的传播具有重要价值。

二、宝顶山石刻的毗卢佛信仰

宝顶山石刻佛像中，题材甚多，对于其主要信奉佛像的认识，是了解宝顶山是否为密宗道场的一个重要依据。从宝顶山的碑文和造像中可知，密宗崇奉的毗卢遮那佛在其间居于重要的地位。

在碑刻中，现存于小佛湾的《唐柳本尊传》碑中，就叙述道本尊密法以毗卢为本尊，如内有"天上人间一十六会□一十□□以瑜伽经□为五部，而以毗卢为本尊，位居中央"，接下来为东南西北四方的佛，"次剖二十八菩萨，以理之四方各开一门，有四菩萨主之，是为三十七尊，而毗卢居其中，故曰本尊"。

由于本尊密法对营建者有重要影响，毗卢遮那佛的形象在宝顶山石窟造像中出现较多，在大佛湾中，第 8 号千手观音龛中，观音主尊正上方顶上有一毗卢佛像；第 14 号毗卢道场正壁转轮经藏内，主尊为毗卢佛；第21号柳本尊行化图中，上层五佛中居中佛像，和居中柳本尊头像毫光化佛皆为毗卢佛；第27号柳本尊正觉像，第29号圆觉洞正壁三身佛居中佛像等皆同；此外，还见于小佛湾第4号毗卢窟，结界像的广大山、佛祖岩等。这些造像，基本上处于龛窟正壁居中的位置，显示出毗卢佛在营建者心目中的重要地位。在图像上，大多双手于胸前结印，基本上为左手在上叠压右手，右手作蜷曲状。这一图像特征，是判断为毗卢佛的重要依据。

可见，在宝顶山石窟中，毗卢遮那佛是营建者极为推崇的佛。

柳本尊行化道场柳本尊头像

三、创建者赵智凤自身的宗派传承

据十炼图等碑刻资料介绍，柳本尊字居直，晚唐五代人，专持大轮五部咒，曾于汉州弥牟建立道场，常用自残方式宣扬其道，先后有炼指、立雪、炼踝、剜眼、割耳、炼心、炼顶、舍臂、炼阴、炼膝等"十炼"行为。如其中"割耳"一事，讲述柳本尊命令徒弟驻守在弥牟道场，自己亲往金堂金水，去行化救病，受到当地民众的钦仰，皆归于其教派。柳本尊于是在天福四年（939年）二月十五日午时，割下耳朵供养诸佛，此时感动了当时浮丘大圣，在其顶上现身作为证明。柳本尊的这些行为屡著灵异，四方道俗云集其下。当时的蜀王还将其请进宫内，供奉三日；后唐明宗（926—933年在位）还赐其院额为大轮；到宋代熙宁元年（1068年）又敕赐寿圣院为额。南宋绍兴十年（1140年），柳本尊建立的弥牟院道场，主持为女尼仁辩，柳本尊自残的"耳臂"以及"宝传"尚在。不过，此时已经是香火冷落。其后，大足米粮里出生的赵智凤，于16岁时前往弥牟，云游"三昼"，回大足后营建宝顶山石窟。从宝顶山石窟可见，营建者赵智凤对柳本尊十分推崇，在石刻中有20余尊柳本尊造像，甚至于在大佛湾内出现巨幅柳本尊十炼图雕刻，可见赵智凤对瑜伽密教是十分虔诚的。赵智凤营建宝顶山，就以振兴柳本尊教为己任，此在石刻铭文中可见一斑，如"六代祖师传密印，十方诸佛露家风""热铁轮里打筋斗，猛火炉中打倒悬，伏请世尊作证明，五浊恶世誓先入""假使热铁轮，于我顶上旋，终不以此苦，退失菩提心"等，体现出赵智凤振兴密教坚韧不拔的精神。

四、宝顶山石刻造像布局及内容

宝顶山外围龙头山、广大山、佛祖寺等十余处造像为四方结界造像群，大佛湾为面向世俗民众的教相俗讲造像群，小佛湾为佛教徒修行、发心、受戒、观相的事相造像群。从其布局来看，宝顶山"石窟道场布局，具备教相、事相二门曼陀罗和受成、灌顶、观想、修行'三密'相应观想本尊之坛场为一体，石窟群中有一无二，不失为一座完备而别具特色的密教道场"①。

在宝顶山石刻中，还出现有华严、净土、禅宗等宗派的造像，如牧牛图，实为禅宗修心的典型作品，甚至还出现有讲述儒家孝道的父母恩重经变这样的造像。但是，赵智凤并非一味地将其他宗派和儒家、道教学说纳入造像之中，而是采取"引显入密"的手法加以改造，如将柳本尊、赵智凤的造像有机地雕刻其间，尤其是在佛涅槃图前出现在佛弟子之首，显示出两位本尊的地位。又如，在石刻中出现的铭文，赵智凤自身撰写的偈语、颂词等时而可见。这些改动，使原本属于显教题材的造像，也就成为具有其自身特色的密宗曼荼罗有机组成部分。对于此点，陈明光先生在文中说道"赵智凤从深幽难解的佛学中探索出佛法的要旨所在，放弃宗派间细枝末节之见，从本体要求着眼，在构思曼荼罗时，采取了'引显入密'的手法，始给欲入真言门的信徒们陈列了一座始之以六趣唯心、终之以齐证圆觉、有教有理、有行有果、形象逼真、道俗普遍都能接受的石窟曼荼罗"②。

宝顶山结界像——佛祖寺

---

① 《大足宝顶山石窟造像年代布局及内容研究——密教道场造像群研究之一》，陈明光《大足石刻考察与研究》，中国三峡出版社，2001 年，第 204 页。

② 《宝顶山石窟创建者——赵智凤事略》，陈明光《大足石刻考古与研究》，重庆出版社，2001 年，第 166 页。

因此，可以说宝顶山是一座以密宗为主体，同时融佛教其他宗派以及道教、儒家等为一体的大型密宗道场。

大藏信仰

佛教传入中国后，经过长时期的发展，中国僧人逐渐对佛教典籍有了比较清楚的认识，这个过程到唐代智升撰著《开元释教录》达到顶峰，完全确立了汉文大藏经的结构分类体系，第一次使各类经典形成有机整体。宋代出现的《开宝藏》是我国第一部刻本大藏经。由此，卷帙浩繁、汇集佛教典籍的大藏经，保存了大量佛教经书和文献，唐宋及其之后在官方和民间，颇为流传信奉。

在宝顶山数以万计的石刻铭文中，有一个特殊的现象，那就是在一些经文之前或其中，往往出现"大藏"二字，如在佛祖岩石刻中有"大藏佛说守护大千国土经"，在小佛湾经目塔第一级东面塔身，其最初为"大藏佛说大般若波罗蜜多经"；更多的实例则出现在大佛湾，初步统计有30余处，如父母恩重经变相中有"佛说不孝罪为先经。大藏佛言，或后儿子，及其长大"，大方便佛报恩经中有："大藏佛说大方便佛报恩经：释迦牟尼因地雁书报太子。大藏佛言，善友太子……"那么，这些铭文是不是"大藏佛，说"？经辨析，类似于"大藏佛说……"（"大藏经言……"）之类的铭文，应当为"大藏。佛说……"（"大藏。经言……"），如佛祖岩石刻"大藏佛说大般若波罗蜜多经"，应为"大藏。佛说大般若波罗蜜多经"，以此表明此部所说经典，是出自佛教经典汇集的"大藏"。这种现象在佛教石窟艺术遗存的刻经中极为少见。

那么，为什么在宝顶山石刻中的佛经前，要加上"大藏"这一出处呢？这一点，其实体现出营建者对"大藏"的一些认识和观念，大致有以下几点：

首先，体现出宝顶山营建者对"大藏"的重视，并将"大藏"作为石窟营造中重要的设计思路之一。赵智凤非常重视"大藏"，在其设计、营造宝顶山石窟时，以《大藏经》作为其中的一个重要总体思路。特别是小佛湾经目塔中经目前出现大藏，表明对大藏的崇奉；具体造像上来说，并非一一展现《大藏经》所搜集的经典，而是结合时代气息、自身对佛教的理解，选择所要表达的主旨，再以合适的造像题材来加以雕刻。由此也表现出其自身对佛教大藏的重视。

其次，具体在表现上，充分考虑到世俗信众的需求，着重突出"看转大藏"。在赵智凤所处的时代，读诵、转念、雕凿《大藏经》已经成为一种信仰的方式，颇为盛行。宝顶山设计者结合其时代特点，在造像中较多出现"大藏"字样的经文和偈句，而且造像之间不重复，信众

大方便佛报恩经释迦牟尼因地鹦鹉行孝铭文

对每一龛窟的造像的瞻仰，具有一种转念佛经的意味，通过此种方式，获得一种功德。

最后是就大藏经具体的经书而言，赵智凤有其自身的认识。其中有两点值得注意。一种是对中土产生的经典的认同，特别是对中土出现的"伪经"的认同。赵智凤所认识的"大藏经"中，不但不排斥所谓的"伪经"，反而更加注重"伪经"，典型的例子中，如在大佛湾第 15 号父母恩重经变相，即以汉化佛教中最受民众信仰的《父母恩重经》来开凿的，而且，将该经置于第 14 号毗卢道场旁，是阐述佛教第一义的造像，成佛的标准首先是讲究"孝"道，具有极为浓厚的汉化佛教特色。另一种是体现出密宗经典的核心作用。在小佛湾经目塔中，将密宗经典置于最上层；在整个宝顶山造像群中，分为三大部分，结界像、外道场（大佛湾）、内道场（小佛湾），由显（教）到密（教），体现出密宗在整个造像中的地位。究其原因，与赵智凤所习的佛法为密法极其相关。

由此来看，宝顶山石刻中众多的"大藏"铭文资料，表明营建者在设计思路上，对佛教经文汇聚的"大藏"尤为注重，并将其作为重要的设计理念和思路之一，来加以表现；同时，也体现出赵智凤既信仰大藏，又发展大藏的观念，具有自身特色。宝顶山石刻所出现的对"大藏"的注重，可谓是汉化佛教"大藏"思想观念，在中国出现、发展并备受民众崇奉的结果。这一在石窟艺术中颇具特色的设计，与宝顶山所呈现出的其他重要设计理念和思路一道（如对儒家文化的注重、自身密教教义的重视等），使得宝顶山石刻具备诸多的文化特色。[1]

① 李小强《大藏信仰与宝顶山石窟》，《2014 年大足学国际学术研讨会论文集》，重庆出版社，2016 年。

第三讲　石刻碑铭
——金石文献的史料价值

大足石刻造像点之中，常常保存着 10 余字的碑刻铭文，这些文字大多位于造像龛窟之间，是了解石刻造像年代、营造背景、捐资人物、社会风俗等的珍贵史料；同时，一些碑刻还单独成龛，具有很高的史料价值。石刻碑铭与石刻造像一道，成为大足石刻的重要组成部分。

晚唐：《韦君靖碑》

　　《韦君靖碑》是大足境内罕见的唐代碑刻，位于北山佛湾南段之首，刻在高 2.6 米、宽 3.1 米的石壁上。碑刻的内容，主要分为两个部分，上部主要叙述韦君靖的生平事迹，下部刻有 145 名节级将校的名衔。这件碑刻由韦君靖所建，静南县令胡密撰文，刻碑的时间为唐乾宁二年（895 年）。因碑刻主要叙述韦君靖生平，所以被后世称为《韦君靖碑》。1945 年 4 月，由马衡、顾颉刚等著名学者组成的大足石刻考察团说"一篇韦庄的《秦妇吟》，表现了晚唐中原的动荡，而一块胡密的《韦君靖碑》也反映出晚唐东川的形势"[1]"可补新旧唐书及新旧五代史之缺略！"[2]

　　《韦君靖碑》记载的史料颇多，其中记载韦君靖生平事迹，并从中反映出当时川东一带形势，是这件碑刻最为重要的部分。碑刻叙述韦君靖"少蕴大志""为一时之英俊者也"。唐僖宗乾符年间（874—879 年），"天下骚然，蝗旱相仍，兵戈四起"，韦君靖"合集义军，招安户口"，不久便"足食足兵"。其后，黄巢攻入长安，唐僖宗逃往成都，此时天下形势可谓是"四海波腾"，巴蜀地区则是"三川鼎沸"，也即先后发生了著名的"三川"之战：涪州韩秀升起义、西川陈敬瑄征讨东川杨师立、王建讨伐陈敬瑄。这些战事，韦君靖可以说是无役不从，并且屡建战功，由"普州刺史"，多次升迁后为"昌州刺史，充昌、普、渝、合四州都指挥，静南军使"，即

《韦君靖碑》和韦君靖像

① 吴显齐《大足石刻考察团日记》，《民国重修大足县志》卷首，1945 年。

② 吴显齐《介绍大足石刻及其文化评价》，《大足石刻研究》，四川省社会科学院出版社，1985 年，第 32 页。

掌管今重庆、大足、合川和四川安岳一带的最高军事长官。此时，韦君靖便寻思建立一个稳固的军事基地，唐景福元年（892年），决定在今大足城区西北约1.5千米外的龙岗山，修建永昌寨，并请来工匠，在寨内雕凿佛像。

《韦君靖碑》中还记载了在龙岗山建永昌寨的事迹。碑刻描述，位于大足城区西北一带的龙岗山，断岩削壁遍布，道路崎岖不平，有一夫当关、万夫莫开的险要地势。景福元年（892年），韦君靖在此营建永昌寨，碑文记述了规模巨大的寨内情况，其内有"峥嵘一十二峰，周围二十八里"，当时邀请了良工，在山上筑造城堡2000余间，敌楼100余所，在上面贮藏有10年的粮草，屯兵数万之多。

据调查，今龙岗山一带还保留着不少的遗迹，有双面石砌寨墙，总长度约437米，而这种寨墙，在规制、墙石形制以及堆砌方法上都是一致的；有寨门，其中"491"寨子坡的寨门，在近2米高的门上，两块长2.1米的巨石压于其上；之外，还有漫漶的字迹、屯田遗迹等。调查估算，整个永昌寨面积达3.63平方千米。类似永昌寨这样一个城寨合一、军政一体的古寨，可谓是唐代寨堡的一个代表。[①]

《韦君靖碑》对了解北山石刻最初开凿，是极其珍贵的资料。碑刻记载韦君靖在营建永昌寨之际，"又于寨内西……翠壁凿出金仙，现千手眼之威神，具八十种之相好"。在20世纪的研究中，对于碑刻中说到的千手观音像（"千手眼之威神"），据造像记可以明确断定是毗邻《韦君靖碑》的第9号千手观音龛。除此之外，韦君靖营造的龛窟，结合造像区域、风格等特点，目前学术界认为毗邻《韦君靖碑》的第3号天王龛、第5号北方天王龛、第10号释迦佛龛等，也大致开凿在韦君靖营建永昌寨这一时期。

在《韦君靖碑》中，未提及韦君靖之后的去向，对此，学术界有两种说法，一种是不知所终；另外一种是说他投靠前蜀王建，并更名为"王宗靖"，关于这一点，主要是今北山第51、58号龛内，有王宗靖的造像题记，其官衔与韦君靖大致相同。在《韦君靖碑》旁，刻有身高2.16米的韦君靖站像，他头戴软脚幞头，脸庞丰满，右腰处系有印和紫金鱼袋，双手拱于胸前捧朝笏（残）。该像虽然有所风化，但是仍可见韦君靖气度不凡。据考，该像为五代时期韦君靖的部将所立。

---

① 刘蜀仪、陈明光、梁洪、张划《唐末昌州永昌寨考略》，《大足石刻研究文集》，重庆出版社，1993年。

北宋：《严逊记碑》

《严逊记碑》现竖立在石篆山佛会寺关圣殿内，碑刻高2.04米，宽1.08米，厚0.17米，碑刻左右侧下方各刻一博山炉，其内生出忍冬纹，沿碑两边侧延伸至碑顶作为边框。《严逊记碑》首行刻"警人损动诸尊像及折伐龛塔前后松柏栽培记"，可知其碑刻名。因碑刻主要叙述严逊的生平事迹和开凿石篆山石窟的经过，故世人多称为《严逊记碑》。

《严逊记碑》记载，严逊为遂州（今四川遂宁）润国人，其父因在小溪服役，故在此安家。天圣年间（1023—1032年），严逊九岁之际，其父为躲避服役，迁居到昌州昌元县（今重庆荣

《严逊记碑》

昌）赖川宅。是时，小溪因广"公宇"，便卖掉其宅，又听闻其父生病，遂赶往昌元，并购买古村、铜鼓、石篆三处庄园。辛酉年（1081年），将三处庄园交付给其三个儿子。随后，在石篆山开龛凿像，并在堂塔前后栽植松柏及花果杂木等。元祐五年（1090年），"诸像既就"，所栽植的松柏等亦成长，使得该地成为乡人瞻礼游历之地。从碑文可见，严逊对佛教甚为信奉，如说道"予读佛书，年体修行，持斋有日矣"；又如，他希望游历石篆山的人，"各生欢喜心，共起慈悲行，共成佛事，以毕予志乃幸"。该碑文由严逊于北宋元祐五年（1090年）亲自撰写，严驾、严于程、严骥三个儿子刻石，外甥遂州表白僧希昼书。

在碑刻中，明确记载了严逊开凿石篆山的造像名，"刻像凡十有四，曰毗卢释迦牟尼弥勒佛龛，曰炽盛光佛十一活曜龛，曰观音菩萨龛，曰长寿王龛，曰文殊普贤菩萨龛，曰地藏王菩萨龛，

曰太上老君龛，曰文宣王龛，曰志公和尚龛，曰药王孙贞人龛，曰圣母龛，曰土地神龛，曰山王常住佛会塔"，这些造像，迄今仍基本上保存完好。从石篆山造像题记来看，最早为北宋元丰六年（1083年）开凿的太上老君龛，其后为志公和尚龛（1085年）、文宣王龛和三身佛龛（1088年）、文殊普贤龛（1090年），最晚为北宋绍圣三年（1096年）的地藏与十王龛。也即在竖《严逊记碑》的元祐五年（1090年）之际，石篆山造像虽未完工，但由此亦可见石篆山造像是严逊统一规划设计的。

2003年，在石篆山一带发现了严逊主持的部分造像龛，其中亦有一通碑刻，从其内容来看，除极少数字外，其余与《严逊记碑》大致相同。据考，新发现的碑刻为宋代严逊所刻，佛会寺内的《严逊记碑》为明代翻刻。①

南宋至明代：宝顶山碑刻铭文

宝顶山石刻内刻有大量的碑刻铭文，其中，关于柳本尊、赵智凤的记载是了解密宗流传、宝顶山开凿等方面极其重要的史料；经目塔，是大藏经信仰的珍贵实物资料；造像龛窟间所刻的铭文，对于认识造像的身份、考察经典的出处等具有重要的价值。在此略举数例，以见其一斑。

一、造像铭文的诸多价值

宝顶山石窟宋代的碑刻铭文，具有多方面的史料价值。

宝顶山大方便佛报恩经变相"假使"偈

---

① 高秀军《大足石篆山〈严逊记碑〉补正及相关问题考略》，《敦煌学辑刊》2016年第1期。

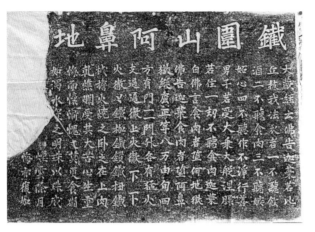

宝顶山地狱变相铭文

唐《柳本尊传》碑

首先，宝顶山碑刻铭文是了解赵智凤生平（详后）、传法宗派等方面的重要实物，如造像群中，多处造像旁雕刻着颂词和偈语，其中，多次出现的"假使热铁轮，于我顶上旋，终不以此苦，退失菩提心"，以及"热铁轮里打筋斗，猛火炉中打倒悬，伏请世尊作证明，五浊恶世誓先入""大愿弘持如铁石，虚名委弃若埃尘"等，正是明代刘畋人撰碑中，记载赵智凤"发弘誓愿"的锲而不舍、持之以恒精神的一个体现。又如，地狱变中的髡发人，位于地狱组图之中，身着袈裟，手持经卷，旁刻有"吾道苦中求乐，众生乐中求苦"等说教的偈语，体现出在地狱中拯救众生的行为，这与石刻铭文"伏请世尊作证明，五浊恶世誓先入"所表达的宏愿是一致的，由此可见赵智凤以佛法拯救世人的宏愿。

其次，宝顶山碑刻铭文对于了解宝顶山设计思路和理念具有极高的价值。如在书中相关章节对经典前刻"大藏"的介绍，表明此处的经典来源于佛教"大藏经"，也即宝顶山石刻造像在设计上有意识体现"大藏经"。

再次，宝顶山碑刻铭文对于认识造像身份、考察经典出处等方面具有重要意义。这一点，特别是在父母恩重经变相、大方便佛报恩经变相、地狱变相等龛窟中，尤为突出，本书相关章节有所论述，此不赘举。

最后，宝顶山碑刻铭文中，还出现一些异体字，即经偈颂文中出现了字书中不载或不常见的字，包括历史文献中的古体字、别字、当世社会的俗写字及石窟营建者的"自造字"等，对研究古代汉字的演变具有一定的参考价值。

二、柳、赵生平事迹

宝顶山现存的柳本尊事迹碑刻铭文，主要集中在《唐柳本尊传碑》和大佛湾第21号柳本尊行化图。《唐柳本尊传》碑位于小佛湾内，高1.52米，宽0.94米，碑由王秉题额，前为祖觉所撰的传记，后为张岷著跋。原碑由南宋绍兴王直清立石于弥牟柳本尊墓左，其后赵智凤复刻于宝顶山。

关于柳本尊的事迹，在诸多正史文献中未见记载。《唐柳本尊传》碑和柳本尊行化图中，都有关于柳本尊事迹的记载。柳本尊（855—942 年），名居直，是晚唐时期嘉州（今四川乐山）人，弘布瑜伽密教，在汉州弥牟（今成都青白江地区）设立中心道场，四方道俗云集其座下，以自残肢体、苦行劝化，弘扬密教于两川，号"唐瑜伽部主总持王"。在柳本尊行化图中，以炼指、立雪、炼踝、剜眼、割耳、炼心、炼顶、舍臂、炼阴、炼膝这十个事迹图（"十炼图"）方式，讲述了其修行过程。如"第二立雪"，记载他于光启二年（886 年）十一月，游峨眉山瞻礼普贤菩萨，此时"大雪弥漫，千山皓白"，本尊便在大雪中"凝然端坐"，六年后修行

宇文屺诗碑

成道，感普贤菩萨现身为其证明。该故事图刻柳本尊头不着冠，双手合十盘膝端坐在雪山之中，其旁有普贤菩萨。又如"第五割耳"，记载本尊亲身前往金堂一带"行化救病"，受到"诸民钦仰，皆归正教"，本尊于天福四年（939 年）割耳供养诸佛，感浮丘大圣现身以为证明。图中，刻本尊盘膝端坐，左手执左耳，右手持一把戒刀放于左耳边。在柳本尊的修行事迹中，多有自残的修炼方式，除此之外，还有"第四剜眼""第八舍臂"等，所以，在柳本尊的图像中，基本上是缺左臂、眇一眼、左耳残缺等。这些事迹图中，还记载有柳本尊的信奉者，其中多次提及当时的蜀王，如"第八舍臂"中有"蜀王叹异，遣使褒奖"，"第九炼阴"中有"蜀王叹服"，"第十炼膝"中有"蜀王钦仰已久"等，可见柳本尊在当时影响较大，连蜀王也甚为钦仰。

同宝顶山石窟造像今天仍存在诸多争论一样，赵智凤的生平事迹也一直是探讨的焦点。目前发现宋代的史料有两则。一是最晚在南宋绍定二年（1229 年）①成书的《舆地纪胜》一书中，提到 23 字："宝峰山，在大足县东三十里，有龛岩，道者赵智凤修行之所。"②之外一则为位于第 5 号华严三圣龛底部的宇文屺诗碑，其诗云："剚云技巧欢群目，含贝周遭见化城。大孝不移神所与，笙歌麟甲四时鸣。"后有跋，记有"宝顶赵智宗，刻石追孝，心可取焉"等。据考，

① 李勇先《〈舆地纪胜〉研究》，巴蜀书社，1998 年，第 19 页，书中认为该书"最后成熟当不会早于绍定二年"。

② 宋·王象之撰《舆地纪胜》五，中华书局，2003 年，第 4367 页。

明代刘畋人《重开宝顶石碑记》

赵智宗即赵智凤，该诗碑为南宋宁宗嘉定十六年（1223年）[1]所立，宇文屺时任昌州军州事。

直到近200年后，宝顶山再次兴盛，在明代洪熙元年（1424年）、宣德元年（1426年）两通基本相同的《重开宝顶石碑记》，以及弘治十七年（1504年）曹琼撰《恩荣圣寿寺记》等碑刻，记载有关于赵智凤的事迹。这些，使此碑成为后世了解赵智凤极其重要的史料。碑中记载，南宋绍兴二十九年（1159年）七月十四日，赵智凤出生于大足县米粮里（今智凤镇）的沙溪赵延富家中，从小就孝敬其母，一次母亲患重病，求师医治，委身于寺来救母亲的病。五岁之际，在居住地附近的古佛崖"落发剪爪"为僧，一生之中"凡可以济人利物者，靡所不至"。他十六岁时，西往今成都附近的弥牟，云游三昼（三年）后返回大足，"命工首建圣寿本尊殿"于今宝顶山，发下宏誓愿，普施法水，御灾捍患，从而德洽远近，莫不皈依。他还在宝顶山"前岩后洞，琢诸佛像"，这就是今仍存的宝顶山石刻。这是一处以大、小佛湾为核心，在方圆2.5千米内的悬崖和古道旁雕凿10余处结界像的大型摩崖造像群，造像近万尊，是石窟艺术的巅峰之作。[2]

① 陈明光《大足石刻探疑五则》，《大足石刻研究文集》，重庆出版社，1993年，第152～154页。

② 参阅《宝顶山石窟创建者——赵智凤事略》，陈明光《大足石刻考古与研究》，重庆出版社，2001年。

三、经目塔

经目塔，又称为"祖师法身经目塔""大
藏塔"，位于小佛湾内，为三级四方楼阁式塔，
塔体高7.91米，全用条石砌成，逐级内收，顶
置塔刹。塔上浮雕大小圆龛佛像103尊，经目、
偈语、颂词4000余字。

该塔的一个主要表现为佛教经目，实际上
展现的即为"大藏"，在一级北面、东面，二
级东面的佛经经目开篇，即为"大藏"二字，
表示以下经典为大藏经所记载（即出自《大藏
经》）。塔上的经目，佛经中经、律、论皆备，
其中第一级主要为经，第二级主要为律、论（也
包括部分"经"），第三级主要为密宗经典[①]，
将密宗经典置于上部，或有可能体现出密宗在
赵智凤心中的地位。受塔面面积因素影响，可
能存在部分经典未录，但是，利用此塔来展示
大藏经应当是无疑的。

宝顶山经目塔

该塔对大藏的重视，是在所有宝顶山造像
群中出现"大藏"二字地方中，体现得颇为显
要的。集中性的一处体现就是"普为四恩，看
转大藏"，此八字在宝顶山石窟群中具有特殊
的意味，从赵智凤在营建大型密宗道场的表现

经目塔"普为四恩，看转大藏"题刻

方式来看，采取世俗化为主的特色，以"看转"的方式来阅读"大藏"，其目的就是向更多的
民众宣扬佛教，进而使得更多民众信仰佛教。此处"看转大藏"或许就是设计者设计宝顶山石
窟群的思路。以世俗化的图文并茂方式来表现高深的佛教教义，尤其在宝顶山大佛湾中处处
可见。

---

① 关于第三级主要为密宗经典，方广锠先生在《四川大足宝顶山小佛湾大藏塔考》（《大足石刻研究文集》第2辑，重庆出版社，1997年）一文中，
以第三级北面左边的部分残字分析，认为"这是一批按照某种特定目的重新编纂过的密教经典""这批经典很可能就是赵智凤所倡导的四川密
宗所主要依据的经典"。

南宋：《何光震饯郡守王梦应碑》

　　碑刻位于南山三清古洞右外岩壁，刻石面高 1.65 米，宽 1 米。碑文记述了在南宋淳祐七年（1247 年）之际，时为大足县令的何光震以及一些僚佐，为给前知昌州军州事的王梦应离任饯行，特结伴登游南山的经过。碑文真实地记录了南宋末期四川（尤其是川东一带）地区社会、政治、历史等基本情况，保存了诸多富有价值的史料。碑刻年代为南宋淳祐七年（1247 年），之前文献所录年代为"淳祐十年"，故之前多被称为《淳祐十年碑》。

《何光震饯郡守王梦应碑》

对于该碑，陈世松《试论大足南山淳祐十年碑记的价值》论述较深刻，兹简介如下。一是具有"以碑证史"的价值。首先是"印证了宋末四川内郡防御空虚的历史情况"，如碑刻中说道大足"独惜介在山间，距大江几二百里，素无城守兵卫"；其次，"印证了蒙古军入蜀以来四川内郡的残破情况"，如碑刻记载"狄难以来，官吏民多不免焉，加以师旅，因以饥馑，存者转徙，仕者退缩，州县官苟具而可，环千里荆榛矣"；再次，"印证了余玠治蜀的政绩，大大丰富了这一时期的历史内容"。二是具有"以碑补缺"的价值。碑刻的年代，正处于宋末四川社会的一个转折阶段，而作为反映这一转折阶段的文物，该碑刻具有时间较早、字数最多、保存最完整的特点，"是目前所知省内唯一的或者不可多得的南宋淳祐时代的摩崖珍品"。三是具有"以碑断限"的价值，从该碑刻可以得出一个结论，淳祐七年"是大足石窟艺术的最后截止年代"，如淳祐七年以后的战乱，"足以使从事石窟艺术造像的工匠失去继续在大足安身立命的环境和条件"。①

此外，该碑还具有多方面的价值，如碑文中"昌邻于合，旧号东州道院，人物彬彬，久稔闻见。人品有杨贤良、王文安之清，亭沼有香霏、鉴湖之胜，仙迹有董葛之异，山林有南北之秀，物产有盐米之饶"的记载，对于了解当时昌州的吏治、人物、风景名胜、道教、物产等，都具有较高的价值。

造像题记

大足石刻造像完工之际，大多会留下造像记，叙述造像的目的、捐资人物以及工匠等信息，这些造像题记，具有多方面的价值。

一是可知造像龛窟题材、捐资人物和时间。如北山第50号造像记"敬造如意轮菩萨一龛，□都典座僧明悟，奉为十方施主镌造，乾宁四年三月□日设斋表赞讫，□□主僧道广，小师道添"，从这则造像记可知，该龛主尊为如意轮观音，系僧明悟等"奉为十方施主"而镌造，时间在唐乾宁四年（897年）。这些造像记对于鉴别造像题材、时间，具有极其重要的价值。

二是了解造像的祈愿。造像记中所发祈愿众多，是了解当时民众的真实社会史料。如晚唐乾宁三年（896年）营造的北山第58号观音地藏龛，王宗靖祈故何七娘"当愿承此功德，早生西方，受诸快乐"；又如南宋绍兴六年至十一年间（1136—1141年）营造的石门山十圣观音洞，

① 陈世松《试论大足南山淳祐十年碑记的价值》，《四川文物》1986年第1期。

北山第 50 号造像记

观音像的祈愿较多，有"祈乞一家安泰，四序康宁""寿算延长，公私清泰""乞冤家解释，债主生天""国泰民安，风调雨顺"等，体现出观音在此时期所具备的职能甚多，由此也可了解观音在此时期民间信仰的程度。

三是工匠署名。关于此点，在本书"镌作石工——石刻中的匠师题名"一章中介绍颇多，可资参见。

四是妆彩（含妆金）记载。一种是造像完工后的妆彩，如北山第 136 号转轮经藏窟正壁左侧观音，为知昌州军州事张莘民捐资修造，题记中说"今者彩刻同就，修设圆通妙斋，施献寿幡，以伸庆赞"，可知在造像完工之际，就有妆彩的活动；另外一种是后世的妆彩，此一点，在宝顶山千手观音造像体现尤为突出，此外，也较多见于其他一些造像，如营造于宋代的北山第 155 号孔雀明王窟，在清道光二十三年（1843 年），由棠城信士徐荣德一家对其进行了妆彩（含妆金）。

游人碑刻题记

在大足石刻造像铭文中，可看到当某一处石窟造像形成后，往往吸引众多的人士游览观赏，其中，最早的尖山子石窟，在唐永徽年间（650—655 年）有造像后，不久的乾封元年（666 年）八月二十日，就有游赏者"来此游"的题记。

宋代时期造像在众山中雕凿，并形成一定规模，这也使得当地成为游赏之地，游人题记从宋代绵延至明清时期。

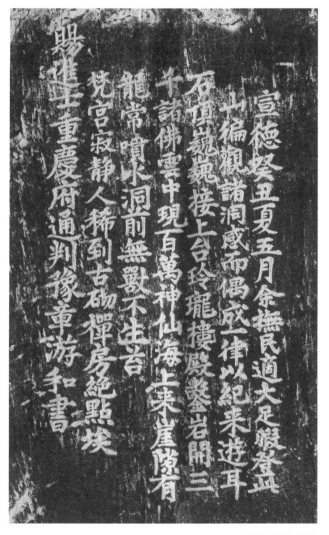

宝顶山游和题诗

南山吕元锡游记

北山石刻经过晚唐五代的兴建，尤其是在南宋绍兴年间的兴盛，加之毗邻当时昌州的州治，从而成为一处重要的游赏之地。今北山之中，仅在南宋时，就保存有10余则游人题记，如淳熙四年（1177年），吕元锡来到北山避暑，并和其弟吕元牧一道在这里"煮饼、瀹茶、弈棋、赋诗"，盘旋终日。还如，南宋淳熙十三年（1186年），资中的刘子发、广安的姚舜卿、眉山的史岩叟、隆山的陈德用等人"较试南昌毕"

宝顶山王德嘉书"宝顶"

后，与眉山的家宜父、河南的吕伯虎等一道游赏北山，"徜徉竟日"。此次游历之人，籍贯不一，体现出此时北山成为当时昌州大足的一个重要游赏场所。

与北山遥遥相对的道教造像区——南山，南宋时期也成为游历和避暑的胜地，如淳熙五年（1178 年），吕元锡携带全家"寻仙追凉于此"。又如端平二年（1235 年），江原的樊允季带着资阳的客人王熙，避暑于此，"盘旋终日"。清代是南山碑刻出现较多的另一个重要时期。代理大足知县的清代著名学者张澍，在南山就存留有碑刻四件：位于第 2 号碑洞中的《重九日偕友登高记》《重游南山题诗并跋》；另两通碑刻皆作匾形，一为位于太清亭内的"辰秀太清"碑，一为"翁然云起"碑。另一位大足知县王德嘉在南山的题书，今存有碑刻五件，不但有高达 1.7 米、宽 1.17 米的"寿"字碑，还有楷书的"绝尘"碑、隶书的《史晨碑》（部分），甚至行书的《争座位贴》（部分）等，南山可谓是其展示书法才艺之地。

而在宝顶山，当时就有昌州等官员的题刻，可知其影响较大。明清时期，来此游历者不乏其人，迄今崖壁上仍保存大量的题诗和游记，如明代任重庆府通判的豫章游和，在其诗作中，称道宝顶山石刻："石顶巍巍接上台，玲珑楼殿凿岩开。三千诸佛云中现，百万神仙海上来。"清代来此游历题记者亦较多，如时为大足知县的王德嘉，其书写的"宝顶"二字，高 1.65 米、宽 1.25 米，成为宝顶山石刻具有代表性的题刻。

第四讲　镌作石工

——石刻中的匠师题名

匠师题名寻踪

唐代、五代的大足石刻中，迄今未见有匠师人名的出现，不过，晚唐北山第9号千手观音龛中出现有匠师活动的记载。2001年，在北山第9号千手观音龛外下端发现一则题记，有"召募良工，镌大悲观世音菩萨天龙□部众一龛"等字，另还可辨"□校司空使持节都督"官衔，与《韦君靖碑》中韦君靖的署"检校司空、使持节都督昌州诸军事……"相同，可知"是韦君靖开凿时的造像镌记无疑"。①

北宋初期，在大钟寺遗址出土的圆雕陀罗尼经幢上出现了匠师的人名。这件佛顶尊胜幢，残存幢身中部，高0.48米，八面形，每面皆刻有文字，有《佛顶尊胜陀罗尼经》经文，女弟子王氏镌造缘由等，其中一面出现有"镌作文昌，男惟简、惟一"。该件作品于北宋皇祐四年（1052年）"竖立"，嘉祐四年（1059年）僧令儒又书《佛顶尊胜陀罗尼经》经文于其上。目前，这件作品上出现的文昌及其子文惟简、文惟一，是大足石刻发现最早的匠师署名题记。

文昌的署名拉开了大足石刻匠师造像署名的风气，对其后大足石刻雕刻作品中出现署名影响深远。在北宋时期，匠师除文昌之外，还有文氏的后代文惟简、文惟一、文居用、文居礼、

舒成岩东岳大帝龛

① 陈明光《大足北山佛湾发现开创者造像镌记》，《四川文物》2007年第3期。

文居安等工匠。北宋后期，在北山出现有伏姓工匠雕刻署名，北宋靖康元年（1126 年），伏元俊和其子伏世能，镌造了第 155 号孔雀明王窟、第 176 号弥勒下生经变相、第 177 号泗州大圣窟等。

南宋是大足石刻匠师署名的高峰时期，尤其是在绍兴年间。

文、伏二姓匠师后代继续在大足雕凿，文氏匠师中，主要有文仲璋、文珠、文玼、文玠、文孟周、文孟通、文艺等。舒成岩道教石刻是以伏氏匠师为主的造像点，绍兴十三年（1143 年）玉皇大帝龛内有伏忠靖题名，绍兴二十二年（1152 年）东岳大帝龛内，有伏元俊、伏元信和吴宗明题名。北山造像区内，伏小六于绍兴二十四年（1154 年）在北山观音坡雕凿第 1 号地藏、引路王菩萨龛；伏小八参与多宝塔龛像的雕凿，第 60、64 号造像记中皆有其题名。

南宋绍兴年间（1131—1162 年），还有他姓匠师在大足雕凿石刻。北山第 136 号转轮经藏窟存有造像记多则，其中大势至菩萨头上方题记中，存有"今者镌妆工毕，时以癸亥绍兴十三年正月二十五日，伏僧庆赞谨题，赖川镌匠胥安□□"，可知转轮经藏窟的镌匠为来自赖川的胥安。之前的研究，将"赖川"识为"颍川"，因此推论其祖籍为河南颍川郡人氏。其后，据调查核实，"颍川"应为"赖川"，历史上的赖川，据《元丰九域志》卷 7《梓州路》记载："上，昌元。州西一百里。五乡。赖川、滩子……"属于昌元县。又石篆山佛会寺《严逊碑记》记载："……父以避役，居昌元今赖川宅，且病，是时小溪方买旁居人宅……"可见，北宋时期昌元县有"赖川"这个地名。[①]

北山孔雀明王
伏氏工匠题记

北山第 137 号维摩图，是大足石刻极为少见的阴刻壁画。该图原在寺院内，绍兴四年（1134 年）由李大郎重摹，罗复明刻于北山。

石门山第 1 号药师佛龛，刻佛和二菩萨像，下列立十神将，左外壁上部题记有"药师佛一龛……辛未绍兴……镌匠蹇忠进刻，住持文道盛书"，目前发现，镌匠蹇忠进一名，仅出现在此龛，时间在 1151 年。

1162 年之后，题记较为少见，目前发现有两则，皆为文氏匠师题记，一为佛安桥第 12 号三教窟，为文孟周于乾道八年（1172 年）雕凿；二为灵岩寺第 2 号，刻镌记"东普攻镌文惟简

① 《大足石刻全集》第 2 卷，重庆出版社，2017 年，第 241 页。

石门山药师佛龛

玄孙文艺刻"。据推论，"文艺在灵岩寺凿像的时间，距惟简当在百年之后的南宋宁宗之世（1195—1224 年）"[1]。其后未再发现有文氏匠师雕凿题记。南宋淳熙六年（1179 年）之后开凿的宝顶山石刻，目前未见一则匠师署名题记。

明清时期，石刻造像虽仍在继续雕凿，但是匠师题名相对较少。宝顶山明代成化七年（1471 年）香炉，刻工精湛，炉钵上有镌记"大明成化七年辛卯六月一日为首比丘法常，命匠造炉入于藏殿，永充供养""铜梁县匠人汪孟良镌"等。宝丰寺大殿神龛上部左圆雕观音像，其莲座背面刻有题记，内有"成化二十二年六月十一日，镌匠冯永受等"。

明清时期出现较多的妆匠题名，大多集中在宝顶山。明代，如宝顶山观经变，嘉靖二年（1523 年）"妆匠丘遵道"、嘉靖三年（1524 年）"妆匠黄铎"先后对宝顶山观经变进行了妆修。清代，"荣邑装修匠张可则，徒吕太和、刘光汉、张永清"等，有"修装圆觉洞满堂佛像，立四柱塑金龙四条"等活动。

文氏匠师谱系

据调查和研究梳理，文氏匠师的雕刻地方以大足为主，此外，在四川安岳、资中、泸县等地也有署名的雕刻作品，其世袭共计有六代，雕刻活动的情况如下：

第一代：目前仅发现 1 人，即文昌，署名出现在大钟寺圆雕陀罗尼经幢之上，该经幢于北宋皇祐四年（1052 年）"竖立"。

第二代，目前发现 2 人，即文惟简、文惟一。文氏兄弟的署名最初与其父文昌一道出现在

①《新发现宋刻灵岩寺摩崖造像及其年代考释》，陈明光《大足石刻考古与研究》，重庆出版社，2001 年，第 138 页。

大钟寺圆雕陀罗尼经幢上，其后，文惟一、文惟简分别在石门山、石篆山雕刻。

石篆山石刻中，文惟简署名作品较多，计6龛：出现在第2号志公和尚龛（1085年），署"岳阳文惟简"；第6号文宣王龛（1088年），署"岳阳处士文惟简"；第7号三身佛龛（1088年），署"岳阳文惟简"；第5号文殊普贤龛（1090年），署"岳阳镌作文惟简"；第9号地藏与十王龛（1096年），署"岳阳文惟简"；第11号炽盛光佛十一活曜龛（年代不详），题记可辨"镌作□士文惟□"①，据前述题记，即为"镌作处士文惟简"。从署名来看，第2、6号龛为文惟简独立完成，余下第7、5、9号龛还有其子参与，第11号不详，从这些作品推测，石篆山石刻基本上为文惟简与其子完成。

石门山石刻中，文惟一署名有两处：第13号山王龛（1094年），署"岳阳文惟一施手镌"；第3号释迦佛龛（1096年），署"镌作文惟一，男居道刻"。文惟一是目前资料发现的石门山最早的雕刻匠师，对石门山在其后继续雕凿有较大影响。

第三代，目前发现有5人，为文惟简之子文居政、文居用、文居安、文居礼，文惟一之子文居道。

石篆山文殊普贤龛
文氏工匠题记

文惟简之子的雕刻署名，除文居礼外，在大足一地仅见于石篆山，与其父文惟简一道署名，如第7号三身佛龛，"岳阳文惟简镌，男文［居政］②、居用、居礼，岁次壬戌八月三日记"。文居礼的雕刻作品，还出现在四川泸县延福寺石刻内，造像题材有释迦牟尼五尊像、十八罗汉、普贤文殊等，据造像题记，该处石刻的年代"在公元1114—1118年前后"，在8号龛内刻有"前后功德普州文居礼父子镌记"的题记，③可知此处石刻为文居礼与其子所雕刻，不过，其子名不详。

文惟一的后代仅见有文居道，其作品也出现在石门山，第13号山王龛（1095年），有"镌作匠人文居道"；第3号释迦佛龛，为与其父同凿。

从上述来看，在大足一地的文氏匠师第三代皆是追随父辈雕刻，目前未见有单独在其他造像点署名的出现。

① 杨方冰《大足石篆山石窟造像拾遗》，《四川文物》2005年第1期。

② 文［居政］，据《大足石刻铭文录》，"居政"二字辨识不清。

③ 梅林《工匠文居礼、胡僧取经像及其他——四川泸县延福寺北宋石刻造像考察简记》，《艺术史研究》第12辑，中山大学出版社，2010年。

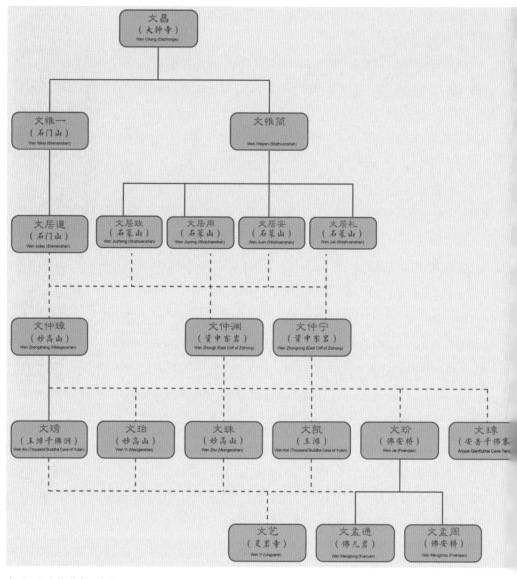

文氏工匠家族世袭示意图

第四代，目前发现有 3 人，为文仲璋、文仲宁、文仲渊。这一代的匠师从署名来看，未有直接与上一代某位文氏匠师存在着明确的父子关系，但是可以肯定的是，文氏匠师后代继续从事雕刻，这一点从文居礼在泸县延福寺题记中可推。

文仲璋，在大足妙高山石刻第 2 号三教窟（1144 年），其内有"东普攻镌文仲璋，侄文玙、文珠"的题记；玉滩石刻第 11 号千佛洞（1148 年），刻"普州攻镌文仲璋，男文玙，侄男文凯等造此数洞功德"，可知玉滩石刻主要为文仲璋和其后代所造。文仲璋的雕像，还见于安岳净慧岩石刻第 15 号数珠手观音龛，在龛外刻有"绍兴辛未仲春""攻镌文仲璋，男文琇"等字，[1] 可知为文仲璋与其子于 1151 年所雕刻。

文仲宁、文仲渊二人，见于四川资中东岩"拈花微笑"佛像，龛右壁有题刻"岳

佛儿岩文玠等造天尊龛局部

阳□□文……男仲宁、仲渊侍"等字，"根据这则题刻的署名格式，主攻雕刻该窟造像者应是'文仲宁''文仲渊'的父辈，他们两位应是副手，所以署名'男仲宁''仲渊'。因此，这龛释迦佛像应是北宋末（1094—1126）或绍兴初期（1131—1141）的作品"[2]。

第五代，目前发现有 6 人，为文琇、文玳、文珠、文凯、文玠、文琤。

妙高山石刻第 2 号三教窟（1144 年），由文仲璋和其侄文玳、文珠雕凿。玉滩第 11 号千佛洞内有文仲璋和其子文琇、侄男文凯的题名，第 5 号观音菩萨洞（1157 年）有"大宋东普攻镌文琇"署名。从这些题名来看，文琇为文仲璋子，文玳、文珠、文凯为文仲璋侄男。

文玠在第五代中出现署名较多，其父不详。文玠的作品主要在：峰山寺石刻第 7 号圣母龛（1136 年），署"攻镌处士文玠记"；佛安桥石刻第 6 号水月观音龛（1140 年），署"镌作处士东普文玠记"；石佛寺石刻第 3 号老君龛（1159 年），署"东普攻镌处士文玠，男孟周，己卯绍兴二十九年孟冬月记"；佛儿岩石刻第 1 号天尊龛（1167 年），署"东普攻镌……文玠，男文孟周、□□□、文孟通记"。文玠造像记近年来又有所发现，2009 年 12 月，龙岗街道办事处新显露出一处摩崖造像，后定名为刘家湾石刻，内现一则造像记，其中可辨有"男张□张□□念发□观音一龛乞合家……乙丑绍兴十五年作，镌作处士东普文玠记"等字，可知文玠于 1145 年时在此凿像，其题材结合主尊的身姿为游戏座式样，推断主尊菩萨像极大可能为水月观音。从这些造像署名来看，文玠造像活动时间较长，为 1136—1167 年；造像地点较多，计有 5 处，是目前发现的文氏匠师中造像点最多的工匠。另，文琤的造像见于安岳千佛寨，南宋绍熙三年

① 胡文和、胡文成《巴蜀佛教雕刻艺术史》（下），巴蜀书社，2015 年，第 145 页。

② 胡文和、胡文成《巴蜀佛教雕刻艺术史》（下），巴蜀书社，2015 年，第 274 页。

（1192 年），他与其子文师锡、文师窟在此重修阿弥陀佛像。①

第六代，目前发现有 5 人，为文孟周、文孟通、文艺以及文师锡、文师窟。

文孟周、文孟通为文玠之子，其名与其父一道，出现在石佛寺石刻第 3 号老君龛、佛儿岩石刻第 1 号天尊龛等造像中。文孟周还单独有署名题记，佛安桥第 12 号三教窟，窟内正壁右角刻"东普攻镌处士文孟周记"，该窟造像的年代为南宋乾道八年（1172 年）。

文艺为文氏家族发现的最后一位匠师，为文惟简玄孙，其造像点仅见于灵岩寺石刻之中，其年代推断为南宋宁宗之世（1195—1224 年）。

从上述来看，文氏家族有 22 名匠师，其中，除文仲宁、文仲渊等之外，其余 17 位匠师皆在大足石刻中有署名。

大钟寺花供养菩萨

家族传承的技艺：以文氏家族早期作品为例

文氏家族世袭六代在大足一地雕刻，题材、技艺等多方面具有家族传承的特点，如一些造像题材，在几代匠师手中都有雕凿。这里，以早期文氏匠师的几尊作品为例，可见一斑。

大钟寺造像，主要为文昌和其子文惟简、文惟一所雕凿。在其中有一尊圆雕造像，头断残，双手捧盘，盘内盛花朵，残高 1.06 米，其座正面的镌记为："双腊乡弟子卢少□、同寿杨氏等舍银四两□□粮镌妆花供养菩萨一身，祈乞夫妇安宁，为愿□□□□五月十二日造。"根据大钟寺出土的另一件北宋嘉祐八年（1063 年）双腊乡信众的雕刻，该像的镌造时间大致也在此年左右。

从镌记可知，此造像为供养菩萨中的花供养菩萨。佛教中，以香花、明灯、饮食等资养三宝（佛、法、僧）称为"供养"，又有财供养和法供养之分。以香花、饮食等资养三宝称为财供养，修行、利益众生则为法供养。以此

---

① 刘长久《中国西南石窟艺术》，四川人民出版社，1998 年，第 84 页。

为题材而有供养菩萨。该名的来源，据考"并非出自佛典，凡故事画、经变画、说法图之外，单身或群体作礼佛、供养之状，无具体内容之菩萨画像，皆谓之'供养菩萨'"①。以花为供养的菩萨像，由此也得名为花供养菩萨。

在大钟寺造像之后，文昌的两位儿子文惟简、文惟一，分别在石篆山、石门山各自进行雕刻。在这两处石刻中，皆刻有手捧盘的供养菩萨像。

根据石篆山石刻现存铭文的记载，北宋元祐三年（1088 年），文惟简与其子文居政、文居用、文居礼镌造了其中的"三身佛"龛造像，现通编为第 7 号。该龛正中刻三身佛像，三佛左右，各立

石门山第 3 号香花菩萨　　石篆山第 7 号供养菩萨

一身菩萨，相向而立，菩萨头戴花冠，冠内有佛像，双手皆捧一盘。

北宋绍圣三年（1096 年），文惟一与其子文居道雕刻了石门山石刻第 3 号造像——释迦佛龛，据该龛造像记所载，此龛造像的题材包括释迦佛、香花菩萨、阿难、迦叶。两身香花菩萨位于龛左右壁，皆头戴花冠，侧向佛而立，双手捧一盘，盘内有花果。此像与大钟寺花供养菩萨具有较多相似点，尤其是菩萨皆手中捧盘，盘内盛花。

从上述造像来看，石篆山和石门山的捧盘菩萨像，皆是位于佛像左右，身躯略朝向龛中的佛像。就所处位置和姿势而言，它们具有供养菩萨的特点。石门山造像中的"香花菩萨"，应当是以花为供养的菩萨的另一种称谓，从图像到称谓，都明显受到大钟寺花供养菩萨的影响。尽管供养菩萨在具体形式上没有严格的规定，表现更为自由而多样，但是大钟寺、石篆山、石门山的供养菩萨，皆手捧花盘，表明这一图像在文氏家族内部是有所传承的。值得注意的是，后来雕凿的此菩萨像，在细节上仍有些许区别，如菩萨花冠，石篆山的像中有佛像，而在石门山则未见。

---

① 《敦煌学大辞典》"供养菩萨画像"条（施萍亭撰），上海辞书出版社，1998 年，第 165 页。

匠师署名的称谓

宋代的匠师名字前，大多有一些籍贯、称谓等的文字，尤其是文氏匠师。

文氏匠师的名前，籍贯和称谓出现较多。籍贯上，文惟简、文惟一称"岳阳"，文仲璋称"东普""普州"，文琇、文玠等称"东普"，这些称谓，所指皆为安岳。北周建德四年（575 年）置普州及安岳县，州县同治一城。安岳与大足接壤，境内有岳阳河，又名岳阳溪，故称此地为"岳阳"。宋代，安岳有 262 名进士，有"东普西眉（眉州，今四川眉山）"的佳誉。①

文氏匠师们除署名和籍贯之外，还往往加上独特身份的称谓，如有"镌作""镌作匠人""攻镌""镌作处士""处士"等，如佛安桥三教窟中有"东普攻镌处士文孟周记"。其中，"镌作""攻镌"都是对自身行业的自称；"处士"是对清高之人的雅称，文氏匠师自冠以"处士"的称号，体现出具有较高的人格修养和文化素养，而非一般的市井世俗工匠。文氏匠师们在雕刻完工的这些造像龛窟中如此署名，不仅体现出自己在此行中的地位，也表明自身具有较高的文化素养，体现出一种自我人格意识的觉醒。

佛安桥三教窟
文氏工匠题记

以文氏家族为代表的宋代匠师的自觉意识，同时还体现在题记的位置和表现上。灵岩寺石刻的"东普攻镌文惟简玄孙文艺刻"，彰显出家族世代从事雕刻的自信。从文氏第二代开始，造像题记所占据的空间较为凸显，石篆山第 5 号文殊普贤龛，在中部竖刻"岳阳镌作文惟简男居安居礼庚午中秋记" 17 字，高 100 厘米、宽 23 厘米；石佛寺石刻中，在高达 80 厘米、宽 18 厘米的崖壁，竖刻"东普攻镌处士文玠男文孟周乙卯绍兴二十九年孟冬月记" 24 字，这些题记，与第一代文昌的题记仅仅局限于陀罗尼经幢上相比，其匠师自身价值得到了极大的肯定和张扬。

伏姓匠师的署名前，也带有称谓。北山石刻第 176 号弥勒下生经变相有"本州匠人伏元俊"，舒成岩石刻第 2 号东岳大帝龛有"都作伏元俊、小作吴宗明镌龛"。其他的伏姓匠师镌造的龛窟，基本上是直署其名，如多宝塔内一些造像龛就仅仅署"伏小八镌"。

伏元俊一名前的"本州"，指其所在籍贯地的昌州，宋代的昌州，辖大足、永川、昌元（今荣昌）三县，州治在大足，也即以伏元俊为代表的伏姓匠师，

① 《安岳县志》，四川人民出版社，1993 年，第 2 页。

其籍贯就在石刻造像所在的昌州。伏姓在昌州一带晚唐时期就有，在北山石刻唐乾宁二年（895年）上石的《韦君靖碑》中，其后署 145 名节级将校名衔内有"节度押衙充董市义军镇遏使检校右散骑常侍兼御史大夫上柱国伏芝进"，不过，宋世伏姓匠师是否为其后代，资料不详。伏元俊一名前署"都作"，据考，此称与都作院有关，都作院产生于北宋年间，属于军器监，一般有物产的州设置，所制作并非军器，凡有司所需物品均负责制造，由此来看，当时昌州设有都作院。另，舒成岩石刻中的"小作吴宗明"，宋代，一些州除都作院外，还设有小作院，其级别略低于都作院，"小作"为低职工匠的称谓。①

文、伏匠师雕刻题材及区域

文姓匠师第一代文昌在大钟寺的造像中，目前可知准确的为佛教造像的陀罗尼经幢，不过，大钟寺内造像近年来发现有道教题材，如一尊中元地官像②，很可能也为文姓匠师所雕凿。第二代中，文惟简及其子在石篆山雕凿题材众多，可知署名的有儒家造像题材文宣王龛，佛教题材有三身佛龛、文殊普贤龛、地藏十王龛，此外，石篆山道教题材的太上老君龛，尽管未见有匠师署名，但从该造像点整体情况来看，应为文姓匠师所为，也即，文惟简等匠师，在石篆山造像时期，就善于雕凿佛、道、儒三教造像题材，这对其后文姓匠师影响较大。在第四代中，妙高山第 2 号雕刻释迦佛、老君、孔子共处一窟之中，题记署"东普攻镌文仲璋侄文玳文珠天元甲子记"，可见文姓后世匠师不但善于三教题材，而且还对三教题材的融合起到一定程度的推动作用。第五代中，文珏作品较多，既有佛教水月观音（佛安桥第 6 号和刘家湾石刻）、圣母（峰山寺第 7 号）等，也有道教造像题材，与其子一道在佛儿岩石刻雕刻天尊群像等题材。第六代中，文孟周雕凿了佛安桥石刻第 12 号三教窟。由此来看，三教造像题材皆有雕凿，为文氏家族雕刻题材上的一个特点。

伏姓匠师题名，出现在北山和舒成岩石刻。伏姓在北山的造像为佛教造像题材，在佛湾造像中，伏元俊、伏世能父子开凿的造像题材有孔雀明王、弥勒下生经变、泗州大圣；观音坡造像中有伏小六造地藏、引路王菩萨；多宝塔内，有伏小八造涅槃龛，佛、地藏菩萨像。舒成岩石刻为纯道教造像点，伏元俊、伏元信题名的造像龛有第 2 号东岳大帝龛，伏忠靖题名的造像龛为玉皇大帝龛。从伏姓匠师雕刻题材来看，佛教和道教造像题材皆有。

以文、伏二姓为主的匠师，在雕刻区域上似乎有约定俗成的地域。在大足石刻众多的造像

① 方珂《大足石刻舒成岩释疑两则》，《石窟寺研究》第 4 辑，文物出版社，2013 年。

② 李小强《大足道教石刻论稿》，重庆出版社，2016 年，第 156～158 页。

点中，目前还未发现一例石刻造像点，属于文、伏二姓匠师共同开凿的情况。文、伏匠师造像点显示，他们各自有着一个明显的造像区域，其中，"伏"姓匠师雕刻的主要所在地，为城区附近的北山石刻以及城区10千米外的舒成岩石刻，在这区域之外的其他造像点，则为"文"氏造像区域。这一现象，即使近年来新发现的刘家湾石刻，也是如此。刘家湾石刻距离北山较近，是文氏匠师造像中最为毗邻伏氏造像区域的造像点，不过仍未打破两个家族之间似乎约定俗成造像区域的现象。

宝顶山匠师之谜

在规模宏伟的宝顶山石刻，方圆2.5千米内近万尊宋代造像中，未见有一处关于匠师姓名的题刻，后世的史料也仅仅提及匠师的参与，未见其名。一代高僧赵智凤精心设计、苦心经营宝顶山70余年，成就世界石窟的巅峰之作，如此浩大的工程，仅凭赵智凤一人绝无可能完成。史料也记载赵智凤云游回到大足之后，"命工首建圣寿本尊殿"[1]，可知宝顶山有工匠的参与，那么，史失其载的匠师究竟是谁呢？

笔者认为，以文、伏家族及其弟子等为主的匠师，极大可能是宝顶山石刻营造的重要力量，其依据是：

首先，在约1179年至1249年宝顶山石刻营造时期，大足境内极少有石刻营造。目前可知有灵岩寺、石壁寺等极少几处，且规模极小，如灵岩寺仅有的9个小龛造像，其中造像均高不过1米。这一现象与宝顶山营造之前大足石刻盛行不相吻合，因此，匠师很可能将主要精力放在宝顶山营建之上。

其次，从大足宋代匠师活动考察来看，极可能为这些匠师后代和传人所为。在赵智凤营造宝顶山石刻期间，发现的匠师署名造像点仅有灵岩寺，为文惟简玄孙文艺的题名，据考大约在宋代绍熙年间（1190—1194年）或前后。这一现象，与之前大量的工匠署名情况极不符合，在南宋绍兴至乾道八年（1172年）匠师署名可以说达到一个鼎盛时期，多数文、伏二姓以及胥安等匠师的署名，都出现在这一时期，至乾道八年，文孟周在佛安桥有署名造像后，除前述灵岩寺之外，包括伏姓家族在内的匠师，均未见有署名造像。因此，当时文、伏家族及其弟子很可能参与了宝顶山石刻的雕凿。

---

[1] 明·刘畋人撰《重开宝顶石碑记》，《大足石刻铭文录》，重庆出版社，1999年，第211页。

宝顶山观经变局部

　　另，从匠师署名情况，可以见文、伏后代或弟子在宝顶山营造之时应在世。伏氏匠师中，如伏小八1153、1154年在多宝塔营造，伏小六1154年在北山观音坡石刻营造；文氏匠师中，文玠率子文孟周、文孟通于1167年在邮亭佛儿岩石刻营造，1172年文孟周在佛安桥石刻营造，从这些造像活动时间来推断，他们极大可能在世，并继续从事雕刻活动。特别是文艺在灵岩寺石刻作品的出现，表明在宝顶山石刻营造期间，还有文氏匠师的活动。

　　最后，宝顶山石刻造像规模宏大，所需工程量也极大，大足石刻匠师经过长期的发展，已经形成了一支技艺娴熟、职业和活动区域都较为稳定的匠师队伍。宝顶山石刻无论雕刻技艺、选材布局等诸多方面，都在石刻开凿上有着空前的发展突破，在设计和具体的雕琢上，则要求匠师们对于石刻造像有更深的认识和驾驭能力，而之前在大足境内，以文、伏二姓为代表的石刻匠师，无疑是胜任此项浩大工程的最佳人选。

　　如此说推论成立，那么，昔日文、伏二姓匠师放弃约定俗成的造像区域，共同营造宝顶山石刻，岂不成为雕刻史上的一个美谈！

　　不管宝顶山石刻营造的匠师，是不是以文、伏家族及其弟子等为主的匠师，当年参与宝顶山石刻雕刻的那些迄今仍未发现姓名的匠师，无疑都是令人肃然起敬的！

大臧蹟金剛本師釋迦牟尼佛化

宝顶山十大明王大秽迹金刚

独特文化现象

以宋代匠师为代表的匠师署名，历来受到大足石刻研究者的关注。如 1945 年，大足石刻考察团的调查评价中，就已经注意到雕刻工匠，在叙述"北山佛湾石刻之价值"中说到"其时雕刻家姓名经考出者已不少，如宋伏元俊、伏世能父子、伏小六、伏小八等雕刻家萃于一门，尤为难得"[①]。20 世纪 50 年代后，一些著作注意到大足石刻的匠师情况，如《大足石刻》一书"大足石刻概述（代序）"文中，就列举出当时调查所知的"从宋元丰到绍兴年间有二十一位雕刻匠师的姓名和他们的作品及制作年代"[②]，并对匠师出现情况和称谓等进行了列表和简析。其后，较多的研究成果对石刻匠师进行了梳理和分析，主要如张划[③]、邓之金[④] 等的论文。

宋代大足匠师题名的大量出现，也引起中国雕塑史著述的关注。陈少丰《中国雕塑史》一书中记载，唐代雕塑家留下姓名的不足 30 人，其数量与宋代大足石刻大致相当。宋代雕塑史上，匠师署名较多出现，大多未见于正史记载，或在碑刻和地方志，或在文人笔记和史籍著述之中，最多的是见于现存石窟造像的题记之中，而"保存雕刻匠师署名最多的，所知是四川（今重庆市——笔者注）大足境内的龛窟造像"，其中就是以文、伏家族为主要代表的匠师。[⑤]

在石窟艺术中，大足石刻出现的这些匠师署名现象，与国内其他石窟相比较，也具有自身特色。

在敦煌，画匠和塑匠是敦煌石窟艺术的创造者。对此，马德《敦煌工匠史料》一书中介绍较详。画匠史料，出现在莫高窟和榆林窟等洞窟和藏经洞发现的文书中，如"甘州史小玉笔"（莫高窟 3 窟）、"临洮府后学待诏刘世福到此画佛殿一所记耳"（榆林窟 12 窟）、"画师甘州住户高崇德小名那征到此画秘室记之"（榆林窟 19 窟）等；塑匠史料基本上见于敦煌文书中，多数文书中仅出现"塑匠"，而不见其本名。在敦煌的工匠也有级别之分，如"都料"是工匠中技术级别最高者，"S.3929 所记画匠都料董保德，不仅是绘画行会的头目，而且自己也是一位出色的画家，亲自制作了许多真正属于他本人的作品"[⑥]。

在陕西北部，以延安为中心保存有子长县钟山石窟、黄陵万佛寺石窟等五十个造像点，其

---

① 吴显齐《介绍大足石刻及其文化评价》，《大足石刻研究》，四川省社会科学院出版社，1985 年，第 32 页。

② 四川美术学院雕塑系编《大足石刻》，朝花美术出版社，1962 年，第 8、10 页。

③ 张划《大足宋代石刻镌匠考述》，《大足石刻研究文集》第 2 辑，重庆出版社，1997 年。

④ 邓之金《简述镌造大足石窟的工匠师》，《大足石刻研究文集》第 2 辑，重庆出版社，1997 年。

⑤ 陈少丰《中国雕塑史》，岭南美术出版社，1993 年，第 376～377、520～521 页。

⑥ 马德《敦煌工匠史料》，甘肃人民出版社，1997 年，第 10 页。

时代开凿于北宋晚期，少数开凿于金代早期。题记中出现有较多的匠师，经调查研究，主要有以介端、介处为首的介氏家族匠师班底，题记见于黄陵万佛寺石窟、宜川贺家沟石窟、富县阁子头石窟等处。调查发现，介氏家族计有三代，第一代为介端、介处，第二代为介端之子介元、介子用、介政，第三代有介玉。"介氏家族系陕北宋金石窟影响最大的工匠班底，在北宋晚期至金代早期7个洞窟中留下题记"。此外，工匠班底还有以延长县王志为首的匠师班底，见于安塞县石寺河石窟、合水县安定寺石窟等处；以王信为首的匠师班底代表了当时最高水准，其题名见于子长县钟山石窟第3窟。陕北石窟中出现的"所有工匠班底都出自民间，他们自发地从事开窟造像事业，以此为谋生之道"①。

通过国内这些对比发现，大足石刻中的宋代匠师题名，具有自身浓厚的文化特色，主要体现在：一是数量较多，其中，文氏家族匠师在大足一地雕刻的就有17位，伏氏家族匠师6位，之外还有胥安、蹇忠进、吴宗明等；二是以文氏家族为代表的六代人，基本上在大足一地从事雕刻，延续时间有200年左右，此在国内石窟乃至于中国雕刻史上都是一道独特的景致；三是以"镌作处士"等为代表的称谓，表现出匠师对自身行业的自信、独立人格意识的增强与觉醒。

① 李静杰《陕北宋金石窟题记内容分析》，《敦煌研究》2013年第3期。

第五讲　探索之旅
——大足石刻发现历程

大
足
石
刻
十
八
讲

位于山地之间的 5 万尊大足石刻造像，紧接着在雕凿之后，便是世人发现的目光。从宋代至清代以来，大足石刻基本上被记录在文献之中，在外界影响不大。经过 1940 年、1945 年的两次考察，这一石窟艺术的宝库才开始逐渐为世人所知晓。

南宋《舆地纪胜》

《舆地纪胜》载宝顶山史实

宋代的文献中，主要见于《舆地纪胜》一书的记载。《舆地纪胜》作者王象之，字仪父，婺州金华人，是南宋著名的历史地理学家。《舆地纪胜》全书 200 卷，最晚在南宋绍定二年（1229 年）成书。

《舆地纪胜》卷第 161 为"昌州"，其中一些条目涉及石刻，对于考证石刻年代和史实具有极其重要的价值。如记载在北山，有《唐韦君靖碑》《吴季子墓碑》《高祖大风歌碑》《古文孝经》4 件碑刻，其中《吴季子墓碑》《高祖大风歌碑》现已不存，可补实物之不足。又如，记载"南山 在大足县南五里，上有龙洞醮坛，旱祷辄应"，对于考证南山石刻的年代和造像性质，具有重要作用。再如，"宝峰山在大足县东三十里，有龛岩，道者赵智凤修行之所"条，是目前所见文献中最早对宝顶山石刻的记述，弥足珍贵，其时，宝顶山正处于雕凿时期，可知造像应大体上具备一定规模，故才有此记载。

明代《蜀中名胜记》

明代文献中，主要是《蜀中名胜记》有所记载。《蜀中名胜记》作者曹学佺（1571—1664

年），字能始，号石仓，福建侯官人。在该书中，记载了北山石刻简况，提及《吴季子墓碑》《高祖大风歌碑》《古文孝经》，并收录了《韦君靖碑》正文，可见，该书主要参考了《舆地纪胜》的相关记述。对于宝顶山，书中引用《志》书记载为"宝顶寺，唐柳本曾学吴道子笔意。环崖数里，凿浮屠像，奇谲幽怪，古今所未有也"。

从明代文献记载稀少来看，大足石刻在此时期基本上不为外界所知晓。

清代大足知县张澍

张澍（1776—1847），字百瀹，号介侯。《清史稿》有传。嘉庆四年（1799年）进士，文辞博丽，选为庶吉士。张澍先后历任贵州玉屏、四川大足、江西芦溪等县知县，曾历3行省11州县，所到之处皆有政声。他博览经史，为乾嘉时期著名的经史学家、金石考古学家，其生平著述可"高与人齐"。

清嘉庆二十三年（1818年）夏，因大足知县赵时奉调廉差（乡试之官）代理大足知县，至二十四年春赵时回任而去职。张澍来任之际，受赵时之托更修县志，政务之余，两次漫游宝顶，多次登临南、北二山，写有《前游宝顶山记》《后游宝顶山记》《游佛湾记》《书唐昌州刺史韦君靖碑后》《古文孝经碑考》《跋赵懿简公神道碑后》《书文殊问维摩诘病图后》等20余篇文章，多具学术价值。其中的《前游宝顶山记》，还被清代同治年间任大足知县的王德嘉书刻在今圣寿寺三世佛殿内。另外，张澍在大足还有题诗咏事40多首。今大足南山崖壁还存有张澍书写的"辰秀太清""翕然云起"题刻。

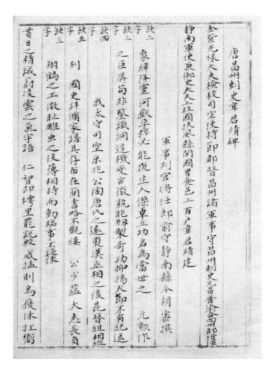

张澍《大足金石录》手稿（西安碑林博物馆提供）

张澍在任，更修县志未能完成。其后，多次易地为官，始终随带志稿，直至完成，惜未刊印，后经道光壬申年（1832年）大足时任知县王松增删印行。该志手稿现存台湾。

《大足金石录》是张澍为编修县志而编写的著作，现藏西安碑林博物馆，共一册，手抄本，

纸捻装，高26.8厘米，宽20.8厘米，从字迹可以辨认应出自多人之手。主要是对大足境内北山、南山、宝顶山等石刻，以及多宝塔、寺院等铭文的抄录，共计收录碑刻铭文、摩崖题记等45则，末尾另附"大足人物志"，共录有23条大足籍人物生平简介。[①]《大足金石录》中45篇石刻铭文，为张澍实地调查搜寻和发现的重要碑刻录文，此在大足石刻调查史上是极其重要的一笔。其中一些资料还可补今日之缺失，如北山雕刻于北宋靖康元年（1126年）的第155号孔雀明王窟，之前只知道雕刻匠师为伏元俊父子，其他捐资者字迹大多模糊，而在《大足金石录》中，清楚记录着这窟艺术佳作的一位重要捐资者为当时昌州典史刘安。

清代《金石苑》和《艺风堂金石文字目》

清代，有《金石苑》（亦称《三巴��古志》）等文献收录有大足石刻碑刻和造像题记。

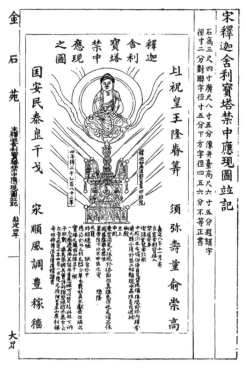

《金石苑》载宝顶山《宋释迦牟尼舍利宝塔禁中应现图并记》

《金石苑》为刘喜海（1793—1853年）所编。刘喜海，字燕庭，号吉甫，山东诸城人，道光二十五年（1845年）任四川按察使，在川两年后迁两浙布政使。该书于道光二十八年（1848年）交付版刻。

书中收录有大足多山的碑刻文献，其中，北山有《唐韦君靖碑》《蜀种审能造地藏菩萨龛记》《蜀刘恭造像记》《宋惠因寺维摩诘像并题字》等；石篆山有《宋石篆山佛惠寺记》；南山有《宋玉城山醮坛诗》《宋大足令何光震等饯郡守王梦应记》；石门山有《宋石门洞诗》；宝顶山有《宋杨次公证道牧牛颂》《宋立唐柳本尊传碑》《宋释迦牟尼舍利宝塔禁中应现图并记》等。多数碑刻有考释之类的简介。[②]

刘喜海的全部收藏，身后散出，近代著

① 张安兴、张彦《西安碑林博物馆藏张澍〈大足金石录〉考略》，《2014年大足学国际学术研讨会论文集》，重庆出版社，2016年。

② 清·刘喜海编，王家葵导读《金石苑》，巴蜀书社，2018年。

名藏书家缪荃孙（1844—1919）就收存其拓片。缪荃孙《艺风堂金石文字目》自序说："（光绪二十二年）是冬，薄游吴门，遇南汇沈均初家拓本三千余种，皆刘燕庭方伯故物，以重直收之。"在《艺风堂金石文字目》中，列有缪荃孙收存的北山、南山、石门山、石篆山、宝顶山等石刻碑文的条目，由此，缪荃孙对大足碑文的记载应极可能与刘喜海有关。这些拓片可补今日认识之不足，如石门山药师佛龛，书中记录为"何宁造药师像"，今拓片及实物已不见"何宁"字样。

大村西崖《中国美术史》

目前，第一位关注大足石刻的外国学者，可能是日本著名的汉学家——大村西崖。

大村西崖（1867—1927年），曾为日本东京大学美术史教授，1921年、1925年曾来中国讲演，1926年专程到苏州吴县甪直镇的保圣寺，实地调查当地的罗汉塑像。曾著有《中国美术史》《密教研究法》专著。

《中国美术史》是大村西崖的代表作之一，该书在日本明治三十四年（清光绪二十七年，1901年）刊布有单行本；民国时期，陈彬龢将其译为中文，1928年7月由商务印书馆出版发行，1930年3月再版。在该书的第12、13、14章中，提及大足北山石刻。从其文字中，可见大村西崖对北山石刻有粗略的了解，其相关论述与北山石刻的大致年代（始于唐末，历经五代，盛于两宋）相近。不过，文中说到宋代北山"虽有造像，然已成强弩之末势也"，则与事实不合。宋代北山石刻中，大足石刻精品迭出，在中国雕塑史上占有一席之地的不在少数。

其后，刘蕴华因读该书而来到大足实地调查。

1935 年《东方杂志》的报道

1935年3月，《东方杂志》第32卷第5号的"东方画报"栏目中，以两个16开的页面刊登了大足石刻。题目为《四川大足之古代石刻》，其内有一段文字为：

> 大足县旧属四川川东道，在嘉、沱两江之间，其距大江及嘉、沱二江各约二百里，全境山丘盘结，仅恃陆道以为交通。但该县在明代以前，实为蓉、渝孔道所经；附近

岩壑，颇多美术石刻之遗迹。日人大村西崖所著《中国美术史》中，数称大足北山有唐宋石雕颇多，不仅北山一所，北山以外，尚有南山、石门山、宝顶山等。兹选摄北山、宝顶山二处石像之一部于此，以供考古家、艺术家之参考。（刘蕴华摄）

摄影者为刘蕴华，其生平不详，待考。文中说及日本学者大村西崖《中国美术史》记载有大足石刻资料，可知其了解大足石刻与此书有关。文中明确说到了大足石刻北山、南山、石门山、宝顶山等处，皆是大足石刻的代表造像点，可知摄影者对大足石刻较为熟知。

在该画报中，收录有 8 张大足石刻的照片，宝顶山和北山各 4 张。这 8 张照片，为目前所见大足石刻最早的一批照片，弥足珍贵，画报内的图版说明对于了解当时对石刻的认识，亦是难得的资料，特对此图片介绍如下。

北山石刻的照片，第 1 张图版说明为"大足北山唐代砖塔"，并附录有简短文字介绍——"为唐昌州刺史韦君靖所创建，初仅五级，宋大观时冯大学捐造第六级，及至明代，全塔始成。该塔有雕嵌之佛像甚多，均极精致"，图为北山多宝塔远景，该塔现存建筑为宋代绍兴十七年至二十五年间（1147—1155 年）营造。第 2 张图版说明为"北山唐代昌州刺史韦君靖石像及纪

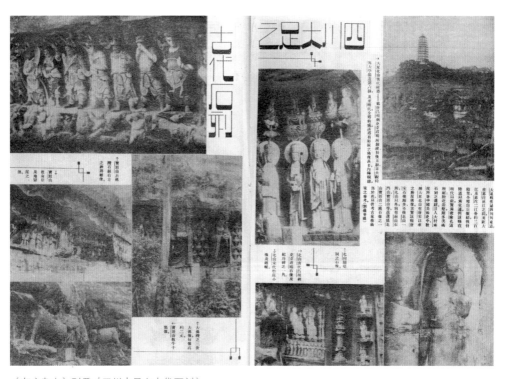

《东方杂志》刊登《四川大足之古代石刻》

功碑之一角"，图片为今北山第 1 号韦君靖像。第 3 张图片说明为"北山圆觉洞之石像"，图片为今北山第 180 号十三观音变相窟，由此可知该窟造像在当时被称为"圆觉洞"。第 4 张图片说明为"北山宋代摩崖小像及经幢"，图片为今北山第 281 号药师变相龛，其时代应为五代。

《东方杂志》载宝顶山华严三圣

宝顶山石刻的照片，第 1 张图版说明为"宝顶山大佛湾石级右方之神将雕像"，图片为第 2 号九护法神将。第 2 张图版说明为"大佛湾之三世大佛像，每像高约二丈"，图片为第 5 号华严三圣。第 3 张图版说明为"宝顶山舍身崖及地狱崖之一部"，图片为第 21 号柳本尊行化道场、第 22 号十大明王以及第 20 号地狱变相局部。第 4 张图片说明为"宝顶山牧牛十偈像"，图片说明为第 30 号牧牛图"未牧图"。

《东方杂志》创刊于 1904 年，到 1948 年停刊，由商务印书馆出版发行，是中国近代历史上最悠久的大型综合性刊物，因为它的内容包罗万象，有"杂志中的杂志"之称。由此来看，刘蕴华的这次大足石刻专题报道，在当时应有一定程度的影响。

1940 年中国营造学社调查

1940 年中国营造学社曾实地来大足石刻进行调查，此次调查的具体情况，长期以来在大足石刻发现史上少有提及，直至 21 世纪之初，随着史料的不断披露，才逐渐为世人所知晓。

一、营造学社"川康古建调查"在大足的情况

1939 年，中国营造学社梁思成、刘敦桢、陈明达、莫宗江四人，开始筹划已久的川康地区古建筑调查，至 1940 年 2 月结束。此次调查行期近半年，调查了当时四川和西康约 30 个县。1940 年 1 月，考察团到达今重庆潼南，"闻大足宝鼎寺有唐千手观音石像，及摩崖造像多尊，又望牛坪石牛浮雕等。乃决意由北绕赴大足调查，然后再经铜梁、合川返渝（'刘记''1940

年1月13日'条）。"①

在大足的调查情况如下：1月18日，调查了大足北山佛湾造像和多宝塔。1月19日，调查报恩寺、东禅寺、南禅寺、玉皇阁（即今南山石刻）等。1月20日，调查宝顶山石刻。1月21日，离开大足县城，结束大足石刻调查。

二、对大足石刻的认识与评价

中国营造学社在大足约5天时间（实际考察时间为3天），对大足石刻以及其他古建筑做了调查，其中主要是北山和宝顶石刻。

调查资料记载，北山石刻造像"沿崖凿佛像数百龛，连绵约半公里。最古者有唐乾宁三年（公元896年）铭刻。次为宋乾德、大观、绍兴、淳熙诸代造像，几占全数四分之三，乃国内已知宋代造像规模之最巨者"（刘记：1940年1月18日）。北山石刻一些具有代表性的造像龛窟，在调查中备受关注，如第245号观无量寿佛经变相，"唐刻中，有一龛下构城堡楼橹，上饰建筑物，与敦煌壁画构图极相类似，最为可贵"（刘记：1940年1月18日），"观经变相一龛，

1940年梁思成在大足北山调查（采自：《佛像的历史》，中国青年出版社，2014年）

约阔二公尺，高三公尺弱，为省内此类题材之最巨者。龛之下层，浮雕城橹，上列一台，具阶梯栏楯，其间点缀人物乐队，至为壮丽。……全体构图，与敦煌壁画同一系统"（《图说》），对于该龛的价值作了中肯的评价。又，第136号转轮经藏窟，调查资料记载"此外又有一窟，中央雕八角形台，每隅置石柱一，柱中留有榫眼，疑为转轮藏遗迹，乃石窟中别开生面之作品"（刘记：1940年1月18日），"绍兴十六年所造之转轮藏洞。转轮藏位于窟之前方，平面八角形；下承蟠龙，中镌八柱亦绕以龙；其上各面，浮雕小塔"。②（《图

① 《川、康古建筑调查日记》，《刘敦桢全集》第3卷，中国建筑工业出版社，2007年，其中大足部分见第319～322页，文中简称"刘记"，不一一注明。

② 《西南建筑图说（一）——四川部分》，《梁思成全集》第3卷，中国建筑工业出版社，2001年，其中大足部分见第236～244页，文中简称"《图说》"，不一一注明。

说》），这是目前所见资料中，最早将该窟中心柱识为转轮藏的调查史料。

对于多宝塔，调查认为"此塔直接建于岩石山上，故极稳固。惟第一层过矮，至外观上下不能调和，乃其最大特点。塔内建正八角形塔心柱，自基至顶分为八层，不与外部一致。其梯级位置，除第一层外均置于塔心柱内，与河北定县料敌塔同一手法"（刘记：1940 年 1 月 18 日）。对于该塔修建的时间，调查称"据铭记，知此塔创自唐乾宁间，与佛湾之造像约略同时。至南宋绍兴间，道人邢信道为母祈福重建此塔。后又经明万历及清光绪二度修治，然除最上二层系光绪十九年补葺外，其余各层仍系南宋旧物"（刘记：1940 年 1 月 18 日），与今天的调查认识大致相同。

对宝顶山大佛湾雕凿时代，中国营造学社认为系宋代、明代所为。如，佛湾"平面作门形，沿崖开凿石窟一所及造像无数。石窟平面作长方形，正面镌主像三尊，两侧各六尊，面貌衣饰纯属明式（指今圆觉洞，洞内为三佛和十二圆觉菩萨造像——笔者注）。此外有卧佛、孔雀明王、千手观音及牛群等，其数量规模为明代石刻中所少见"（刘记：1940 年 1 月 20 日）。梁思成在《图说》中的观点略有所不同，叙道"内除少数宋刻外，余皆出于明制"，其中，现编号第 30 号的牧牛图，"据《金石苑》杨次公《牧牛颂》，当刻于宋季""其末端数窟，布局题材，与衣饰纹样，酷似北崖中部诸刻，当为南宋造"，而圆觉洞造像等造像为明代。

对宝顶山石刻的造像艺术，认识上也有所不同，如认为其中明代造像，"虽为明代唯一巨作，而像之姿态，皆上身微俯；帽式前昂后低，镂饰繁密；丰颐厚颊；神情鄙犷，迹近颟顸；至不足取"。其中部分造像，仍颇为赞赏，如现编号第 11 号的释迦牟尼涅槃图，"就崖石凿佛涅槃像一躯，真容伟巨，殆为国内首选"；又，圆觉洞造像的"背面镌云石拥簇，若塑壁状，乃明刻之较佳者"（《图说》）。

三、梁思成在美国专题演讲大足石刻

据梁思成生前好友费正清的夫人——著名的汉学家费慰梅女士，在其关于梁思成和林徽因传记中称：1947 年，梁思成赴美国讲学，在 60 多位研究远东文化的专家学者面前，做了关于他在建筑上发现的演讲，还做了关于此前未见报道的四川大足石刻的另一场讲演。研讨会结束时，梁思成得到了极高的评价，普林斯顿大学还授予他名誉文学博士学位。[①] 关于此次大足石刻讲演的具体内容，目前相关资料未见有记载，但是，从此次系关于大足石刻的专题讲演来看，梁思成应是目前所知第一位在国际学术界作大足石刻专题报告的学者。

---

① 可参阅：A. 费慰梅著《中国建筑之魂：一个外国学者眼中的梁思成林徽因夫妇》，成寒译，上海文艺出版社，2003 年；B. 费慰梅著《梁思成与林徽因》，曲莹璞、关超等译，中国文联出版社，1997 年；C. 在梁思成著《中国雕塑史》（百花文艺出版社，1997 年，第 2 页）由林洙女士所作的"前言"中，也认同此说法。

1940 年时的宝顶山释迦牟尼涅槃图(采自《佛像的历史》)

中国营造学社对大足石刻的调查，在大足石刻史上具有重要的意义。首先，作为中国建筑学领域重要学术团体的中国营造学社，其对大足石刻的调查，显示出大足石刻本身所具备的丰富价值。其次，是对大足石刻在学术上价值的认可。学社调查的一些观点，至今仍具有重要意义。最后，此次学社调查保存的调查材料、照片等史料，对于了解当时大足石刻的保护等方面具有极高的价值。

1945 年乙酉大足石刻考察团

1944 年冬，由大足当地学者陈习删主纂的《民国重修大足县志》一书，送往当时西迁至重庆北碚的中国学典馆印刷，时任馆长的杨家骆极为重视其中的石刻史料记载，"以为堪与云岗、龙门鼎足而立"，惜注意者少，因此与陈习删商议考察事宜。1945 年 4 月 25 日，杨家骆邀集马衡、顾颉刚、何遂、傅振伦等 15 位专家学者，组建成"大足石刻考察团"，从北碚启程来大足实地考察。

4 月 28 日，考察团正式来到石刻点，此次考察分工明确，如马衡、何遂、杨家骆负责"鉴定时代命定窟名"，顾颉刚、庄尚严、朱锦江负责"搜集碑记文字材料"，冯四知负责"拍摄影片照片"，朱锦江、梅健鹰、雷震负责"摩绘像饰"，傅振伦、苏鸿恩负责"拓片"等。考察至 5 月 7 日工作告成离开大足。[①]

此次实地考察石刻历时 7 天，考察团对北山、宝顶山石刻"编制其窟号，测量其部位，摩绘其像饰，椎拓其图文，鉴定其时代，考论其价值，以为可继云冈、龙门鼎足而三"[②]，对于这些造像的价值，考察团成员吴显齐执笔撰写《介绍大足石刻及其文化评价》一文，对此次考察经过和石刻价值作了较为全面的介绍。

考察团认为，北山石刻"其时代虽晚于云冈、龙门，然从历史之延续性上观之，其价值堪称无匹"。其中，韦君靖像和碑刻"足明唐末五代川东一带之局势，可补新旧唐书及新旧五代史之缺略"，观无量寿佛经变"将全部观无量寿经中极复杂之故事刻出，精致绝伦"，转轮经藏窟造像"妙丽庄严，除敦煌壁画外，实无其匹"，维摩诘经变"虽已漶灭，然大体犹可见，实为绘画史上重要作品"，多宝塔"为中国建筑史上之巨制"，等等。

宝顶山石刻"纯为南宋大足人赵智凤一手经营历数十年，其规模之宏大，系统之完整，在国内堪称第一""在中国本部密宗道场之有大量石刻者，唯此一处，诚中国宗教史上之重地，莫之与比也"。对于宝顶山造像大、小佛湾的关系，考察团认为，"赵氏先于寺侧经营一大宝楼阁，此为第一区"，此即小佛湾，"赵氏营大宝楼阁后，嫌其规模太小。因更有广大宝楼阁之经营，即今之大佛湾是也"。对于宝顶山大佛湾的造像，考察团认为，千手观音造像"此则真有千数，且从一体伸出，恍若自然天生；每手各执一物，金碧辉煌，心摇目眩。我人立像下仰视久之，见各手若在摇动，鬼斧神工，叹观止矣"。释迦牟尼涅槃像"尤伟观也"。"大方便报恩经、观无量寿经等，法像经文相间，壁立数仞，广约二十丈，足为古今并刻经文法像之冠"。地狱变相"奇谲幽怪，令人震悚"。圆觉洞造像"洞内刻观音文殊普贤诸像，两旁刻十二尊者像，妙丽庄严，完整如新，极精巧。以宋碛砂藏经所绘仪轨座饰等考之，确为宋刻，足与洞口宋魏了翁题字相证"。牧牛图"雕牛及牧童各十，姿态各异，生动可爱，图各附颂，全壁长数丈，首有宋杨次公题字及诗，亦他处之所无也"。

考察期间，考察团拍摄照片 200 余帧，摩绘 200 余幅，拓碑 100 余通，在县内部分学校演讲，当时《大公报》《中央日报》等报刊还跟踪报道考察情况。

考察之后，一些学者还撰写了大足石刻相关的专论等文章，后大多收入《民国重修大足县志》卷首。在卷首中，收录有杨家骆作《大足石刻图征初编序》，马衡作《大足石刻古文孝经校释》，

① 吴显齐《介绍大足石刻及其文化评价》，《大足石刻研究》，四川省社会科学院出版社，1985 年。文中所引未注明处，皆见该文。

② 杨家骆《大足石刻图征初编序》，《民国重修大足县志》卷首，1946 年。

1945 年大足石刻考察团在北山合影（采自：《民国重修大足县志》卷首）

1945 年大足石刻考察团在宝顶山合影（采自：《民国重修大足县志》卷首）

傅振伦作《大足南北山石刻之体范》，朱锦江在复旦大学演讲的《从中国造像史观研究大足石刻》《大足石刻电影剧本》，吴显齐《大足石刻考察团日记》等。

1945 年大足石刻考察团对大足石刻考察意义重大而深远。首先，是对大足石刻的定论，如"大足石刻"一名，首因考察团使用（如"大足石刻考察团"）而延续至今；又如考察团认为大足石刻"可继云冈、龙门鼎足而三""实与发现敦煌相伯仲"的说法，迄今已基本上为世人所接受。其次，是对大足石刻的研究，考察团成员杨家骆、马衡、傅振伦、朱锦江等的学术成果，迄今仍具有极其重要的价值。再次，考察团对大足石刻保护尤其重视，并提出了良好的建议，如建议地方组织成立大足石刻保存会，负保存之责。最后，考察团的摄影、摩绘、拓片等资料，是极其珍贵的实物史料。

1945 年大足石刻考察团考察之后，大足石刻逐渐为世人所知晓。中华人民共和国成立后，大足石刻得到了更好的保护管理和利用，将北山、宝顶山、南山、石门山、石篆山等列入全国重点文物保护单位。1999 年 12 月，以此五山为代表的大足石刻，被联合国教科文组织列入《世界遗产名录》。

第六讲　往生之路

——大足石刻中的净土造像

净土造像概述

净土信仰在古代颇为盛行，特别是信仰阿弥陀佛、称念其名号以求死后往生西方净土的"净土宗"影响甚大。该宗又称为"莲宗"，经典主要有"三经一论"，即《无量寿经》《观无量寿佛经》《阿弥陀经》和《往生论》。宋代时，推晋代庐山慧远为始祖。佛教净土信仰，在民间的影响极为深远，大足石刻中，保存有较多的净土造像，是了解古代民众净土信仰的珍贵的实物资料。

早在初唐时期的尖山子造像中，就保存有净土题材的一佛五十菩萨图。至晚唐北山石刻中，保留净土题材较多，最为辉煌的净土信仰题材造像为第245号观无量寿佛经变相。该龛造像人物众多，约有500余身，内中题材非常丰富。晚唐时期，净土信仰的造像较多：第26号观音龛，为何君友为亡男所捐造，应与净土信仰相关；第58号观音地藏龛，王宗靖捐造的目的，是希冀故何七娘能"承此功德、早生西方、受诸快乐"；第52号阿弥陀佛和观音地藏龛，为女弟子黎氏为亡夫捐造，亦与净土有关。从上述来看，晚唐北山净土题材，主要集中在观经变、阿弥陀佛和观音地藏等之中。

五代时期，净土信仰仍是本地佛教信众的主要信仰之一，仍是开龛凿像的一个主要因素。

北山第 58 号观音地藏龛

地藏与阿弥陀佛、观音合龛造像题材在此期更为盛行，是此时期净土信仰的主要特点。北山石刻中有第 22、82、187、191、193、221、241、244、249、252、253、254、275、284 号龛（为地藏与观音同龛），第 40、53、73、254、278 号（为地藏与阿弥陀佛、观音同龛），这些造像龛大多数与净土信仰相关。另，还有第 21 号阿弥陀佛龛，有题记"愿亡者神生净土"数字，表明与净土信仰相关。十王造像的出现，是此时期净土信仰的又一个特点，十王不仅出现在前述第 253、254 号龛内，还出现在第 205 号龛。

宋代，不仅存在着单纯的净土信仰造像，还有着更多的与其他宗派相融合的造像，在大足形成一个浓郁的净土信仰氛围。主要表现：

一是观音与地藏合龛的现象，逐渐被观音、地藏各自作为主尊的龛像替代，如地藏与十王龛，就有石篆山、十王殿、宝顶山等几处。而宝顶山的观经变与地狱变相，位置毗邻，或受到阿弥陀佛和观音地藏合龛造像的影响。

二是以阿弥陀佛（无量寿佛）为代表的净土造像较为流行，有代表性的如北塔第 28 号、妙高山石刻第 1 号等，以及西方三圣题材，如石门山石刻第 6 号西方三圣和十圣观音像（南宋绍兴十一年，1141 年）等。

三是此时期一些有组织的造像活动中，净土信仰是其中一个重要的目的。其中，多宝塔的营建就与净土信仰关系密切，应当是信众捐资营造的一个主要动机。此外，还有水陆法会相关的造像活动，该法会主要目的为普度亡魂，使其超生，因而与净土信仰有着非常紧密的联系。

四是此时期出现了体现弥勒净土信仰的弥勒下生经变相。

五是此时期净土信仰还继续与其他宗派相融合，并呈现出更加深入、圆融的趋势，尤其是净土与密宗的融合，此在宝顶山石刻中就有充分的体现。之外，此时期一些阿弥陀佛像中，如石门山第 6 号，刻有密宗特有的两条金刚佛顶印，

妙高山第 1 号阿弥陀佛龛

千佛岩第8号观经变

使显教的佛打上了密教的烙印，将显密二教融为一体。[1]净土信仰与密宗的融合，在南宋后期的石壁寺中亦充分体现，据该处的南宋嘉定三年（1210年）碑文记载，当时一次大型的水陆法会法事活动的目的，就是希望亡者"同生净域，早达逍遥"。在碑文中还有各种消灾、避邪之类的真言，其中包括《佛说往生真言》等，显示出当时密宗与净土信仰的融合，在民间已是非常之深。之外，也有净土与禅宗皆崇奉的现象。

明清时期，净土信仰更趋于世俗化。净土造像中，以千佛岩明代造像最具有代表性，其中第1号龛中的十二光佛（即阿弥陀佛的十二称号）龛保存有明代永乐元年（1403年）的题记，记载当时大足县僧会司僧人铭宗，募化资金开凿十二光佛像。第8号观无量寿佛经变龛高2.9米、宽4.6米、深1.5米，整龛造像构图上，明显受到北山晚唐第245号、宝顶山南宋中后期第18号同题材的影响。

由上述来看，大足石刻呈现出的净土信仰，至少有以下特点：首先是图像性，集中表现在摩崖石刻造像中；其次是圆融性，与佛教其他宗派有着较为紧密的联系，尤其是宝顶山石刻之中，把众多的净土观念、学说融汇于一处，又统率于密宗之中，具有独特性；再次是世俗化，开龛

---

① 童登金、胡良学主编《大足石刻雕塑全集④》"概述"，重庆出版社，1999年。

造像主要以世俗民众为主，而宝顶山的净土造像，图文并茂地展示净土信仰，具有面向世俗民众的特色。

尖山子：一佛五十菩萨

尖山子石刻造像题材中，第 4 号阿弥陀佛和五十菩萨龛题材较为特殊，颇受学界关注。该龛为双重龛楣，外龛高 2.1 米、宽 1.94 米，龛内正中凿一佛二弟子二菩萨二力士像，在其周围刻 50 菩萨像，皆坐于莲朵之上，莲朵下有莲梗。

这龛造像，从造像数量来看，应为佛教"一佛五十菩萨"图。有学者推测，"一佛五十菩萨图当是信仰西方净土的僧人们在禅定时所感悟到的一种瑞像"[1]。

该题材在北方地区的龙门、敦煌等石窟，巴蜀地区的巴中、绵阳、安岳、资中、仁寿等地都有保存[2]，据有学者初步统计大约有四十多处，其中巴蜀地区保存尤多，近 30 处，时代基

尖山子一佛五十菩萨图

---

[1] 王惠民《北山 245 窟的图像与源流》，《2005 年大足石刻国际学术研讨会论文集》，文物出版社，2007 年，第 53 页。

[2] 这些造像部分保存有纪年，除梓潼县卧龙山石窟外，另还有仁寿县石佛沟第 2 号阿弥陀佛与五十闻法菩萨龛，为唐元和六年（811 年）造，见：高俊英、邹毅《仁寿龙桥乡唐代石窟造像》，《四川文物》1994 年第 1 期。

本上在唐代。① 巴蜀地区的该题材造像，值得一提的是四川省梓潼县卧龙山石窟，保存有《阿弥陀佛并五十二菩萨传》碑，刻于唐贞观八年（634年），且现存有该题材的造像。②"按现存遗迹的年代，梓潼阿弥陀佛五十菩萨像是目前所知最早的一例"③，可知，此题材在巴蜀地区流传较早。该碑记载在隋代开皇十六年（596年），"一佛五十菩萨"就已经"供养于京（指隋代都城长安）"。对于此题材的来源，该碑的介绍和后来唐代僧人道宣撰写的《集神州三宝感通录》较为相似：据载阿弥陀佛五十菩萨像，是"西域天竺之瑞像"，有天竺鸡头摩寺五通菩萨，往安乐界请阿弥陀佛，希望得到佛像。佛对他说，你先回去，佛像立即就会出现，其后果如此，所见的佛像即为一佛五十菩萨，各坐于莲花上。五通菩萨便将此像绘成图，加以流传。同时，还记载了在中土流传的情况，其中，提到了北齐著名的画家曹仲达，曾经创作过此题材的绘画作品。④ 大足尖山子石刻阿弥陀佛五十菩萨图的出现，应是受到巴蜀地区此题材较盛行的影响，其时代较早，对于了解净土信仰在大足一地的传播等具有较高价值。

北山晚唐观无量寿佛经变相

北山第245号观无量寿佛经变相，龛高4.7米、宽2.58米、深1.18米，为大足石刻唐代造像的代表作之一，历来备受称道，如梁思成认为，"观经变相一龛，约阔二公尺，高三公尺弱，为省内此类题材之最巨者。龛之下层，浮雕城橹，上列一台，具阶梯栏楯，其间点缀人物乐队，至为壮丽。……全体构图，与敦煌壁画同一系统"⑤。1945年大足石刻考察团组织者杨家骆称，"龙岗佛湾石窟中，最可注意者为'观无量寿经'一窟。……窟内将全部观无量寿经中极复杂之故事，雕刻精致绝伦。敦煌有此题材之壁画，而此更以同题材为立体之表现，弥足珍视"⑥。

观经变的营造时间，据龛外造像时间推断，当在唐乾宁三年（896年）前不久。该龛的营造很可能为集体性质。因为残存的题记中有刘净意、陈静喜、李氏等"造西方龛"的题名，在龛右外侧现存有类似供养人造像3排40身，男女皆有，可与残存题记相印证。

该龛观经变，主要系依据《观无量寿佛经》进行雕刻。《观无量寿佛经》中开篇叙在王舍

① 王惠民《北山245窟的图像与源流》，《2005年大足石刻国际学术研讨会论文集》，文物出版社，2007年，第51—52页。

② 仇昌仲《梓潼卧龙山千佛崖摩崖造像》，《四川文物》1998年第2期。

③ 罗世平《四川唐代佛教造像与长安样式》，《文物》2000年第4期。

④ 唐·道宣《集神州三宝感通录》卷37，《大正藏》第52册，第421页。

⑤ 《西南建筑图说（一）——四川部分》，《梁思成全集》第3卷，中国建筑工业出版社，2001年，第236—244页。

⑥ 杨家骆《大足龙岗区石刻记略》，《文物周刊》第20期，1947年2月2日。又，《大足石刻研究》，四川省社会科学出版社，1985年，第24页。

大城有一太子名阿阇王，因为听了调达的教唆，将其父王频婆娑罗幽闭于七重室内，不许群臣探视。其母韦提希沐浴后，在身上涂上酥油和炒面，在璎珞中盛上葡萄浆，探视频婆娑罗。大目犍连每天飞到频婆娑罗授王八戒，尊者富楼那为王说法，如是，频婆娑罗"颜色和悦"。阿阇王得知后，即执利剑，欲害其母，被月光、耆婆等大臣劝阻，阿阇王便将其母韦提希"闭置深宫，不令复出"。韦提希被幽闭后，愁忧憔悴，遥望耆阇崛山，向佛求救，举头之际，便见世尊释迦佛、阿难等在虚空中，韦提希哭泣向佛问道，我为什么生下此恶子？并发愿未来不闻恶声、不见恶人，观于清净业处（以上情节即"未生怨"）。世尊便为一切凡夫欲修净业者，往生西方极乐国土，首先要修"三福"，即孝养父母、受持三归、发菩提心等；并叙说"十六观"，依次为：日想观、水想观、地想观、宝树观、八功德水观、总想观（宝楼阁观）、花座观、像想观、一切色身观、观音观、大势至观、普想观、杂想观、中辈往生观、上辈往生观、下辈往生观。其中，后三观中着重讲述"九品往生"，即因行业有差别，故往生弥陀之净土有九品的差异。

该龛题材，根据经典可大致分为四部分：

一是讲述阿阇王囚父禁母的"未生怨"部分，其故事被雕刻在龛最底层部分，分别用15个方格表示故事的发生发展，其中有两则雕刻在龛沿左右侧"十六观"下部。该龛"未生怨"故事，"在四川摩崖造像中，几乎再也找不到有这一情节的'观经变'。究其原因，显然'阿阇世太子弑父囚母'，按照中国儒家的观点看来，当属大逆不道。……这恐怕也是四川众多的'观经变'中不表现这一故事情节的原因"[①]。

二是"十六观"部分。在第245号龛左右两侧有十六个小方格，其内便为十六观，其布局为一女像（即韦提希），在其旁雕刻有树、水池、宫殿、佛像、菩萨像、须弥座等，分别象征十六观的每一观。

北山观经变十六观"宝楼阁观"

观经变上部左侧造像

① 胡文和《四川唐代摩崖造像中的'西方净土变'》，《四川文物》1989年第1期。

观经变上部建筑雕刻

三是"九品往生"部分，位于龛正中下部，"未生怨"之上。

四是西方极乐净土世界。该部分雕刻内容最为丰富。

《观无量寿佛经》中描述的经幢、楼阁、乐器、八池水、七宝莲花等都在其间有所表现，之外，还有划船嬉戏等一些生活场景。另，该龛还有部分题材未见于该经，如阿弥陀佛和五十菩萨图、文殊和普贤等题材。

该龛造像题材丰富，《观无量寿佛经》所叙内容基本上表现其间，仅人物造像就有500余身。细看给人以杂乱纷繁之感，远观又井然有序，这与其层次分明的构图和布局有密切关系。该龛构图设计，总体上严谨而规整，注重主题的突出，又兼顾各种情节和题材。如在龛正中，将净土世界西方三圣置于其间，为龛内诸像之巨，主题鲜明；在其上部和左右两侧，将表现净土世界的人物、建筑、乐器、神鸟、宝树等诸多题材，有机地融入其中，林林总总，蔚为大观，渲染和突出了主旨。在雕刻技艺上，雕刻匠师采取"高雕、浅雕、镂空诸般技法并用，透视法则正确，使诸般景物层次分明，空间感极强"[1]。

① 郭相颖《大足石刻艺术》，《大足石刻研究文集》，重庆出版社，1993年，第5页。

该龛在艺术上成就颇高，展现出娴熟的雕刻技艺、恢宏的气势、规整有序的布局等。其保存的丰富多样的艺术、建筑、音乐等实物资料，充分体现出晚唐时期佛教石刻艺术发展到一个新的阶段。唐代以及五代时期，四川石刻中观经变较为常见，如资中北崖第 55 号、夹江千佛崖第 115、132 号、安岳菩提寺木鱼山第 15 号等等。可以说，该龛是巴蜀观经变石刻发展的产物，无论是从题材，还是从艺术上，都是对唐代巴蜀石窟观经变的一个绝妙的总结，有学者甚至认为"大足开凿了 245 窟这样优秀的作品，显示了四川文化发展进入了一个新时代"[①]。

多宝塔与净土信仰

大足石刻中，可见以西方净土信仰为目的、有组织的造像活动，就包括南宋绍兴十七年至二十五年（1147—1155 年）修建的多宝塔。有关该塔与净土信仰的联系，少有论及，但是从多宝塔造像的铭文中，可见该塔造像与净土信仰密切相关。

多宝塔净土信仰资料一览表

龛号	塔层	造像内容	年代	发愿者	被发愿者	目的
7	二	如意轮菩萨等	1150 年	刘升、刘陟等	故父刘揆	祈冀过往升天、见在存福
23	三	西方三圣	1151 年	奉佛信士□于滨		
43	四	释迦佛等像	1152 年	冯楫等		
55	五	善财童子参礼善知识	1155 年	庞上明等	先亡祖	各乞升天
57	五	阿弥陀佛、日月观音、如意轮菩萨	1153 年	文陟等	为母亲唐氏等	
60	五	释迦佛、龙树、地藏等	1153 年	铁匠刘杰等	（不详）	超升
60	五	地藏菩萨	1153 年	昝彦	先亡眷属	速登天界
64	六	涅槃图	1154 年		先亡宋□氏	涅槃以超升
3	二	善财参礼海云比丘		砌塔道人邢信道	为母亲王氏二娘	愿母亲生于佛地
5	二	善财参礼弥勒菩萨		砌塔道人邢信道	为母亲王氏二娘	愿母亲超生佛地

① 王惠民《北山第 245 窟的图像与源流》，《2005 年重庆大足石刻国际学术研讨会论文集》，文物出版社，2007 年，第 56 页。

龛号	塔层	造像内容	年代	发愿者	被发愿者	目的
6	二	善财参礼德云比丘		砌塔道人邢信道	为母亲王氏二娘	愿母亲超生佛地
11	二	善财再会文殊		砌塔道人邢信道	为母亲王氏二娘	愿母亲超生佛地
14	二	善财参礼解脱长者		砌塔道人邢信道	为母亲王氏二娘	愿母亲超生佛地
16	二	善财参礼弥伽长者		砌塔道人邢信道	为母亲王氏二娘	愿母亲超生佛地
17	二	善财参礼文殊		砌塔道人邢信道	为母亲王氏二娘	愿母亲超生净土
19	二	善财参礼善住比丘		砌塔道人邢信道	为母亲王氏二娘	愿母亲成道
22	三	善财参礼无厌足王		砌塔道人邢信道	为母亲王氏二娘	愿母亲超生佛地
24	三	善财参礼宝髻长者		砌塔道人邢信道	为母亲王氏二娘	愿母亲超生佛地
26	三	善财参礼婆须密女		砌塔道人邢信道	为母亲王氏二娘	愿母亲超生净土
32	三	善财参礼不动优婆夷		砌塔道人邢信道	为母亲王氏二娘	愿母亲超生佛地
34	三	善财参礼频口由比丘		砌塔道人邢信道	为母亲王氏二娘	愿母亲超生佛地
35	三	善财参礼大光王		砌塔道人邢信道	为母亲王氏二娘	愿母亲超生佛地
39	四	西方三圣		冯楫		
67	六	佛		轮车道人周圆晖	过□者	生于净土
117		善财童子五十三参龛		砌塔道人邢信道	母亲王氏	愿母亲超生
未编号	塔外底层	砖刻		本州西方院砌塔邢先生小师周童造休家		

从上表可见，该塔的主要营建者、捐资者，如邢信道、冯楫、刘升、刘陟、庞上明、昝彦等等，以建塔造像作为祈求被发愿者往生净土的方式。除西方三圣、地藏菩萨等之外，最为引人注目的是"善财童子五十三参"的故事，造像者为北塔的主要营建者邢信道，其目的是以其功德，使其母"超生净土（或佛地）"，另在第67号周圆晖的镌记中，有"五十三善知识，伏愿过□者生于净土，存者愿□心□□，世世生生，长逢善友，无诸魔事，莫遇诸邪"，更表明"善财童子五十三参"事在多宝塔内与净土有着密切的联系。"善财童子五十三参"事见《华严经·

多宝塔第 39 号龛

多宝塔第 64 号龛

入法界品》，其与净土的联系，除与文殊净土信仰有关，还与《华严经·入法界品》记述善财童子所参 53 位善知识讲解的解脱法门有关，如解脱长者教以唯心念佛门、普遍吉净光夜神教以观德相念佛门等，可见"念佛求生净土本就是《华严经》所说诸解脱门之一"①。在塔外的砖刻铭文中，还可见在当时昌州有一"西方院"，很有可能以此寺院为核心，形成一处民间专门以往生西方为目的的信众组织。

可见，多宝塔与净土信仰关系极其密切，往生净土应当是其营造的主要动机。

宝顶山净土信仰

宝顶山石刻中，遗存较多的净土信仰造像和铭文，从外在的表现来看，大致可以分为两种：一种是专门表现西方净土的题材，如大佛湾第 18 号观无量寿佛经变龛；另一种是在其他造像龛中出现的有关题材，如柳本尊行化图中，第八舍臂铭文说道，本尊教主在成都玉津坊道场内，

① 陈扬炯《中国净土宗通史》，江苏古籍出版社，2000 年，第 452 页。

截下左臂，经四十八刀方断，"发愿誓救众生，以应阿弥陀佛四十八愿"，在"十炼"过程的造像中，第一炼指、第八舍臂中皆有阿弥陀佛证明像。又如，第9号化城龛，有四层，最上层刻一楼阁及行者等像，在楼阁的门额，横刻"净土宫"三字。再如，第20号地狱变相中有关净土信仰的赞词较多，其中在剑树地狱中刻有"口念阿弥陀佛千遍，不堕剑树地狱，赞曰：闻说弥陀佛最强，□残剑树□消亡，自作自招还自受，莫待□时手脚□"。

在上述题材中，第18号观经变尤为引人注目，在高8米、宽20.6米的峭壁之上，展现出了佛经描述的内容，它以具有诸多自身特点的表现形式，成为国内石窟寺中最大的一铺观无量寿佛经变造像，也是同题材中具有代表性的作品之一。

该龛西方三圣和"三品九生图"占据大部分的崖面，由此也大致分为上下两个部分。上层部分，居中为阿弥陀佛，额部发出两道毫光，横贯全龛。两侧分别有观音和大势至菩萨。在西方三圣之间，还各有一尊菩萨，其头顶上刻有楼阁，其中，左侧楼阁额上横刻"大宝楼阁"，右侧楼阁额上横刻"珠楼"。西方三圣等几尊佛菩萨造像，皆是作半身像的表现方式。在这些造像周围，还有飞天、鸟、十方诸佛等造像。

在西方三圣的下方，刻一栏杆，蜿蜒而作七折，有七根立柱，每一立柱之上站立着脚踏莲花的童子，手中持有鼓、笛、拍板等乐器。

观经变童子像

　　栏杆之下，为占据大部分崖面的"三品九生图"，主要表现的是众生前往西方极乐世界的不同方式。据佛经记载，到达西方极乐世界的方法，众生只要持念阿弥陀佛的名号，在临终的时候，阿弥陀佛或者菩萨等就会出现，接引众生到达净土世界之中。不过，并非人人都有相同的待遇。"三品九生图"就图文并茂地展现了接引的方式，它一共刻有9组佛和菩萨的造像，在其旁的碑上刻有相应的铭文。

　　在西方三圣和"三品九生图"两侧，按照之前石窟内的观经变图像，表现的是韦提希十六观的故事，如在大足北山晚唐第245号观经变中即是如此。在这里却一改之前的图像模式，每一观都是不同的人物形象，如日观为一女像，水观为宝顶山常见的鬓发人，总观为一武士半身像等。在每一观中，不但刻有每观之名，还刻有颂词，如水观的颂词为"禅心澄定水，坚住即寒冰。一片常清静，光明直下生"，这在之前观经变十六观的表现中殊为少见。

　　这龛造像，与之前的观经变相比较，在雕刻设计与艺术上呈现出一些新的特点。

　　一是追求新意，在设计上力求异于之前同题材的作品。与之前绝大多数观经变相比较，这龛造像对于净土世界的表现相对较少，而是主要表现三品九生。此外，两侧的十六观，一改传统为韦提希贯穿全部的做法，改为社会各个阶层的人物，而这些人物，从其容貌和服饰来看，基本上是当时社会的不同人物，上至官员，下至庶民，且男女皆有，这样处理更能促进与激发信众对教义的信奉，由此也可见宝顶山营建者对世俗人物的注重。而这些世俗人物，不像之前十六观处于规规矩矩的方形格之内，"而是利用龛边的空隙，犬牙交错地刻出了韦提希的十六种冥想境界，每一境界都用流动的云彩隔开，这是吸收了古代绘画的布局方法，使得这些日、月、

观经变迦陵频伽

水、池、树等观的情景更富于诗意"①。

二是雕刻技艺精美，精品迭出。整龛雕刻大大小小造像，共计百余尊。十六观中那些世俗人物，正在虔诚地沉思。翱翔的迦陵频伽，显得虔诚而笃定。在这中间，尤其值得提及的是那些生动、可爱的童子，或隔空独自吹奏着擅长的乐器，眼神之中透露出完全沉浸于其中的感受；或背对观者正在默想；或在欲绽放的莲花中现出头顶，欣欣然睁开双眼；或攀爬在栏杆之上眺望……为整铺造像增添了无限的活力和欢乐的气氛。

尽管宝顶山观经变在展现净土世界上，与之前同题材作品相比表现较少。但是，其颇具新意的创造性，以及雕刻精美这些特点，使之不失为国内观经变的代表作之一。

宝顶山的净土造像题材显示，营建者对净土信仰颇为关注，但是，净土信仰在宝顶山密宗道场中并非其终极目标，而是以劝化信众"成佛"为其终点。这在大佛湾第29号圆觉道场等造像中有明显的表现。净土仅是诱惑信众的一种非常有效的手段，这是净土信仰的特征所决定的，如同刘长东先生所言，"净土还只是众生通往最后的绝对彼岸世界——大乘涅槃的中途驿站而已"②。

① 温廷宽《大足佛教摩崖造像的艺术价值及其现况》，《大足石刻研究》，四川省社会科学出版社，1985年，第123页。

② 刘长东《晋唐弥陀净土信仰研究》前言，巴蜀书社，2000年，第1页。

观经变菩萨像

第七讲　崖间故事

——大足石刻经变相

大足石刻经变相

经变相，又称"变相"，《敦煌学大辞典》提及"变相"，"广义而言，指绘于纸帛、寺壁、佛窟表现神佛及佛经故事场面的图画；狭义而言，指将某一部佛经变成一铺首尾完整、有情节铺陈之绘画作品"[①]。本书所言大足石刻经变相，采用的即为狭义的概念，只不过与敦煌表现为绘画相比，在大足一地表现为雕刻的作品。

晚唐之际，在北山出现大型的观无量寿佛经变相，造像内容丰富，为此时期代表作之一。宋代尤其是南宋时期，是经变相雕凿的高峰阶段。北宋靖康元年（1126年），伏元俊、伏世能父子在北山雕凿完毕弥勒下生经变。南宋绍兴四年（1134年），原昌州惠因寺内的《维摩诘经变》故事画，此年经李大郎重摹、罗复明雕刻在北山佛湾。南宋绍兴二十四年（1154年），匠师伏小八于多宝塔内雕刻完成释迦牟尼涅槃图（编号第64号）。该窟造像高1.05米、宽0.57米、深0.98米，在这狭小的范围内，匠师将释迦牟尼涅槃故事布局得紧凑有序，实属难得。南宋时期，在七拱桥石刻雕刻有僧伽变相龛。

南宋淳熙至淳祐年间（约1179—1249年），由赵智凤经营的宝顶山石刻中，经变相大量出现，具有代表性的如第11号释迦牟尼涅槃图、第15号父母恩重经变相、第17号大方便佛报恩经变相、第18号观无量寿佛经变相、第20号地狱变相。

明清时期，极少见有经变相的雕刻，此时期具有代表性的作品为千佛崖第7号观无量寿佛经变相，雕刻于明代永乐八年至十年间（1410—1412年），其布局大体上参照宝顶山观经变。

综观大足石刻的经变相雕刻，具

多宝塔释迦牟尼涅槃图

[①]《敦煌学大辞典》，上海辞书出版社，1998年，第82页。

有以下特点：一是内容丰富，其中宝顶山经变相中，还出现了经文，对于了解造像的内涵具有极大的裨益；二是造像体量大，尤其是宝顶山的几处经变相，在同题材中都是雕刻面积巨大者；三是造像精美，此可参见本书相关论述。

弥勒下生经变相

佛经记载，弥勒是释迦牟尼的继任者，现住在兜率天，经过 56 亿多年后，弥勒就从兜率天下生到人间，在龙华菩提树下成佛。讲述弥勒成佛的经典主要有《弥勒上生经》和《弥勒下生经》，这两部经书记载了弥勒净土的情况，其中说弥勒一旦下生世间作佛，天下太平，毒气消除，雨润合适，五谷滋润，人皆寿八万四千岁。受其影响，弥勒信仰传入之后，受到士庶百姓的普遍崇尚，其造像也遍布石窟艺术之中。而讲述弥勒的经变也较多出现在石窟寺中，在大足石刻中，就保存有这样一窟艺术作品。

大足的这处弥勒造像窟位于北山佛湾，编为 176 号，是一个高 2.72 米、宽 1.92 米、深 2.4 米的洞窟。正壁是端坐的弥勒佛像，左手抚膝，右手膝间结印，结跏趺坐于莲台上，座下有三

北山第 176 号弥勒下生经变

狮举座。在弥勒两侧，站立着迦叶和阿难。弥勒佛背后有靠背椅。头顶上部有宝盖，两侧有翱翔的飞天，盖中发出四道毫光，飘至窟外。弥勒座下的雕刻甚为精细，正中有一石狮，双爪举座；两侧石狮一爪举座，一爪拨弄绣球，憨态可掬。在石狮中间，刻有手持乐器正在演奏的伎乐。

石窟左右壁雕刻人物众多，除常见的文殊、普贤菩萨之外，主要展现的是襄佉王与弥勒佛母在虔诚听法的场景。襄佉王与弥勒佛母向弥勒问法的故事，在《弥勒下生经》中有描述，说"襄佉王闻弥勒已成佛道，便往至佛所，欲得闻法"，弥勒佛便与襄佉王说法，闻佛法之后，襄佉王回去便立太子为王，将很多的珠宝赠送给了剃头师，还把各种宝物赠送给了诸婆罗门及其他出家修行者。他自己则带领了八万四千众生，来到弥勒居住之地，希望出家为沙门，做弥勒佛的弟子。这些人在弥勒佛的指导下，勤力修行，很快变成正道，成为阿罗汉。北山弥勒下生经变窟右壁上部，就是表现襄佉王率众生问法的这一场景。右壁上部正中雕刻的襄佉王，双手于胸前持物，身后的宝座为宽大的背屏，两侧站立六位侍者，其中有四位执羽扇和日月宝扇，身前有四位身着甲胄的武士。其服饰、仪仗等具有中国古代帝王特点。左壁上部则表现弥勒佛母问法，《弥勒下生经》记载弥勒的生身之母梵摩越夫人，率八万四千嫔妃采女向佛求出家为佛弟子的故事。在左右壁，还有两组剃度的场景，表现的就是襄佉王与弥勒佛母出家为沙门的场景。

弥勒下生经变左壁　　　　　　　　　　弥勒下生经变右壁

在左右壁下部，雕刻有佛经中叙述的弥勒世界的美妙场景，据《弥勒下生经》描述，弥勒降生于翅头末城。城中七宝楼阁甚多，金沙覆地，金银堆聚。谷物一种七收，食之香美，气力充足等。如其中有一图，在一树枝上，一位老者正伸手在其上摘取衣服，据《弥勒下生经》描述，在弥勒世界中，"自然树上生衣，极细柔软，人取著之"，也就是常为

弥勒下生经变"树上生衣"图

人所乐道的"树上生衣"，该图表现的正是此场景。又如一组图，表现的是弥勒世界老人入墓场景，一位中年男士正躬身作揖，恭请一位手中挂杖的老年人进入墓内，表现的是弥勒世界中"人命将终，自然行诣冢间而死"的情节。

窟内存有雕刻匠师所题刻的铭文，为"本州匠人伏元俊、男世能镌弥勒泗洲大圣，时丙午岁"，可知其雕刻时间为北宋靖康元年（1126 年），匠师为伏元俊和其子伏世能。之外，毗邻该窟的第 177 号泗洲大圣窟，时间和匠师均相同。

此窟造像人物繁多，个性鲜明，布列有序，主次分明，特别是人物众多的场景，纷繁而不杂乱，体现出匠师驾驭复杂题材的高超能力。所以，金维诺、罗世平在《中国宗教美术史》一书中说"全窟构图设计精密，人物形象雕造生动，既能见出雕塑的美感，又具有经变画的丰富性"①。

弥勒经变在敦煌莫高窟中表现颇多，从初唐开始一直延续到北宋，都是此地经久不衰的艺术题材之一，其中表现一种七收、"树上生衣"、耕获、送老人入墓等图，生活气息浓郁，历来备受称道。而在巴蜀地区甚至于国内众多石窟中，虽然有关弥勒的造像遗存甚多，但是以雕刻方式来表现弥勒的经变，目前调查发现极为少见，可见大足北山该窟造像的稀有。由此来看，这窟开凿于北宋末期的弥勒下生经变窟，展现出了古人理想中弥勒世界的美妙，也留下一处极为珍贵的表现弥勒世界经变的石刻艺术作品。

① 金维诺、罗世平《中国宗教美术史》，江西美术出版社，1995 年，第 192 页。

维摩诘经变相

　　《维摩诘经变相》图位于北山佛湾，编为第 137 号，高 2.08 米，宽 2.70 米。图中主要以《维摩诘经》中的《文殊师利问疾品》为主，近年来的调查发现，该图还兼刻有《维摩诘经》中其他品。

　　图中，《文殊师利问疾品》可分为两部分：左为维摩居士及侍女，右为文殊菩萨及相关菩萨和弟子像。画面左侧主像为维摩居士，头扎软巾，浓髯，颧骨凸出，眼睛深陷，头微侧凝视文殊，似正在辩说，结跏趺坐于方形宝床上，双手放于腿间，右手持麈尾，左手拈衣带。其后有山水画屏风，在其左侧站立两身侍者，前者双手合十，后者手执长柄扇；右侧侍女手捧一花盘。

　　画面右侧有 10 余身人像，主像为文殊菩萨，文殊菩萨头戴冠，面略庞，有圆形背光，结跏趺坐于须弥座上，左手放于膝盖上，右手略上举，面向维摩居士，似作探问状。在文殊菩萨身后和两侧有菩萨和弟子像环绕，其中，左侧前站立有 1 身菩萨，头戴花冠，头后有圆形头光，双手捧钵，其身后、右侧有 10 身弟子像，表情各异：或作倾听状，或作询问状，或作遐思状，等等。

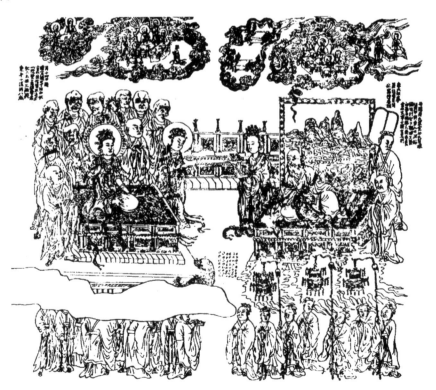

《金石苑》摹绘北山《维摩诘经变相》

刻石畫壁病問摩維詣殊文繪恪石岡龍

《民国重修大足县志》载北山《维摩诘经变》图

《文殊师利问疾品》系根据《维摩诘经》所描绘，该经众多的译本中，以后秦鸠摩罗什译《维摩诘所说经》影响最大。该经有十四品，其中第五品为《文殊师利问疾品》，叙述有一居士名为维摩，善于辩论，假装生病在家，释迦牟尼知其故，欲派其弟子以探问病情为名，辩论佛教哲理，先后有十大弟子、四大菩萨皆因不敢担此重任而加以推辞，于是佛遣文殊师利前往问疾。时八千菩萨、五百声闻、百千人天，皆欣然从往。维摩诘空其室内，唯置一床，并示现神通，广为说法。北山此幅图中，主要就是表现此故事。

《文殊师利问疾品》在《维摩诘所说经》中是故事的高潮部分，以此为题材的佛教艺术作品甚多，在巴蜀地区的资中重龙山、仁寿牛角寨、夹江千佛崖等地，都有造像；在敦煌现存的众多的"维摩诘经变"中，可谓是"凡此经变，必有此品"①。而类似大足北山这种以石刻线图来表现的作品，在国内都殊为少见。

这幅作品还保存有四则镌记，通过其中内容，可以知道该作品最初在一寺院内，为更好地保存该画作，南宋绍兴四年（1134年），由李大郎重摹，罗复明雕刻，文志捐资将其刻于北山佛湾之中，参与者还有住岩僧志诚。另，据南宋时期编著的《舆地纪胜》记载，该线刻图最初为水墨画，绘于昌州惠因寺藏殿壁阴。

---

① 《敦煌学大辞典》，上海辞书出版社，1998年，第96页。

1945 年，大足石刻考察团来到北山，发现该线刻图后说："虽已漶灭，然大体犹可见，实为绘画史上之重要作品。"① 随即将这幅线刻图，印在 1946 年出版的《民国重修大足县志》石刻专辑中。然而，这幅收录的图片，长期以来一直以为是当时崖壁的拓片，近年来研究才知这是一个误解。经研究人员对比发现，清代《金石苑》收录的线描图和近年来的现场拓片，与县志中收录的图片有很多差异，如维摩手执如意、天女手持宝瓶等细节，明显与原作不符，说明该图非原作拓片，只是一件对原作的仿制品。②

涅槃经变相

宝顶山释迦牟尼涅槃图佛像，俗称"卧佛"，龛中雕刻一右胁而卧的释迦佛，长达 31.6 米，未展现完全的双肩宽 7 米，头北足南，双眼微闭，神态安详，似乎正在熟睡之中。膝部以下部分，没入岩石之中。在佛像前，雕刻有供桌，在其上摆放有桃子、石榴、佛手、葡萄等果物。供桌的两侧各有半身的天王，桌前有一高 1.85 米的半身帝王像，头戴冕旒，手捧朝笏，面对释迦牟尼涅槃像作肃穆哀悼状。在供桌上方刻一朵祥云，冉冉而升至龛的顶部，在云中站立九身造像，居中的是释迦牟尼的母亲摩耶夫人，左侧为释迦牟尼的姨母，右侧为释迦牟尼的发妻，三像两侧站立持花果、捧香炉的天女，长眉细腰、衣裙潇洒。

在释迦牟尼半身像前，还雕刻有一排半身的造像，从头至足，依次雕刻天王、迦叶（该像已毁）、赵智凤、柳本尊、阿难、舍利子、须菩提、富楼那、目犍连、迦旃延、阿那律等释迦牟尼弟子、护法神像，这些像手中大多捧持有器物，如金瓜、莲花、果盘、如意珠、经书等。

释迦牟尼涅槃圣迹图佛像整龛造像气势宏伟，布局严谨，虚实相间，意境深邃，颇多新意。

"涅槃"是佛教徒修行追求的最高果位和最理想的境界，即达到肉身消失，不生不死的永恒状态，是修行者灵魂的永远升华。据佛经等资料记载，释迦牟尼在 80 多岁时，于拘尸那迦城娑罗林双树间，右胁而卧进入涅槃，此时，大地震动，众生悲号哭啼，释迦牟尼的母亲摩耶夫人听闻后，悲伤欲绝，与诸天女从空中来到双树间，释迦牟尼听闻其母声，便以大神力令棺盖自开，为母说法，其母心生欢喜而归，此便是双树间站立九身像的来历。一般的涅槃图，弟子多为捶胸顿足的悲恸状，此处的弟子像则端庄肃穆、祥和宁静，颇有创新。

涅槃图中的创新还体现在半身设计上。龛中释迦佛只显露出半身，双脚隐入岩际，右肩陷

---

① 吴显齐《介绍大足石刻及其文化评价》，《大足石刻研究》，四川省社会科学院出版社，1985 年，第 32 页。

② 米德昉《大足北山宋刻〈维摩诘经变〉及其相关问题考察》，《中国国家博物馆馆刊》2015 年第 3 期。

于地下，左肩在五色祥云之中，以示释迦牟尼横卧于天地之间。这种处理使造像显得意境博大而有魄力。正是这种"意到而笔不到"的表现手法才产生的良好艺术效果，创造了民间一句夸张的俗语，说宝顶的卧佛是"头在大足，手摸巴县，脚踏泸州"，而事实上，巴县距大足 200 千米，泸州距大足 140 千米。

释迦牟尼涅槃圣迹图佛像可谓是大足最大的佛像，雕刻匠师也非常注重艺术上的处理，安详横卧的释迦牟尼造像，造型比例恰当，体形丰圆壮硕。由于匠师们多采用圆刀雕刻，所以造像各部分的线条显得较为浑厚柔和，恰到好处地表现出佛祖涅槃时的安详之态。其弟子亦为半身像，似从平地涌出，或正或侧、或高或低、或聚或散，或大或小，形态各异，躬身肃立，正在聆听其师的最后一次说法。释迦牟尼的胸前设有供坛、祭品和香炉，炉中香烟袅袅，直上青天。在云端之中站着的是释迦牟尼的家眷。这种手法既烘托出佛祖涅槃的神圣气氛，又收到了"以小衬大，以竖破横"的艺术效果。

释迦牟尼涅槃圣迹图佛像因其宏伟的气势，独特的设计，历来受到世人的赞许。1940 年

涅槃图前弟子像

涅槃图前弟子像

九龙浴太子

1月，梁思成、刘敦桢等营造学社成员考察后认为，"就崖石凿佛涅槃像一躯，真容伟巨，殆为国内首选"①。1945年4月，大足石刻考察团认为，"释迦牟尼涅槃圣迹图佛像，仅半身即七丈余，头大如屋，人立头畔，仅及眉长之半。其上仙女结印，下有弟子问疾，尤伟观也"②。

涅槃图前有一弯弯曲曲的水渠，名为"九曲黄河"，据说释迦牟尼在涅槃之际，众弟子依依不舍，送行不止，他用手一挥，划出一条滔滔大河把他和弟子们隔开。工匠巧妙地将九龙浴太子的水引入卧佛前曲折蜿蜒的"九曲黄河"，使得造像静有造型美、动有韵律美。

在涅槃图左右，还有关于释迦牟尼生平事迹的造像。

在右侧，雕刻有释迦牟尼出世图和九龙浴太子图，讲述的是释迦太子出生的故事。释迦牟尼出世图刻释迦牟尼母亲摩耶夫人，左手握如意，右手捏襁褓布，布内裹悉达多太子。在其旁为九龙浴太子图，高6.4米、宽4.5米。龛上部刻九条巨龙，或含珠、或昂首、或张嘴，姿态各异，尽管只刻出龙的头部，龙身隐于山石和祥云之中，但其矫健威猛之势已淋漓再现，给人无限遐想的空间。正中巨龙张着的大嘴是山泉水的出口处，涓涓清泉从龙嘴里终年不息地喷出，龙头的下方，释迦牟尼合十结跏趺坐于金刚台上，虔诚地接受洗沐；台左右两个半身天王，各用一只手托着金盘，他们头戴铁盔，身穿铠甲，表情严肃。金刚台下有一个半圆形的水池。

在涅槃图左侧，刻释迦牟尼生平事迹图，该处造像因水侵蚀缘故，保存较差，据考证，其中可辨部分内容表现了释迦牟尼出游四门的故事，即释迦牟尼未出家时，从迦毗罗城四门出游，

① 《西南建筑图说（一）——四川部分》，《梁思成全集》第三卷，中国建筑工业出版社，2001年。

② 吴显齐《介绍大足石刻及其文化评价》，《大足石刻研究》，四川省社会科学院出版社，1985年，第33页。

见生老病死四苦，深感人生无常，而决意出家之事。如在一楼阁的下方，刻一棺木，旁有几人正在作抚棺痛苦状，表现的就是释迦牟尼见死亡的场景。

在石窟、寺院之中，讲述释迦牟尼生平事迹的故事图颇多，但是宝顶山的这组造像却表现殊异，营造者以宏伟的半身涅槃像作为中心，在其旁有巧妙引水的九龙浴太子图，这些设计，留给世人持续不断的赞许。

大方便佛报恩经变相

宝顶山大佛湾第17号大方便佛报恩经变，同毗邻的父母恩重经变一样，也是一组讲述佛教注重孝道的雕刻。

大方便佛报恩经变雕刻在高7.1米、宽14.7米的崖壁之上，居中是一尊气势宏伟的释迦牟尼半身像，高3.7米、肩宽1.4米，有螺髻的佛头顶部上，冒出一道毫光，在光中现一天宫，书"忉利天宫"。佛像身着袈裟，左手捧钵放于胸前，右手结印。在佛头左侧，刻天、人、地狱，右侧刻阿修罗、畜牲、饿鬼，它们为六道。龛檐之下，从左至右横刻宝顶山常见的20字偈语"假使热铁轮，于我顶上旋。终不以此苦，退失菩提心"。在释迦牟尼半身像的下方，有一块2米多高的石碑，额题"三圣御制佛牙赞"。此碑旧刻于庐山乾明寺，碑额中由3个"王"字重叠组成的字，即今天圣贤的"圣"字，"三圣"指的是宋太宗、真宗、仁宗三位皇帝。

以释迦牟尼半身像为中心，在两侧雕刻有十二故事图，图旁有相关的碑刻记述造像内容。这些故事图，以左下侧"六师外道谤佛不孝"作为开篇，以"大孝释迦佛亲担父王棺"作为终结。

"六师外道谤佛不孝"中，以佛弟子阿难入城化缘为导线展开：

一日，释迦牟尼在阿阇崛山中聚众说法，弟子阿难入城化缘，于王舍城外遇见一青年男子，因供养父母家产荡尽，却仍平担着双目失明的老父母沿街乞讨。阿难正看得感动，有六师外道迎面而来（六师外道是指当时与佛教对立的六个哲学派别）。他们指着这个青年男子，用讥讽的口吻对阿难说：你老师自称有大德，却舍弃双亲，丢下妻儿不顾，独自到深山修行，实在是一位沽名钓誉之徒，还不及这位乞丐有孝心！憨厚忠实的阿难听了六师外道之言，半信半疑，神情尴尬地返回山中问老师：佛家可有孝乎？释迦牟尼道：此话非尔等之言，该从何而来？阿难道：为六师外道之言。于是，释迦牟尼召集三千大千世界诸佛菩萨，大放五色光明，为说《大方便佛报恩经》，以正视听。

这个故事就雕刻在左壁的最下层，从中间开始，先为站立的阿难，只见他一脸的疑惑，面

释迦牟尼亲抬父王棺

露窘态，双手合十于胸前，向佛诉说被六师外道嘲笑讥讽的缘由。其次是肩挑父母行乞的孝子。在这之后是六师外道，他们一边诽谤释迦牟尼，一边侧目微哂，手舞足蹈，击板踏歌，表现出各种生动活泼的体态。六师外道中有一尊优美的"吹笛女"，是大足石刻经典作品之一。

从六师外道谤佛不孝故事，接下来分别刻有 11 组释迦牟尼行孝的故事图，可分为本生和佛传故事。释迦牟尼的前生事迹为佛本生故事，生平事迹为佛传故事。由于石刻岩面的限制，这龛造像中的每一个故事，工匠师们都是只选取了其中的一个典型情节来概括故事的全部内容。

佛本生故事有：释迦牟尼因地割肉供父母、释迦牟尼因地舍身饲虎、释迦牟尼因地鹦鹉行孝、释迦牟尼因地行孝剜睛出髓为药等。如其中的释迦牟尼因地割肉供父母故事，讲述有一王一后和太子，因国内大臣谋反，便带着太子逃跑。半路上，所带干粮吃完，三人饥饿难忍。国王想杀王后来与太子分食，太子不依，表示愿在自己身上每日割下三斤肉来供养父母，并立下誓愿——如若心诚，刀伤马上平复，不然伤口溃烂而死。由于太子孝心至诚，所以他手臂上的肉割下来马上就复原了，使三人平安度过了难关。这位太子即是释迦牟尼前生。

佛传故事有释迦佛诣父王所看病、释迦牟尼亲抬父王棺等。其中，释迦佛诣父王所看病讲述释迦牟尼之父净饭大王疾病，释迦牟尼闻讯赶到，以佛光照父王身，使父王病痛减轻。"释迦牟尼亲抬父王棺"故事讲述净饭王逝世入棺。据经书记载：当时要求抬棺者较多，但释迦牟

大方便佛报恩经变相

六师外道谤佛不孝

尼为劝众生行孝，所以亲自为父王抬棺，并以香木火焚之，收骨建塔供养，以尽人子之道。这一组雕像的处理，也历来受到世人赞赏，"大佛湾这组画面里，只出现三人抬棺，三人送葬和棺椁的一角，其余用香烟淹没消逝了。三个抬棺人共在一根抬杠下，处理也很巧妙，释迦牟尼在前，严肃庄重，第二人背向观众，头往里伸，双肩使力，第三人躬身，一手扶杠，脸部被杠挡住大部分。后两人处于'配角'地位，姿态生动，既表现了棺椁的重量感，这些处理，以少胜多，生动简练，又突出了释迦牟尼的崇高形象"①。

从这些故事大致可以看出，这是一处极力弘扬释迦牟尼行孝的造像龛。据学者研究，这些故事"其实并没有完全依据《大方便佛报恩经》的内容所雕刻，而是截取杂糅了《涅槃经》《六度经》《杂宝藏经》《大般涅槃经》《佛说净饭王涅槃经》等经中有关释迦牟尼行孝的故事"，"因此，把此龛造像定为《大方便佛报恩经变相》不太确切，将之定为《佛说释迦牟尼行孝变相》更为确切"②。

这龛造像，在雕刻技艺上，工匠们不但在布局、造型设计等方面颇多新意，而且善于通过人物的身姿、面容表情等，来刻画其内心，其中，还创造出"吹笛女"这样的经典艺术佳作。这些造像内容，主要就是表现释迦牟尼行孝的故事，它与父母恩重经变一道，可谓都是佛教与中国孝文化融合的生动反映。

① 王官乙《大足石窟的艺术特征》，《大足石刻研究》，四川省社会科学院出版社，1985 年，第 130 页。
② 谢生保《从〈睒子经变〉看佛教艺术中的孝道思想》，《敦煌研究》2001 年第 2 期。

第八讲　妙相俨然

——大足石刻观音造像

观音造像概述

　　观音是大足石刻雕凿最多的造像题材，可以说，在大足石刻各个历史时期皆有雕凿。大体来说，大足观音造像具有以下几个特点：

　　一是雕凿时间长。唐代时期的观音，单独的造像题材主要是千手观音、水月观音、如意轮观音等。之外，常见的观音，在铭文中多被称为救苦观音，图像上，一手持净瓶，一手握杨柳枝，如北山第 26 号观音龛。观音组合上，阿弥陀佛和观音地藏组合较为流行。五代时期观音造像大体上遵循唐代，单尊观音造像中，千手观音、水月观音等造像仍继续雕凿，观音地藏的组合继续流行。宋代是观音造像的高峰时期，表现形式多样，大足石刻中常见的单尊和组合的观音造像兼有，艺术成就甚高，涌现出多尊经典代表作。明清时期，观音仍成为主要的雕凿题材，其中，观音像旁有鹦鹉、宝瓶等的组合，是此时期新出的图像，之外，还有多身观音组合的表现形式。

　　二是表现形式多样。观音造像的表现在此时期极为丰富。单尊观音中，有千手观音、不空羂索观音、如意轮观音、数珠手观音、水月观音、玉印观音、净瓶观音、宝珠观音等。在组合上，除观音地藏组合龛窟外，十身不同观音为组合的"十圣观音"颇为流行，可谓是遍布大足乡里。之外，北山转轮经藏窟几身观音的组合，国内稀见，极其特殊。

　　三是艺术成就颇高。在大足的观音造像中，宋代是艺术成就最高的时期。如千手观音以宝顶山大佛湾第 8 号最具有代表性，数珠手观音以北山佛湾第 125 号最具代表性。又如，北山佛湾转轮经藏窟数尊观音造像，艺术成就甚高，其中，玉印观音与日月观音，面颊丰腴，肌肤细腻柔美，衬托出观音的端庄温和。这些造像，体现了中国传统审美思想和审美情趣，成为石窟艺术中具有中国风格和中国传统文化内涵的经典之作。

　　四是具有世俗化特点。单尊观音中，大多数造像题材既与经典描述大致相近，又在一些表现上逐渐与经典描述有不相同之处；水月观音等中土兴起的题材，成为民众喜好的观音造像题材。造像题材组合形式上，大多组合题材不见于佛教经典记载，如观音地藏组合、十圣观音组合，尤其是北山佛湾转轮经藏窟观音组合更是国内石窟寺稀见。这些特点表明，大足一地观音造像题材具有一定程度的世俗化特点。

　　五是观音信仰具有民间性。观音信仰在大足一地更为深入民间，民众生活中的祈愿在观音造像中大多有所体现。兹以石门山第 6 号十圣观音洞为例，在该窟中，观音造像都有祈愿，如"一家安泰，四序康宁""一家眷属寿算延长，公私清泰""乞赦除债主冤家，并资和释""乞自身禄位高崇，阖宅寿年永远""国泰民安，风调雨顺"等。从这些祈愿可以看出，观音职能涉及世俗生活的多个方面，这也是观音成为民众喜好的造像题材的一个重要影响因素。

如意轮观音

如意轮观音，为密宗六观音之一。信奉该观音，有诸多利益，如《如意轮陀罗尼》"破业障品"中记载，"应堕阿毗（鼻）地狱之者，悉能消灾""一切疾病，种种灾厄，魍魉鬼神，……由经诵念，皆得除灭"等。[1]唐代密宗高僧不空译《观自在如意轮菩萨瑜伽》有"六臂身金色"的叙述，也就是说常见的如意轮观音有六臂，这些手臂的姿势和手中所持的器物不尽相同，分别有莲花、法轮、念珠等器物，其中有一只手"作思维状"。

在唐代，如意轮观音较受到世人的崇奉，在今存的艺术品中也较多见，敦煌一地关于其画像至少就有60件之多，时间从唐代一直延续到两宋时期。在传入巴蜀地区后，今巴中、丹棱等石窟中就有雕凿。这些如意轮观音像，在表现形式上，大多是六臂，可见在当时具有一定普遍性。

北山第149号如意轮观音窟正壁

---

① 《大正藏》第20册，第187页。

多宝塔第 7 号如意轮观音窟

大足一地最早的如意轮观音，出现在北山晚唐的第 50 号龛内，题记中明确说到，在唐代乾宁四年（897 年），当地"都典座僧明悟"，"奉为十方施主"镌造了此龛"如意轮菩萨"像。该像风化较严重，可辨识头向右边微倾，一手作支撑状，似正在思考；双脚皆放于莲台上，左脚盘起，右脚上翘。这些图像的特点，与陕西法门寺和巴中石窟中的如意轮观音，在身姿上有极大的相似性。

宋代，如意轮观音继续在北山雕凿。第 149 号如意轮观音窟高 3.43 米、宽 3.22 米、进深 3.46 米，正壁雕刻三身端坐的观音，中为如意轮观音，左手持莲花，花中有宝珠，发出火焰形光；右手在胸前结印。此像的两侧为观音。在窟的左右壁上，雕刻有三十余身造像，身份文武皆备，动作不一。窟内的铭文记载，在南宋刚建立不久的建炎二年（1128 年），当时的知昌州军州事任宗易和他的夫人杜氏捐资营造此"如意轮圣观自在菩萨"一龛，希望"永为一方瞻仰"，并祈乞"干戈永息"。今在窟内的左右壁的转角处，还保存有他们的形象。作为一州知州的任宗易，缘何营造如意轮观音来祈求上述意愿，或如《如意轮陀罗尼经》中记载"若有军阵斗战，官事争讼，由明成就，皆得解脱"[1] 有一定关系。

不过，与之前多数为六臂、作思维状等形象的如意轮观音不同的是，此处为二臂、端坐。据考，此图像来源于唐代菩提流志译《如意轮陀罗尼经》，这部经中就说到如意轮观音为二臂，其中，左手执莲花，右手作说法相。

其后不久，大足一地的如意轮观音造像，在图像上逐渐开始具有世俗化的特点。

南宋绍兴十一年（1141 年），由众多信徒集体修建的石门山石刻十圣观音洞中，此年由庞师上父子捐资的如意轮观音完工，他们希望可以"永世康宁、四时吉庆"。如意轮观音位于右壁，亦为双臂，但是因为一手残缺，所持的器物不详。其持物，在其后多宝塔内第 7、57 号两龛如意轮观音像中，或有所体现。

多宝塔第 7 号如意轮观音，观音与之前六臂、作思维状的形象殊异，而仅仅是一手捧如意

① 《大正藏》第 20 册，第 187 页。

轮作为表征。在造像的周围，有很多穿着世俗服装的供养人像。从铭文可知，当时在大足的进士刘升和其弟进士刘陟以及家眷等，发心镌造"如意轮菩萨一龛"。可见在如意轮观音身边的供养人，也就是铭文记载的刘家诸人。而位于塔内第五层的第57号内的如意轮观音，在图像的表现形式上，与第7号基本相似。只不过，捐资信众为文陟和妻子毛氏，时间在1153年。

从大足唐宋时期的如意轮观音来看，一些造像与传统经典和图像较为吻合，如北山晚唐的第50号龛，而多宝塔第7、57号的如意轮观音，不囿于经典，与传统图像有较大差异，具有世俗化的特点。

莲花手观音

观音菩萨亦名为莲花手菩萨。在中国，莲花手观音造像盛行于南北朝至隋代，到唐代，一手持杨柳枝、一手握净瓶的杨柳枝观音造型逐渐盛行，取代了莲花手观音。这一现象，也在巴蜀石窟中有所体现，如在广元、巴中等地唐代观音造像中，观音基本上为杨柳枝观音造型，而莲花手观音则未见有单独的龛窟。

大足石刻中，莲花手观音较多，不过，基本上出现在与其他题材的组合龛窟之中。

晚唐北山第10号释迦牟尼窟，正壁为释迦佛，左右分刻弟子和菩萨等像。其中，左壁为观音菩萨，花冠中有立佛像，双手在胸前持莲梗，莲花负于右肩之上。该尊造像脸庞丰满，亭亭玉立，尤其是璎珞、裙衫上细密的线条，隐约可见肌体起伏，大有"曹衣出水"之意味，颇具唐代造像艺术的神韵，是大足石刻晚唐菩萨造像的代表作品。

五代时期的莲花手观音造像，集中在北山，据出现的组合来看，既有单独一身造像作为主尊出现，也有出现在组合的造像龛之中。单尊的莲花手观音，主要是北山佛湾第233号龛。观音头戴高花冠，胸部密布璎珞，浑身衣带飘拂，赤足立于莲台上。其左手握莲苞负于肩，右手握数珠一串置腹前，项后有圆形火焰头光。整龛造像，仅有观音一身造像，龛底面皆为素面，这些特点，衬托出观音的高洁、典雅，可谓是大足石刻五代时期难得的小品之作。此时期，组合类的莲花手观音，主要见于观音地藏龛，如北山第241号观音地藏龛。左侧观音造像站立在莲台上，头戴风帽，双手斜持莲花。

宋代，莲花手观音造像亦有较多遗存，主要见于十圣观音组合的造像题材之中。其中，石门山十圣观音洞具有代表性。窟内右壁第3身观音，左手持莲，其上分为两梗，分别刻莲花和莲苞；右手握璎珞。该身造像题记"昌州大足县陔山乡奉佛承信郎陈充一宅长少等，于绍兴

北山第 10 号莲花手观音

108

十年内命工就此洞镌造莲花手观音一尊，乞自身禄位高崇，阖宅寿年永远，亿向公私，吉无不利。辛酉上元日题"（1141 年）。从铭文可确认，该身应为莲花手观音，是当时陜山乡的陈充一家捐资修造。十圣观音造像中出现有莲花手观音，还见于北山第 105 号、妙高山、普和寺等几处造像。可见，在十圣观音中，莲花手观音是较多出现的观音题材之一，其原因，与莲花手观音作为传统的观音题材密不可分。

宋代莲花手观音造像，还见于宝顶山第 18 号观无量寿佛经变龛。在龛上部，主尊西方三圣的阿弥陀佛与观音像之间，有一半身菩萨像，双手斜持莲花，因其花冠内有坐佛，该像当为观音。龛下方为三品九生图，雕凿有多身观音，其中的"中品中生图"，中为阿弥陀佛，左为观音，右为大势至，皆为立式，二像双手皆持莲花于肩上。

莲花手观音在大足一地，大多出现在组合的龛窟之中，单独的龛窟雕凿较为少见，其原因，既与大足一地其他一些观音造像盛行有关，也与宋代巴蜀石窟中雕凿较少的大环境相关。

数珠手观音

大足石刻经典作品中，北山第 125 号数珠手观音以其独特的魅力，令世人赞叹不已。

这龛造像主尊是一尊观音像，主尊高

石门山十圣观音洞莲花手观音

1.08 米，赤足站立在莲花台上，身后有大椭圆形背光，观音头戴花冠，胸饰璎珞，头微微倾侧，面部轻抿嘴唇，一派似笑非笑的模样。左手轻扼右手腕，右手下垂轻拈珠串。身材窈窕，亭亭玉立，斜侧身姿，飘带飞舞。在龛左右上部有二飞天，手托供盘浮于天际，下部两侧各有一侍者像。这龛观音根据观音手中所持的器物为数珠，定名为"数珠手观音"。不过，因其容貌、身姿俏丽妩媚，极具女性特色，被世人称为"媚态观音"。

北山这龛观音造像的出现，与数珠手观音的信奉密切相关。顾名思义，数珠手观音即手中持有数珠的观音。关于数珠，有学者说"在汉化佛教中，隋唐之际，随着净土宗和密宗的兴盛，数珠开始大流行，从此成为汉化佛教七众的重要随身具，并成为念佛信佛的重要标志"[①]。在宋代大足石刻的造像中，就可以见到

北山第 125 号数珠手观音

官员平民手持数珠的造像。佛教密宗多部经典中，就记载了持念数珠的作用，其中还包括千手观音经典，如在《千手千眼观世音菩萨广大圆满无碍大悲心陀罗尼经》中，有"若为十方诸佛速来来授手者，当于数珠手"[②]，此经译本早在唐代就已传入中土。这种形象，在唐宋时期千手观音像中，基本上能找到数珠手的踪影。

数珠手观音，少见于佛教和民间常提及的观音行列之中，如密教的七观音，以及融合佛教经典和民间信仰的三十三观音之中，皆未有数珠手观音。对此，一些专家对数珠手观音的来历，提出了自己的观点，如业露华认为数珠手观音"是中国的民间艺术家依据佛教密宗经典创作的观世音菩萨像之一"[③]。

早期的数珠手观音造像，据调查发现，主要集中在巴蜀地区的大足、安岳一带。在大足石刻中，目前以雕凿于五代时期的第 277 号观音地藏龛为最早。这龛造像，左侧为手持锡杖的地藏，右侧观音头搭披风，左手扼右手腕，右手持数珠。这一图像的特点，成为其后大足数珠手观音标准的图像模式。

---

① 白化文《汉化佛教法器服饰略说》，商务印书馆，1998 年，第 188～189 页。

②《大正藏》第 20 册，第 111 页。

③ 业露华撰文，张德宝、徐有武绘图《中国佛教图像解说》，上海书店，1995 年，第 76 页。

其后，数珠手观音较多地出现在观音群像之中，较早的作品见于北山第180号十三观音变相窟内，其雕刻时间约在北宋政和六年至宣和四年（1116—1122年）。在窟中正壁为水月观音坐式佛像，两旁下层各有观音6身，其中，右侧第5身为数珠手观音，头戴花冠，冠外有披风，双手于胸前拈数珠，头后升起并蒂荷花两朵，上有菩萨坐像。

这种在观音组像中出现数珠手观音，还在大足南宋初期的其他一些造像龛窟中较多出现，特别是在十位观音群像组合之中，如石门山第6号西方三圣和十圣观音洞，妙高山第4号西方三圣和十圣观音洞，以及峰山寺、普和寺、佛安桥等观音组像的龛窟之中，都有数珠手观音的雕凿。

在有数珠手观音组合的造像龛窟中，北山第136号转轮经藏窟内的数珠手观音，不仅保存甚为完好，而且造像组合形式也具有自身特点。这窟内的数珠手观音高1.91米，头戴花冠，右手于腹部前轻拈数珠，数珠呈"8"字形，左手扼右腕，赤足立于莲台上。这尊造像的题记显示，造像是当时大足的信众王升夫妇，于南宋绍兴十六年（1146年）

北山第136号数珠手观音

为其父母而营造，希望二亲"寿算增延"，也希望自身"公私清吉"。而在这个洞窟之中，数珠手观音是与文殊、普贤、日月观音、玉印观音等一道出现，此种组合在石窟造像题材中极为独特。

受观音组像的影响，大足石刻中出现一些其他地方少见的单尊观音造像龛，其中，就有数珠手观音，北山第125号龛单独以数珠手观音作为主尊，就体现出该观音的形象在当时较为流行。当然，大足石刻这一独特的艺术氛围，其实也与宋代巴蜀地区石窟艺术更趋于世俗化有一定关系。经过五代前、后蜀的积累，到了宋代，受到世俗化的影响，巴蜀地区在艺术的表现上更加自由，更加趋向于民间。尤其是作为对世俗民众影响很大的观音题材，类似北山第125号数珠手观音，就是在这样一种氛围中得以出现。

不空羂索观音

不空羂索观音来源于《不空羂索经》，隋唐至两宋时期有关该经的译本多达 9 部。羂索，是一种绊取野兽的绳索；不空，意即为用此捕获从不落空，以此比喻该菩萨以慈悲之心，以从不落空的羂索，能使众生脱离苦海而达到涅槃彼岸。

在大足石刻中，作为龛窟内正壁主像，早在前、后蜀时期就有雕凿，如此时期的北山第 197、208、212、224 号等龛。其后，在宋代的北山佛湾 116、119、123、127、136、146、

北山第 119 号不空羂索观音

北山第136号日月观音

159、173、174 号，以及多宝塔第 36、57、68 号和玉滩第 1 号等龛窟中都有不空羂索观音，在龛窟内的位置也有所变化。这些不空羂索观音，其形象大多身有六臂，持有钵、羂索、剑、摩尼珠、杨柳枝等①。

雕凿于宋代的北山第 119 号龛，正壁为主尊不空羂索观音，善跏趺坐台座上，头戴花冠，身有六臂：身前双手，左手托钵，右手持杨柳枝；身侧两手，左手握羂索，右手持宝剑；上举双手，皆掌心化一朵祥云，云中现一坐佛。观音左右分立善财和龙女等像。

北山第 136 号转轮经藏窟内的不空羂索观音尤为世人称道。造像结跏趺坐在金刚座上，头戴花冠，身有六臂：身前左手捧钵于腹，右手举杨柳枝于胸前；身侧两手，左手握长柄斧，斧上有绳索，右手执宝剑；上举双手分托日月，故一般称该像为"日月观音"。该像面庞丰腴，全身帛带飘逸，极具装饰美感，繁复的镂刻花卉纹宝冠与简约的丰腴面颊相得益彰，不仅显现出肌肤的细腻柔美，更衬托出观音的端庄温和。

在十圣观音造像中，不空羂索观音也较多出现，其形象为双臂，手持羂索，如妙高山十圣观音像中不空羂索观音即如此。可见，匠师营造十圣观音像时，为遵循造像组合的统一，对观音持物的具体形象是有所取舍的。

水月观音

据传，唐代画家周昉在长安胜光寺内首创水月观音样式，很快，各大寺院竞相模仿这一观音的表现形式，并美其名为"周家样"。这一事迹，随后在唐代张彦远《历代名画记》中，就有周昉"妙创水月之体"的记载。在这之后的宋代黄休复撰写的《益州名画录》中，也记载了范琼、左全等绘画名家，在成都的寺院描绘水月观音。

画史记载的画作基本上未保存下来，而在敦煌和巴蜀石窟的绵阳圣水寺、安岳毗卢洞、江津石佛寺以及大足石刻中，保存了大量的水月观音的作品。

北山营盘坡水月观音

① 黎方银《大足石窟不空羂索观音像研究——大足密教造像研究之二》，《大足石刻研究文集》第 5 辑，重庆出版社，2005 年，第 94～103 页。

这些丰富的作品遗存，学术界根据早期作品的特点，也推论出了最初周昉绘水月观音时具体身姿的形象，极有可能就是跷左腿于右腿之上，双手抱左膝，背景中出现有圆月、竹子、莲花、山石流水。

唐宋时期，在大足一地从事雕凿的工匠们，当年对水月观音题材可谓是极为娴熟。粗略统计，在大足石刻中，就保存有 20 余尊水月观音的造像。最早的造像起源于晚唐时期的北山营盘坡，身姿为跷腿抱膝、随意自在，极可能接近最初周昉所妙创的水月观音身姿。[①]

其后，在五代时期的北山石刻中出现有 5 龛，为第 70、192、200、210、213 号。至宋代，更是较多出现，且精品迭出，主要有北山佛湾的第 113、128、133、135、165 号，多宝塔的第 4、15、58 号等，以及妙高山、石门山、佛安桥等石刻造像点中。明清时期，水月观音在大足一地仍有延续。[②]

在这些水月观音的造像中，北山佛湾第 133 号水月观音窟的形制相对较大，雕刻内容显得更丰富一些。它雕刻在高 3.18 米、宽 2.25 米、深 3.11 米的窟内，正壁坐水月观音，头戴花冠，脑后有飘带，胸前密饰璎珞，身上绕有披帛，观音左腿盘于台座上，右腿赤足呈"二郎腿"形式放

北山第 133 号水月观音窟

① 侯波《从自我观照到大中救赎——水月观音造型流变考》，《2009 年中国重庆大足石刻国际学术研讨会论文集》，重庆出版社，2013 年。
② 陈静《大足石刻水月观音造像的调查与研究》，《大足石刻研究文集》第 5 辑，重庆出版社，2005 年。

北山第113号水月观音

在台座上，下方台座为金刚座式样。脑后有圆形头光，在身后刻连绵起伏的群山，山形错落有致，其间放有一净瓶。观音面含微笑，身姿略倾，其异于其他观音的坐式，加之下垂的冠带与环绕手肩的披帛，轻盈自然，似有微风轻拂一般，给人以姿态潇洒、气度不凡的感觉。

观音左右侧对称站立善财和龙女。善财为老者像，颧骨突显，双手捧一盘，盘内有假山。龙女面庞丰腴，双手亦捧一盘。在洞窟的左右两侧壁，各自站立着两身金刚神将，他们大多身高在1.8米左右，其中内侧像为单首四臂，外侧像为三头六臂，皆是身着甲胄，飘带绕身，相貌威严凛然。这些气势威猛的金刚像，与正壁观音像形成鲜明的对比。

与北山第133号规模较大相比，形制较小、雕刻内容较少的北山第113号水月观音不失为一龛精品。

第113号为穿拱形造像龛，在龛的门楣及两侧门柱之上，匠师细心地刻有嶙峋不平的山石和粼粼的水波纹，寓意着水月观音静坐水旁而观水中月。正壁的观音身姿微侧，面露微笑，仪容清丽俊美，浑身饰满璎珞和飘带，神态温婉自如，风度潇洒，似一位与世隔绝的仙女。故有学者评价"造像虚实相济，意境悠远，生动别致，不失为艺术佳品"①。

北山第113、133号水月观音，调查发现都没有捐资造像的具体年代，研究者根据北山石刻营造的历史、造像风格等因素，大多认为是南宋初期所开凿。不过，在宋代10余处水月观音造像龛中，也有一些留下造像的具体时间，比如石门山第4号水月观音龛，为北宋绍圣元年（1094年）所雕凿。又如多宝塔内的第58号，为当时昌州石膏滩的信众李小大全家捐资，于南宋绍兴

---

① 黎方银《大足石刻》，三秦出版社，2010年，第47页。

二十五年（1155 年）雕刻。

从大足这些保存较多的水月观音造像可以看出，在宋代时期，大足人对此种观音颇为喜好、崇尚。

十圣观音

十圣观音，是一种主要见于大足石刻的观音造像组合题材，其中，尤其是以石门山十圣观音洞最具有代表性。

石门山十圣观音洞保存有一则"诱化修造十圣观音洞"文，叙述了岑忠用和其妻裴氏营建该窟造像的经过，文中说自从甲寅岁（南宋绍兴四年，1134 年）以来，"天忽亢旱，雨不应时，民食不足"，于是募化远近信众在石门山上建"观音大洞一所，无量寿佛并十圣菩萨""祈风雨顺时，五谷丰盛"，并"愿皇图永固，佛日增辉，舍财信士，所做契心，三会龙华，皆得受记"等。文中也自己说到了他的家境，他说"三代贫苦，实无一贯之本"，可见岑忠用家境贫寒。正因如此，这个洞窟的修建非他一家所为，而是向众多舍财的信众募捐共同完成。洞窟的正式

石门山十圣观音洞右壁观音像

石门山十圣观音局部

营建，从丙辰年（南宋绍兴六年，1136 年）开始，至岑忠用书写此镌记的这一年，基本上接近完工。文末，记有书写的时间，为"庚申岁十二月"，即南宋绍兴十年（1140 年）十二月，末题"化首岑忠用与裴氏夫妇共镌建"。

十圣观音洞是一个进深达 5.79 米、高 3.02 米、宽 3.50 米的长方形洞窟。在洞窟内外一共雕凿有 21 身造像。窟内正壁雕刻西方三圣，居中为阿弥陀佛像，左为双手持莲花的观音，右为双手持如意的大势至。在西方三圣两侧的转角处，左右对称刻一供养人像，左为男像，双手持

石门山十圣观音局部

香炉，即洞窟的"化首"岑忠用；右为女像，即岑忠用妻裴氏。

在窟左右壁，对称雕刻十身观音像，皆亭亭玉立于净坛之上。据观音手中的持物，左壁由内至外为净瓶观音、宝篮手观音、宝经手观音、宝扇手观音、甘露玉观音，右壁由内至外为宝珠手观音、宝镜手观音、莲花手观音、如意轮观音、数珠手观音。

两壁近窟门处，雕刻有善财和龙女。左边的善财，颔下有长髯，双手捧一莲花形盘，盘中有假山，山中放有一粒宝珠。右边的龙女，脸部微显丰腴，双手端一莲花形盘。窟门外两侧雕

石门山十圣观音局部

刻有四位天王，皆身着甲胄，手持兵器，其面目凶恶狰狞，与窟内文静典雅的观音造像恰好形成鲜明的对比。

正壁和左右壁的造像，其身旁大多有题记，并出现岑忠志、岑忠信、侯惟正、杨作安、赵勤典、陈充等人名，他们都是当年洞窟"化首"岑忠用募捐营造洞窟的施主。这些人大多为居住在当时的昌州大足境内的平民。

十圣观音洞中，分列在两侧壁的十圣观音历来备受世人称道。她们在表现上既遵循统一的原则，又力求个性的美。这十身观音像，初一乍见，恍若一个模子所出，缤纷前来，自成一壁。稍许停留驻足，细细领略则各有其姿，或略侧身姿，或亭亭玉立；而手姿变化，则根据手中所持器物各不相同，单手持物的，有贴于腹前，握一宝扇；有下垂身侧，提一宝篮；有举于胸前，拿一宝瓶……双手持物的，则有一手握宝镜，一手轻拈飘拂的镜带；有皆放在身侧，捧拿佛经；有左手扼住右手腕，右手下捏一串数珠……

十圣观音是宋代大足石刻一个特殊而又较为流行的题材。说它特殊，是因为在大足之外的其他石窟中，极为少见；而在大足乡间的一些宋代的石刻造像点，却较为常见，在大足境内的妙高山、北山、峰山寺、佛安桥、普和寺等石刻造像处都有十圣观音的造像龛窟。而石门山的这窟造像，却因精湛的雕刻技艺极具代表性。因为这些造像身姿优美，脸部温和细腻，肌肤如雪，恍若吹弹可破，璎珞遍身，不失华丽之美。再一回首凝视，既透露出几许宋代女性温婉贤淑的气质，又具有观音慈祥高洁的内涵。

第九讲　大悲圣相

——千手观音造像考察

大足一地千手观音造像保存丰富,历年来调查发现共计20个龛窟的遗存,造像绵延时间长,艺术价值甚高,这些特点,在国内石窟寺的石刻造像中,都极为少见。

唐代千手观音造像

大足唐代石刻中,千手观音造像龛有4处,分别在圣水寺1龛,北山佛湾2龛和营盘坡1龛。

根据其千手的表现和神众出现的情况,大致可以分为两种形式。第一种在千手表现形式上,圆雕(或高浮雕)42只正大手,身姿周围阴刻诸手,且神众较多,见于圣水寺,北山佛湾9号和营盘坡。

圣水寺第3号千手观音龛,为双重门楣平顶龛,龛正中为千手观音像,高0.63米,面容保存较好,身饰璎珞,结跏趺坐于莲座之上,莲座下方为束腰须弥座。在身姿周围刻千手,可分为两种,一类为高浮雕手,约42只,可辨识化佛、数珠等持物,其中,身前可辨识有合掌手,腹前有结印手等;另一类为阴刻的手,4层整齐布列,依次在身姿周围作辐射状。千手均位于一圆轮之中。在观音左右刻神众造像,有四天王、骑孔雀的神像、手持拐杖的波斯仙等。

圣水寺造像未见有纪年题刻,其造像年代,调查报告认为"从造像龛形制、题材及雕造手

圣水寺千手观音

法看，应为中晚唐作品，特别是3号龛的千手观音像龛，是巴蜀地区唐中期开元、天宝年以后出现的题材"①。据研究，该龛造像的出现，极可能与古静南县治设立在附近有关。

北山第9号千手观音龛高2.9米、宽2.7米、深1.42米。龛内主尊千手观音头戴花冠，头后有圆形头光，其内刻莲瓣，坐于方形束腰台座上，双足下垂于莲台之上。观音身前和周围刻千手，可分为两类。一是42只正大手，有分别在胸前和膝间结印的双手，有放置于膝上的手，其余正大手大多外伸近似于圆雕，多数手掌不存，余下可辨识净瓶、宝箧、旁牌等手。在观音正大手周围，阴刻一轮手掌。再之外为一桃形的背光，外圈阴刻火焰纹样。龛顶上方，刻二飞天，飞翔于圆形祥云之内。在观音台座左右，分别刻饿鬼和贫者。龛左右壁皆有神众造像，分为4层，呈左右对称布列，其间有十方诸佛、文殊和普贤、四大天王、风云雷电等造像。

对于该龛营建年代，之前调查和研究论著中认为系晚唐，在《韦君靖碑》中有"翠壁凿出金仙，现千手眼之威神，具八十种之相好"，即指此千手观音龛。其后，发现一则造像题记，"是

北山第9号千手观音

---

① 重庆大足石刻艺术博物馆《大足尖山子、圣水寺摩崖造像调查简报》，《文物》1994年第2期。

韦君靖开凿时的造像镌记无疑"[1]。

北山第9号千手观音，形制较大，题材内容丰富，雕刻技法娴熟，保存较为完好，是大足唐代千手观音的代表造像龛。

另一种表现形式仅表现42只正大手，神众极少。该形式仅见于北山第243号，龛正中端坐千手观音，在其身姿周围有42只手，大多残坏，可辨识持弓、箭、玉环、净瓶等器物，双足下垂于莲台之上。龛上部刻两身飞天。观音左右各站立一身侍者。据题记考证，该龛造像时间为晚唐天复元年（901年）。

目前，调查研究发现，千手观音造像在初唐就已经开始出现，随着千手观音图像传入巴蜀地区，在寺院、石窟寺等地逐渐得到流传。从巴蜀地区绘画和石窟造像来看，大足一地唐代千手观音的图像，与大足以西的巴蜀地区同题材造像具有极大的相似性，此正如姚崇新文中所述"大足地区的千手观音造像只是整个川渝地区唐宋时期千手观音造像的一部分，其发展变化与大足以外区域特别是大足以西区域不同时期千手观音造像的发展变化息息相关"[2]。

五代千手观音造像

五代时期，千手观音是主要的雕凿题材之一，调查发现至少有7龛，皆出现在北山，即佛湾第43、60、218、235、273号，以及佛耳岩第13号、观音坡第27号。

保存较好的北山第273号千手观音龛，可谓是此时期的代表作。该龛高1.5米、宽1.3米、深0.75米，正中千手观音头戴高花冠，冠内云纹流畅，佛像庄严，镂空的技艺彰显出匠师细节处理的娴熟。披挂的璎珞，清晰可辨其自然而流畅的走势。观音双目微睁，嘴角微翘，露出一丝淡淡的微笑，雕凿细腻的面部，仍带有盛唐时期丰腴的艺术特色。

在观音头部和身体两侧雕刻42只手，有双手合于一体的，或高举头顶、捧一佛像；或双手抬在前胸，作拱揖状；或双手放于膝间，屈指结印。更多的则是单手持物，或紧握宝瓶，或轻拈数珠，或敬托佛经，或平举楼阁，或手提宝篮……器物各不相同。第273号龛中的"千手"，远观层层叠叠，上下错落，甚为复杂。近视可见雕凿精细，如一手持的器物为锡杖，在其上挂有6个小圆环，清晰可辨；又如一手持盾牌，牌上雕刻一面具，眉头紧皱，双目暴突，龇牙咧嘴。匠师不但在狭小的龛内巧妙汇集42只不同手的造型，而且在每一只手上也各尽其态、各展其姿。

① 陈明光《大足北山佛湾发现开创者造像镌记》，《四川文物》2007年第3期。

② 姚崇新《大足地区唐宋时期千手千眼观音造像遗存的初步考察》，《大足学刊》第2辑，重庆出版社，2018年。

北山第 273 号千手观音

除千手观音之外，第 273 号龛内还刻有其他造像，如观音座下左右分别有饿鬼和贫者；在龛外，其上刻有十身结跏趺坐于莲台的佛像；在左右壁，刻有 4 身地藏，头戴风帽，手持锡杖，对称出现在龛外左右壁。

整龛造像，以其精细的雕刻，简约的设计，呈现出一种小巧玲珑之感，自有这一时代别致的艺术气息。由此，以第 273 号龛为代表的千手观音像，可谓是此时期的雕刻杰作，也是了解五代艺术不可多得的珍品。

其他五代时期的千手观音龛，在图像上基本上与第 273 号龛相近。

从第 273 号龛可基本看出五代时期千手观音造像的一些特点：在图像上，基本上沿袭唐代北山第 243 号龛的表现形式。与唐宋同题材作品相比，总体上规模

第 273 号千手观音局部

较小。在艺术上，总体上具有承唐代遗风、启两宋先河的特点，从以第 273 号龛为代表的千手观音造像中不难领略：丰腴的面庞，沿袭着盛唐的风韵；造像的花冠，暗示着宋时的繁丽与精致。

宋代千手观音造像

宋代，千手观音造像题材得到延续。目前发现有 4 龛造像，宝顶山石刻千手观音像雕凿之前，在北山佛湾、多宝塔、三教寺均有雕刻。

北山佛湾第 288 号龛最初为千手观音造像，后改刻为林俊窟。现窟正中为明代雕刻的林俊像，左右壁小龛内为明代雕刻的坐像，此两像上方的小圆龛内，雕刻一菩萨。圆龛菩萨周围，阴刻有祥云。在窟顶壁上，浮雕有祥云和天乐。龛额横刻"大明蜀总制林公之像" 9 字。在窟右外上壁，残存一则镌记，记有马道者，在北宋大观元年（1107 年）之际，镌刻千手千眼观音。可知该窟造像，最初形成于北宋之际，题材为千手观音，明代嘉靖年间，被改刻为林俊等像。从现存造像来看，两侧壁的菩萨，顶壁上的祥云和天乐，为宋代雕凿。仅从此来看，北宋时期的千手观音龛，在雕刻题材上，与五代时期造像有所差异。

多宝塔第 116 号千手观音局部

多宝塔第 116 号龛千手观音造像，头戴花冠，冠中有佛像，18 只手臂分布在身体胸前和左右，可见有宝经手、莲花手、宝瓶手、如意手等。其中，在肩部上方有双手，各托一像于云朵之中，左边为男像，头戴冠，身着圆领大袖长服，双手捧笏于胸前；右侧为女像，头戴团冠，身着圆领大袖长服，双手于胸前搭布帛。在观音身侧左右，各有一男一女供养人像，皆双手合十于胸前。在龛内左右角刻有题记，"城廓右厢居住奉佛弟子王安，同室朱七娘，并膝下男□，同室王氏，孙松年镌"[1]，可知为当时昌州居民王安一

① 陈明光《大足多宝塔外部造像勘查简报》，《2005 年重庆大足石刻国际学术研讨会论文集》，文物出版社，2007 年。

家三代人所造。这龛雕凿于南宋初期的千手观音，与之前北山第 273 号等同类造像比较，有着自身的特色，如为 18 臂；手臂相对较长，布列稍显舒缓；肩上双手所托人物造像，在千手观音同题材造像中，颇为稀见。

从上述宋代大足一地千手观音造像可见，此时期已经逐渐脱离唐五代时期的造像模式，如以多宝塔第 116 号为代表的造像龛，体现出与晚唐五代时期造像在艺术上的变化。而宝顶山千手观音造像的出现，则将大足乃至于巴蜀地区千手观音摩崖造像推向了一个顶峰，迄今仍是同题材石刻造像中的杰作。

宝顶山千手观音造像考察

宝顶山千手观音开凿于南宋淳熙至淳祐年间（1174—1252 年），是大足石刻经典作品之一，具有极高的历史、考古、艺术等多种价值，历来备受世人称道，被誉为"天下奇观"。在本小节中，对其造像基本情况、器物和艺术特点略作小识。

一、造像基本情况

宝顶山大佛湾千手观音像，编号第 8 号，龛高 7.2 米，像宽 12.5 米，占据崖面 88 平方米。主尊千手观音结跏趺坐于莲台之上，头戴花冠，冠上有 48 身佛像。观音面相慈祥，双目下视。额上竖刻一眼。在观音左右两侧和头顶上方，呈放射状似孔雀开屏般地雕凿千只手，每只手掌心中有一只眼睛，多数手中持有器物，其姿势或伸、或屈、或正、或侧，显得圆润多姿，金碧辉煌，给人以眼目晕眩之感。

该龛千手观音花冠与绝大多数的千手观音花冠不一致的是，在花冠中刻 48 尊佛像，皆是结跏趺坐于莲台上。《观无量寿佛经》记载，观音"其天冠中，有一立化佛，高二十五由旬"，因此，常见的千手观音像花冠中雕刻为一身立佛像。此处出现数量多达 48 尊的结跏趺坐佛像，或与《无量寿经》记载阿弥陀佛四十八大愿有关。

在佛经中，千手观音面数有 1 面、11 面以及 500 面的说法，其中 1 面在实物遗存中较常见。如在敦煌，据彭金章先生文，1 面者有 35 幅，时间从盛唐开始，一直延续至元代。[①] 在巴蜀地区中，元代之前的千手观音基本上为 1 面，如内江圣水寺（唐代），资中北岩第 113 号（唐代），以及北山第 9 号（唐代）、273 号（五代）等作品，可见宝顶山千手观音作 1 面的表现，也是巴

---

① 彭金章《千眼照见 千手护持——敦煌密教经变研究之三》，《敦煌研究》1996 年第 1 期。

宝顶山千手观音

蜀地区常见的形式。经典中多处记载千手观音面有三眼，如智通译《千眼千臂神咒经》、菩提流志译《千手千眼姥陀罗尼身经》等都记载"面有三眼"，此当为宝顶山千手观音面有三眼的依据。宝顶山千手观音为结跏趺坐，此与经典记载吻合。据彭金章先生文，在十余部千手观音的经、轨中，有三部经典记载了千手观音姿势，皆为结跏趺坐式。

观音左侧有一男像和一头顶猪头的女像；右侧有一女像和头顶象头的女像。关于他们的身份，胡文和认为"观音左右侧的男像和女像分别名为婆薮仙和吉祥天女"，此"两像左右侧头顶猪首和象首的妇人形象，身份是毗那夜迦天"，并引用有关经典对毗那夜迦天的记载，基本确定为男天和女天，如"宋法云《翻译名义集》卷六中说：频那（即毗那）是猪头，夜迦是象鼻。宝顶第8号龛中头顶猪头和象头者却均为女像，与《仪轨》不合①"。

龛下方左侧有一老者跪地，手提口袋，袋口刻两枚钱币；下方右侧跪有一饿鬼，身材枯瘦，双手捧钵，钵内盛有物，下半身隐于身前云纹内。这是之前常见的饿鬼和贫者。观音莲座下方，左右各有一半身武士像，作抬莲座状。

---

① 胡文和、胡文成《巴蜀佛教雕刻艺术史（下）》，巴蜀书社，2015年，第501～502页。

二、器物

在宝顶山千手观音造像的手中，持有多种器物，据调查，共计 231 件。[①] 这些器物，涉及类别繁多，如乐器类有拍板、细腰鼓等，兵器类有剑、戟、斧、弓、旁牌等，动物类有狮、象等，佛教仪式器物有莲、钵、铃、数珠、如意、经册、锡杖、法螺、香炉等，建筑类有塔、宫殿、亭等，生活器具类有扇、食盒、盘、笔、镜等，食物类有石榴、葡萄等，其他还有日、月、化佛、山石、云、朝笏等，可见涉及面很广。

千手观音造像手中所持器物，一般集中在 42 只正大手上，这些手中的器物均来自佛教经典，如被多种论著引用的唐代伽梵达摩《千手千眼观世音菩萨广大圆满无碍大悲心陀罗尼经》中的叙述，从手臂数量来看，"施无畏手"为单手结手印，"合掌手"为双手，加上"顶上化佛手"亦为双手，由此有 42 只，此即正大手。从持物来看，共涉及 38 只手中有持物，其中有 2 处，分别为"化佛手""顶上化佛手"也即造像都为化佛，由此为 37 种不同的手中持物。这些持物，在宝顶山千手观音造像之中，基本上都有雕凿，如经中所叙"若为多闻广学者，当于宝经手"，在千手观音器物中，出现有多种佛经样式，如贝叶经、卷轴装、经折装等。

除此之外，还有较多的未见于经典描述的器物，如扇、笔、香炉、拍板、山石、朝笏、绣球、食盒等。这些未见于经典的器物，多数与生活习俗密切相关，如鱼和盆组合、食盒等这些饮食类器具，就是当时民间生活器具的真实反映。

对于未见经典叙述的器物，此举 2 例。唐代千手观音的多部经典中，记载其手持多种法器，未见有香炉；在敦煌的千手观音像中，也未见有香炉。[②] 在宝顶山千手观音像中出现有持香炉的手，应是营建者参照当时流行的器物作为法器来雕凿的，而长柄香炉在唐宋时期大足石刻中，是较为流行的题材（如宝顶山其他造像出现多例长柄香炉即可证明），所以，将其作为千手观音所持法器之一。

器物中，鱼和盆组合的手中持物，较为特殊。如其间出现的一处，周围有多手捧持一盆，盆上一手握住鱼身，鱼头向下，鱼尾上翘。这种图像的组合，不见于佛经记载。此组合题材的雕凿或与大足一地饮食习俗有关：大足境内遍布小溪，鱼易于捕捉，宋代时期，鱼已成为大足一地民众的主要肉食之一。由此来看，在千手观音器物中出现鱼和盆，是匠师结合大足一地的生活习俗雕凿的。

① 《大足石刻全集》第 6 卷上册，重庆出版社，2018 年，第 160 页。

② 在彭金章《千眼照见　千手护持——敦煌密教经变研究之三》（《敦煌研究》1996 年第 1 期）文中，叙述的相关经典和敦煌壁画实物，未有持香炉的手的记载。

千手观音千手局部

三、艺术特点

千手观音造像具有极高的艺术价值，在此略谈数点。

首先是立意深远，构思奇诡。在设计立意上，与大佛湾周边造像都基本上具有别出新意、独具一格的表现特点相吻合，体现出营建者匠心独具的构思。造像构图在借鉴传统的基础上，极力注重艺术表现上的新意，特别是在千手的表现上，与之前千手观音大多为 42 只正大手，或圆雕 42 只正大手与阴刻数手的表现方式大相径庭，而是采取千手皆为圆雕的表现形式，此开石刻造像之先河。总的来说，构思上追求造像规模宏伟、圆雕为主的千手的展现，突破之前该题材的模式，令人耳目一新。

其次是规模宏伟，大悲济世。与之前雕塑作品相比较，千手观音造像主体以展示千手为主，通过淡化护法、眷属等造像的内容，给予千手更多的空间。步入宝顶山大佛湾大悲阁，迎面便见千手观音造像气势恢宏，满壁生辉。千手参差错落、高低起伏，以其场面壮观、气势恢宏而形成了孔雀开屏似的震撼视觉效果。与之前绘画作品相比较，雕刻在崖壁上、采取高浮雕和圆雕所形成的强大视觉效果，更具有冲击力，涌现出千臂尽显、千手绽放的宏伟场景，展现出千手观音形象自身强大的艺术魅力，故令无数来者啧啧称叹不已！

而此壮观、宏伟的雕刻艺术感染力，倍增千手观音造像本身题材所具备的神格，更好地诠释出佛经记载"千眼照见，千手护持"呵护世间众生的宏愿，所以清代康熙二十九年（1690 年），时为知荣昌县事兼摄大足县史彰在《重开宝顶碑记》中称"千手大悲像，皆庄严中具慈悯相，远望自生敬心"[①]。

再次是妙手天成，千古卓绝。在千手观音像崖壁上，雕刻千只手臂，这些手臂以主尊身姿为中心，呈辐射状散布于崖壁之上，千手远观如浪潮一层又一层，逐渐散开；近观则错综复杂、纵横交错。这些手形千姿百态、变化万千，如此种种，极尽能工巧匠之能事。

尤其是千手的表现，令世人惊叹不已。或五指平伸，纤纤细指流畅而自然；或显露二三手指，向前略微弯曲，作轻拈器物状；或双手从不同角度，合捧宝塔、

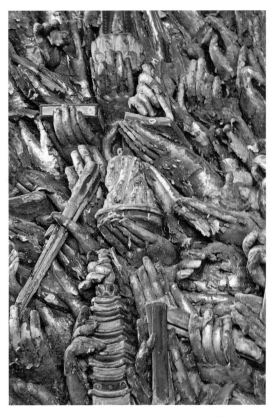

千手观音千手局部

分持拍板等；或手指作不同的手印，屈伸离合、各具形态；或数手汇聚于一器物旁，各展其姿，各现其态……如此种种手姿，千变万化于崖壁之上。与壁画产生的视觉效果不同的是，雕塑作品的观赏具有多个角度和侧面，正面仰望，众手迎面而来，心摇目眩；侧面斜视，鳞次栉比，逶迤开来；再步步移、步步观，既有一手数姿的形态，也有多手荟萃的不同场景，令人赞不绝口！

最后是千器荟萃，琳琅满目。千手观音的这些经典中，实际上仅仅是对 40 余只手持物（或结手印）有较为详细的记载，其余的手持物情况不详，这就给匠师进行艺术创作留下了极大的想象空间。

佛经中记载的 42 只手中的器物，在其上基本都有雕刻，如经典中记载的紫莲花手、白莲花手、青莲花手等莲花形象，在其中就雕刻有不下 9 双手皆持莲花。又如倒垂的葡萄（葡萄手），略带枝叶，颗粒饱满，给人以晶莹剔透、色泽鲜明的感觉……如此种种经典常见器物，皆呈现于崖壁上。

---

① 《大足石刻铭文录》，重庆出版社，1999 年，第 219 页。

千手观音鱼与盆组合

崖壁上也出现了未见于经典记载的器物，如动物一类中的大象和狮子，各自匍匐在一手掌之内，双眼凝视前方，显得温驯而和蔼；日常用具一类中，有一手握毛笔，另一手捧长方形经册，正在书写；就是在大足石刻中常见的长柄香炉、拍板等器物，也出现其间……这些器物的出现，从不同角度和场景，生动地展示出宋代世俗生活的场景。

从上述可见，大足宝顶山千手观音造像，在艺术上具备多方面特点，主要有：在开凿之先，就立意深远，不拘泥于传统雕刻，以其奇诡的创新思路进行雕凿；在造像本体上，力求宏大的规模和宏伟的气势，彰显出千手所具备的艺术魅力，传达出千手观音大慈大悲的特点；在细节的雕刻上，手姿千变万化，极尽能工巧匠之能事；在器物上，既遵循传统经典的记载，又展现出宋代社会的诸多生活习俗。

宝顶香会

由大足宝顶山石刻千手观音造像衍生出的民俗文化活动——"宝顶香会"，在全国各地庙会民俗活动中别具一格，自成一脉。

"宝顶香会"是在每年农历二月十九左右，信众前往宝顶山朝拜的民俗活动，其主要朝拜对象为千手观音。因每年农历二月十九为观音菩萨圣诞日，宝顶香会自正月中旬至三月初前后四五十天均为会期，十九则为香会正期，尤为热闹，香客来自川、渝、云、贵、陕等各省市。

"宝顶香会"萌生于南宋赵智凤在宝顶山开凿石窟之际。在此时期，宝顶山本身就汇聚了较多的信众，正如明代碑刻《重开宝顶石碑记》中记载，赵智凤"德洽远近，莫不皈依"[1]。

宋代之后，宝顶香火继续得以传承。元明时期的香会盛况，在当时的碑刻文献中极少有直

① 明·刘畋人《重开宝顶石碑记》，《大足石刻铭文录》，重庆出版社，1999年，第211页。

接的记载。清代康熙二十九年（1690 年），兼任大足知县的史彰来到宝顶山，在《重开宝顶碑记》中，说宝顶山"历代香火最盛名，名齐峨眉，蜀人有'上朝峨眉，下朝宝顶'之语""元明香火，震炫川东"[1]。从这处清初的碑文可知，元明时期宝顶山在民间影响甚大，可谓是当时川东地区一处重要的民俗活动聚集地。

清代的碑刻文献中较多出现宝顶香会的记载。

近年来调查发现，在大佛湾华严三圣龛主尊三身造像下方，有较多的墨书题记，其中不乏涉及宝顶香会的史料，如一则题记为"遂宁县西路忠城里四甲（漶）/（漶）人 / 嘉庆八年二月十四日进香 /（漶）景"[2]，这则题记明确说到的时间，为嘉庆八年（1803 年）的二月十四日，正是宝顶香会期间。这些题记，涉及当时遂宁县、璧山县等地，可见当时宝顶香会影响较大，是宝顶香火"震炫川东"的印证。

史彰撰《重开宝顶碑记》

清代光绪三十年（1904 年），知县沈昭圻在圣寿寺立下《县正堂示》碑，对进香所用的蜡油进行了规范。其中碑文还记载"每逢观音胜会，各邑士民多虔心来庙进香"，正是宝顶香会盛况的反映。

明清时期，千手观音造像历经多次妆金，这在宝顶山石刻中实属少见，其与宝顶香会的盛行，在民间产生的影响有极大的关系。

民国时期，宝顶香会仍在延续，相关文献记载较多。民国二十五年（1936 年）王化云视察日记中说：佛教圣地宝顶山，每届古历二月内，附近各县善男信女往来进香拜佛者十余万

---

① 《大足石刻铭文录》，重庆出版社，1999 年，第 219 页。

② 《大足石刻全集》第 6 卷，重庆出版社，2018 年，第 125 页。

人。[①]1945 年 4 月，大足考察团来宝顶山，考察日记中记载道"川谚有'上朝峨眉，下朝宝顶'的话，每年阴历二月初，朝山进香的，常达万余人。我们来迟了，已经看不到那种香烟匝地，钟鼓沸天的景象了"[②]。

从上述来看，宝顶香会历时久远，萌生于南宋，绵延至明、清、民国时期。

对于宝顶香会期间的一些情况，《大足县志》[③]和《大足宝顶香会》[④]等著作记载较为详细。宝顶香会期间，有个人自发前往的香客，也有架香团队组成的团体香客。团体朝山的"架香团队"，少者数十人，多者数百上千人，如 1945 年有湖南长沙一拨香客队伍达 4000 人。香客们各身佩黄袋，腰围小黄裙，手执黄旗，"流星"开路，龙灯狮子前导，随后旗锣伞帐，九品香烛，圣驾天子，十八学士，十八罗汉，二十八宿，沿途吹打喧腾。每到一处寺院或城镇，引香师即领唱佛偈。进入宝顶山大佛湾，亦由引香师领队，唱佛歌，随众手捧香、花、灯、水、果、茶、食、宝、珠、衣等十色供盘，鼓乐齐鸣，鱼贯而行。在大悲阁拜千手观音，交香后，到圣寿寺狮子坝耍彩龙，游城，再到各殿。最后，到山顶维摩殿朝拜。每日架香团队少时十多个，多时百多个，常常排轮次等候至深夜。香客献彩送匾、许愿还愿、挂功果等个人活动亦非常拥挤。十九日夜半烧子时香，烧钱化纸无数，爆竹声震天。

宝顶香会集朝山进香、商贸、娱乐于一体。香会中，地方土特产、日用百货、儿童玩具等，琳琅满目。狮子（还有高桩狮子）、龙灯、川剧、杂耍、打擂、卖唱、西洋镜等娱乐形式多种多样。沿途两边摆满巴蜀风味的各种食品。宝顶乡场及附近农村，都是香客食宿之处。香会期间的收入，有的够一年食用，有的够半年支出。当时宝顶香会对大足经济的带动作用可见一斑。清代康熙年间荣昌知事兼摄大足县事史彰《重开宝顶碑记》曰："闻前人言，山寺兴废关系邑之盛衰，寺盛则民皆安堵，寺废则民尽逃散。如欲招集逃亡，宜先开宝顶。"[⑤]欲治大足必先从治宝顶开始，其中就包括宝顶香会的民俗活动所起到的作用，因为宝顶香会不仅是礼佛活动，还具有春游、娱乐、商贸性质，对于促进地方经济文化的发展具有相当大的影响。

可见，宝顶香会植根于石窟艺术，由大足石刻衍生而出，以宝顶山大佛湾千手观音为朝拜的主神，是石窟艺术和民俗文化结合的产物。

① 《大足县志》，方志出版社，1996 年，第 233 页。

② 吴显齐《大足石刻考察团日记》4 月 30 日，《民国重修大足县志》卷首，1945 年。

③ 《大足县志》，方志出版社，1996 年，第 233 ~ 234 页。

④ 李传授、张划、宋朗秋《大足宝顶香会》，中国文联出版社，2005 年。

⑤ 《大足石刻铭文录》，重庆出版社，1999 年，第 219 页。

宝顶山千手观音妆金历程

据宝顶山现存的明清时期碑刻文献记载，千手观音有准确记录的妆金就有 4 次。其中，明代 1 次，清代 3 次，另，清代碑刻还透露出 1 次妆金。文献记载中妆金工艺涉及的人和事，涵盖四川遂宁和重庆潼南、璧山、荣昌等多个区县（市）。

一、明代净明寺隆庆四年僧众妆金

据现存碑刻记载，宝顶山千手观音有史料记载的第一次修复，是在明代隆庆四年（1570 年）。宝顶山《善功部》碑中，叙述了在明代隆庆四年，当时遂宁县净明寺住持比丘悟惊，与他的徒弟、徒孙多人"施财妆千手观音金像一堂"，妆金的匠师是来自荣昌县的吴自贤和他的儿子。

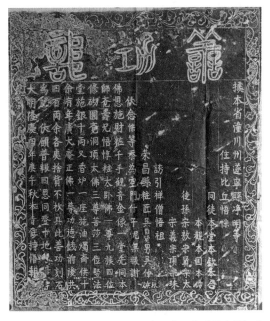

宝顶山明代《善功部》碑

据考，净明寺极可能在今潼南区卧佛镇境内。碑刻记载，该净明寺在遂宁县安仁里，安仁里的范围，通过文献和实物调查发现，大致在今潼南区小渡、新胜一带。而在此范围内，有一古寺遗迹，亦名"净明寺"，据当地老年人说，该寺在明代就有。由此来推断，当初捐资妆金的僧人所在的净明寺，极可能就是今潼南卧佛镇的净明寺遗迹。

二、清代乾隆十三年妆金

距明代首次有记录妆金之后的 170 多年，宝顶山的碑刻记载了第二次妆金。据清代乾隆十三年（1748 年）所立《遥播千古》碑记载，当时宝顶山的住持方丈大和尚净明，与他的徒弟德舟等人，约同会首黄成先、穆源远、刘成漳，对"千手大士法像一堂"等进行了重新妆金。

此时期，大足的经济文化正处于一个恢复时期。据 1996 年出版的《大足县志》记载，在康熙六年（1667 年）的时候，全县编户只有 2 甲，仅有 66 户人家，总人数为 132 口。从清代顺治十八年至雍正八年（1661—1730 年）的这近 70 年的时间内，大足的知县都是由荣昌知县兼摄。随着"湖广填四川"的移民迁徙，大量的外地居民来到大足，大足一地经济逐渐得到了

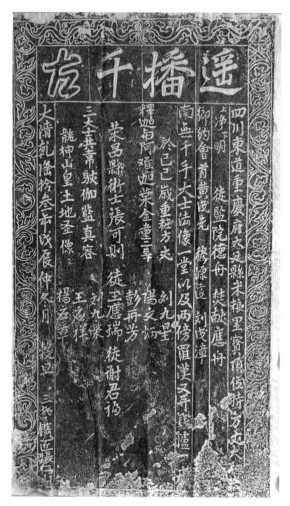

宝顶山清代《遥播千古》碑

修复人员对新发现的清代石砖进行考察研究

恢复。此次妆金的会首穆源远即是移民，据其家谱记载，其祖居今贵州遵义，康熙五十八年（1719年），穆家从遵义来到四川古昌州境内，选择了宝顶山豹子坡对面佛处的周宅居住，其后，又迁移到今穆家湾内。可见，清初的这次妆金行为，可谓是大足经济文化在此时期得到恢复的一个体现。

三、清代乾隆四十五年妆金

2014年4月26日，正在实施千手观音抢救性保护工程的技术人员，在主尊腹部处发现一块可以移动的长方形石砖，取出石砖竟发现其内隐藏有"暗格"。

这件石砖两面都刻有文字，其中一面记载有"遂宁县中安里地名七佛寺，善士张龙飞、同缘黄氏，男昌文、昌德，合家发心装修宝鼎观音大士金容一尊"等，年代为"乾隆四十五年（1780年）四月"。这块石砖，与之前收录在《大足石刻铭文录》中的另一块碑刻所载史实基本相同，不过，新发现的石砖可以弥补原碑文缺漏，如之前碑刻"张龙□"阙失一字，可知为"张龙飞"。

据调查，遂宁县中安里在今潼南区卧佛镇一带，在这一带亦有"七佛寺"，位于今潼南区卧佛镇百花村龙洞石湾，当地人俗称"七佛岩"，也被称为"兴胜寺"。据清代嘉庆二年

（1797 年）的一块碑刻记载"我境七佛岩，原系古迹"，可知此地由来较为久远。由此，可以初步确认宝顶山碑刻中张龙飞籍贯的一些情况。

四、清代光绪十五年妆金

清代光绪十五年（1889 年），璧山人戴光升捐资对千手观音进行了妆金，这是有准确记载的第四次妆金，也是近年来实施千手观音修复之前，所见的最后一次有记录的妆金。

宝顶山碑刻记载，在 1889 年，璧山县大路场的信士戴光升（字大顺）来到宝顶山"拈香晋谒"千手观音，目睹观音造像"月容减色"，于是发愿心重妆满座金身，同时还装绚了华严三圣等造像龛，总共捐银 1000 余两。碑刻中还提及戴光升的家庭——妻室张氏和儿孙辈姓名。

经调查，在今璧山大路场仍有其后人，据回忆，戴光升（1829—1906 年）家里极为贫寒，最初以售卖水果维持生计，其后改行当了屠夫。后来，他与人合伙开办铁厂，财力逐渐丰厚，今天璧山还有老百姓说他曾是当年璧山"首富"。他对公益事业颇为关心，如出资修路等。

明清千手观音造像

明清时期，调查发现千手观音造像至少有5龛，分别位于多宝寺、佛安桥、七佛岩、兴福寺、青果村石刻内。

多宝寺石刻位于石马镇，千手观音结跏趺坐于石台上，观音身部和周围诸手基本上已风化剥蚀。千手集中在观音身部周围，可见有双手举于头顶，顶上还有一佛像。观音左右，各有2身站像。这龛千手观音龛所占据的崖面颇大，很可能为未完工之作，其原因有待探索。从该龛的体量以及造像布局来看，明显受到宝顶山千手观音造像的影响。

佛安桥石刻位于珠溪镇，该处造像始凿于宋代，清代仍有续刻，千手观音龛就是此时期作品。千手观音龛高2.5米、宽2.3米，观音头戴冠，坐于石台之上，42只正大手俱全，双足下垂，足踏莲花。[①]

七佛岩石刻位于龙石镇，造像最初开凿于明代永乐九年（1411年），至清代仍有续刻，千手观音龛即为此时期作品。千手观音头戴冠，冠中有化佛，胸前有合掌手和结印手，在身后呈

佛安桥千手观音龛

七佛岩千手观音龛

① 《大足石刻内容总录》，四川省社会科学院出版社，1985年，第361页。书中定该龛造像年代为"清"。

弧形的崖面上，遍布千手。正中主尊的上方，开有一小龛，雕刻一身坐于莲台上的佛像。该龛千手观音模仿宝顶山千手观音，除在总体布局上甚为明显之外，在一些细节上也是如此。不过，在手形的表现上也有不同之处，如主尊头部上方有一双手，高举一圆盘。

兴福寺石刻位于铁山镇境内，造像头戴花冠，双手于胸前捧净瓶，身姿两侧布列数手，结跏趺坐于莲座上。从该像的花冠、面容、器物等图像特点来看，应为明清时期的造像。

从明清时期千手观音造像可知，大多是沿袭之前的图像模式。

结语

从上述大足一地千手观音造像的历程，可见大足千手观音造像具有以下几个特点：

一是造像遗存数量较多。据统计，大足千手观音造像分别有唐代 4 龛、五代 7 龛、宋代 4 龛、明清 5 龛，共计 20 龛。从摩崖造像的角度来看，可谓是国内千手观音造像比较集中的地区。另在敦煌一地，盛唐时期已有千手观音的绘制，此后中晚唐、五代、宋代、西夏以及元代仍有制作。此地有数量多达 70 铺的千手观音壁画，在石窟寺图像遗存方面，可谓是数量最为丰富者。

兴福寺千手观音龛

二是造像延续的时间长。从唐代开始，历经五代，至两宋时期，并绵延到明清时期，跨度千余年，此在国内很多石刻造像点亦较为少见。

三是造像大多保存较为完好，雕刻艺术精湛。大足千手观音造像大多保存较为完整，并具有自身的时代特色，晚唐造像题材丰富，五代造像小巧玲珑，尤其是宋代宝顶山千手观音气势恢弘，是大足石刻经典作品之一。

四是承载多种历史文化信息。大足千手观音造像跨越历史时间长，多数造像保存有铭文，记录了当时诸多的社会习俗；宝顶山千手观音造像，其后多次妆金，积淀有丰富的历史文化信息，尤其是延续数百年的宝顶香会史料，更是了解石窟艺术与民俗互动的珍贵资料。

第十讲　大愿度众
——地藏及其组合造像

概述

地藏菩萨是中国佛教四大菩萨之一，相传其说法的道场在安徽九华山。佛经中称地藏菩萨受释迦佛嘱咐，在释迦牟尼既灭、弥勒未生之前，自誓必尽度六道众生，拯救诸苦，始愿成佛。《地藏十轮经》中称其"安忍不动犹如大地，静虑深密犹如地藏"，故名。

晚唐时期，地藏造像主要雕凿于北山，如第58号为观音地藏龛（乾宁三年，896年）、第52号阿弥陀佛和观音地藏龛，以及第241号观音地藏龛，皆是地藏与阿弥陀佛、观音的组合龛。

五代时期，单独的地藏造像龛可以北山第37号为代表。该龛主尊为地藏，头戴披帽，左手持珠于胸前，右手持锡杖，结跏趺坐于台座上，龛周围还有飞天等造像。龛外有造像记，为弟子于彦章、邓知进捐资营造"地藏菩萨一龛"，祈"眷属宁泰"等，时间在后蜀广政三年（940年）。之外，还有佛湾第23、217、227、231、276号等亦为单尊地藏作为主尊的造像龛。

地藏与其他题材组合，在此时期表现较为复杂。一种是沿袭晚唐的阿弥陀佛和观音地藏组合，如第40、53号为阿弥陀佛和观音地藏龛，第82、191、221、248、253、275、277号为观音地藏龛。第二种是地藏十王的组合，分别出现在第205、253、254这三龛之中。第三种出现

北山佛湾第37号地藏菩萨龛

在第279、281号药师净土经变造像龛中，在这两龛中，主要按照《药师琉璃光如来本愿功德经》等佛经描述，雕刻药师佛和日月光菩萨、八大菩萨、十二神王等题材，而龛中出现的陀罗尼经幢和地藏造像却未见经中描述。北山第279、281号这种组合，其他地方极为少见。如有学者经调查研究后，认为"药师与经幢、地藏、十方佛等共处一龛，这种复杂的组合案例在大足仅见于北山。四川资中西岩有与之类似的造像龛，年代在晚唐五代间，虽已风化，尚能辨识出是药师携眷属与经幢的组合，不同的是，该龛并无地藏与十方佛。除巴蜀地区外，中国北方广大地区佛教石窟鲜有此种组合造像"①。

宋代，在宝顶山营建之前，地藏造像仍有所雕凿，基本上表现为组合类造像龛。其中，玉滩第1号题

---

① 米德昉《唐宋时期大足药师造像考察》，《大足学刊》第1辑，重庆出版社，2016年。

材的组合方式颇为特殊，正壁为地藏，头戴披帽，手执锡杖，左右刻多身观音、十六罗汉以及地藏等像，时间为南宋绍兴七年（1137年）。多宝塔第60号为刻无量寿佛和地藏、龙树菩萨组合龛，时间为南宋绍兴二十三年（1153年），其中地藏菩萨光头，结跏趺坐于台座上，左手于胸前捧宝珠，左侧有侍者持锡杖，左右下方两侧各有一身供养人像。据铭文记载，该龛为昝彦与妻任氏一家"造地藏王如来一龛，祈乞先亡眷属速登天界，见存安乐"，可知龛左右侧供养人为昝彦与妻任氏。地藏与阿弥陀佛、龙树菩萨的题材组合，大足仅见于此处，可谓极为

玉滩第1号地藏菩萨龛

稀见。地藏与十王的组合，主要有石篆山第9号、十王殿第1号以及北山第117号。之外，还出现有双身地藏。兴隆庵第1号龛刻二地藏并坐，旁有铭文"开天堂路，闭地狱门"，该龛造像"无纪年，据其题材、风格看，乃南宋造无异"[①]。

宝顶山石刻中，尤其以地狱变相最具有代表性，该龛内容丰富多彩，为同题材中面积最大的雕刻。之外，宝顶山转法轮塔上有地藏王菩萨。

明清时期，地藏造像仍续有雕凿，其中，观音堂和多宝寺两处的地藏十王龛具有一定代表性。大石佛寺亦有明代永乐十四年（1416年）造地藏像两龛。之外，在千佛岩、龙凤山等石刻中亦有地藏造像。

从上述来看，大足石刻地藏造像有一个明显的特点：即地藏与其他题材的组合造像表现多样，不但有常见的如地藏与阿弥陀佛、观音，地藏与十王等的组合，而且还有地藏与无量寿佛、龙树菩萨、地藏与多尊观音、十六罗汉这些少见于他处的组合，而且上述这些组合大多不见于佛经的描述，体现出石刻造像的世俗化特色。其中，地藏十王组合造像从五代一直绵延到明代，

---

① 《大足石刻铭文录》，重庆出版社，1999年，第375页。

数量多达 9 龛，体现出该题材在民间的影响力。

之外，常见的地藏形象的造像，在石刻中都有表现，如沙门形的地藏，可见于北山佛湾第 253 号、多宝塔第 60 号、观音堂第 3 号等龛；头戴披帽的地藏，可见北山佛湾第 37 号、玉滩第 1 号等龛；头戴宝冠的地藏，主要见于宝顶山第 20 号地狱变相主尊地藏菩萨。

地藏观音组合龛

随着佛教文化与艺术在汉地的传播，一些带有汉地信仰特色的组合题材开始出现，并成为世俗信众常见不鲜的造像题材。其中，观音与地藏两位菩萨像同处在一个造像龛中，即是如此的组合题材。

北山石刻第 58 号，高 1.34 米、宽 1.24 米、深 0.58 米。龛正壁左侧为地藏菩萨，结跏趺坐在莲台上，身后有火焰形背光，头上有七宝盖。右侧为观音菩萨，头戴高花冠，结跏趺坐在莲台上，身后也有火焰形背光和七宝盖。这两尊菩萨像中间，冉冉升起一朵祥云，云中跪蹲一位妇女，双手拱揖在身前。龛的左右两侧壁，各刻有一身站立的菩萨像，双手托一盘。

在龛左右壁外侧门柱上，分别刻有一则造像题记，记载了这龛造像主尊的名号，说"敬造救苦观世音菩萨地藏菩萨一龛"；又记载了造像的目的和时间，说到此龛造像是为故去的何七娘所造，祈愿她"承此功德，早生西方，受诸快乐"，并在乾宁三年（896 年）九月廿三，"设斋表赞"，由此可知造像的时间；同时，正壁祥云里的妇女像，应是故去的何七娘；最后记载了发愿造此龛的人物，为"检校司空守昌州刺史王宗靖"。

在唐代之前的佛教造像中，观音与地藏像基本上是出现在不同的组合之中。大约在唐代开元天宝年间，观音与地藏的组合在同一龛窟之中，逐渐形成了定制，并在石窟艺术之中较多出现。此外，还有阿弥陀佛与观音、地藏的组合形式，这些题材的组合，不见于佛教经典的记载，具有世俗信仰的特色。对于这种现象，罗世平在其文中道："一者利生人，一者利亡灵。人之死生大事概于二菩萨密切相关。造像活动中观音、地藏并重的信仰行为，逐渐引起二菩萨造像形式由无序的错杂走向有序的组合。这一演进过程在四川石窟造像遗迹中有较清晰的线索可寻。"[1]

据调查，观音地藏组合出现之后，在巴蜀地区的石窟中雕凿尤多。在今广元千佛崖、巴中北龛和南龛、夹江牛仙寺、资中重龙山以及大足等地，保存了较多的唐代时期的地藏观音组合

① 罗世平《地藏十王图像的遗存及其信仰》，《唐研究》第四卷，北京大学出版社，1998 年。

北山佛湾第 58 号地藏观音龛

造像龛。由此可以看出，大足北山石刻第 58 号观音地藏组合造像题材的来源，与巴蜀地区同类题材传播有极大的关系，这也为了解大足晚唐时期造像的来源提供了一个实物的例证。

北山石刻第 58 号雕凿于晚唐乾宁三年（896 年），是大足一地出现这种组合较早的造像龛。北山石刻在晚唐、五代和宋代，类似组合的造像甚多，如晚唐时期，还有北山石刻第 52 号阿弥陀佛和观音、地藏龛；五代有第 53 号阿弥陀佛和观音、地藏龛（前蜀永平五年，915 年），第 244 号观音地藏龛（后蜀广政八年，945 年），以及第 253、275、277 号等龛。宋代，此组合的题材继续有所雕凿，有第 117、121 号等龛。

北山石刻的这些造像中，也保存有一些造像记，记载造像的缘由，如第 52 号龛，为女弟子黎氏为她的亡夫，于乾宁四年（897 年）雕凿了阿弥陀佛、观音和地藏三身主尊像。第 53 号龛，为时任"右衙第三军散副将"的种审能，为其亡男所造，祈愿"化生西方，见佛闻法"。从这些造像题记来看，雕刻阿弥陀佛、观音和地藏同处一龛，与佛教净土信仰在民间的影响有着密切的联系。

五代北山地藏十王造像

　　大约在唐代中后期，成都府大圣慈寺沙门藏川撰述出一部《佛说十王经》，这部产生于中土的经典，对于十王在民间的流传具有极其重要的作用，从此，十王信仰在唐宋时期逐渐盛行起来。藏川在《佛说十王经》中叙说人亡之后，要经历十殿阎王的审讯，他们是秦广王、初江王、宋帝王、五官王、阎罗王、变成王、泰山王、平等王、都市王、五道转轮王。关于他们的造像，早在唐代光化二年（899 年）就出现在资中西岩石窟中，之后五代时相继出现在安岳、大足等地石窟中。

　　在北山佛湾五代造像集中区域，保存有 3 龛雕刻有地藏和十王组合题材的造像。

　　第 253 号是最早受到学界关注的十王题材造像。该龛正中雕刻观音、地藏菩萨站像，身姿优美、面容俊秀，在两侧，各雕刻有 6 朵祥云，分 3 层布列，每层 2 朵，在云中雕刻有地狱十王和协助处理事务的司官等形象。其中右侧上部一云朵中，雕刻一骑马疾奔的司官，头戴幞头，一手持长幡。在敦煌 P.2003、P.2870 等遗书保存的十王经典图像中，也有类似骑马持幡、头戴幞头的官吏像。他是受十王的差遣，"乘黑马，把黑幡，着黑衣，检亡人家造何功德" [1]。

北山第 253 号地藏观音龛

---

① 杜斗城《敦煌本佛说十王经校录研究》，甘肃教育出版社，1989 年，第 9 页。

北山第 253 号黑衣使者像

敦煌 P.2003 黑衣使者像

之后"亡人"依次经过十王的审判。在第 253 号的其他云朵中，还可见"秦广王""五官王""太山大王"等铭文。对于它的时代，因龛内保存有北宋咸平四年（1001 年）的妆绘题记，加之造像所处的造像区域，学界基本认为是五代时期。该龛造像，因为时间早、人物造型优美，被誉为"现存地藏十王图像的早期代表"[1]。

其后，在北山五代造像区域发现还保存有 2 龛关于十王的造像。

北山第 205 号，龛中主尊为地藏菩萨，在两侧有序布列着十王。这种布局以及十王坐式的形式，与今成都至大足之间的十王造像较为相似，如资中西岩第 83、85 号，安岳圆觉洞石刻第 80、84 号等。表现形式一般为十王分列地藏两侧，十王前皆有案桌等特征，只不过在具体的布局形式上略有差异，可见当时大足与巴蜀中西部一带石窟雕刻的深厚关系。

第 254 号的十王造像，因为集中雕刻在龛的左右侧壁，加之整龛的位置相对上述两龛较高，因此，历来未见有论述。实地调查发现，龛左右侧壁对称雕刻有祥云，上下各一朵，云中皆有造像。两侧上部云朵皆为 3 身像，其中左边的还保留着"崔判官"等铭文，两侧下方的云朵各有 5 身

---

① 金维诺、罗世平《中国宗教美术史》，江西美术出版社，1995 年，第 171 页。

北山第 205 号地藏十王龛

像，多手持朝笏、头戴通天冠等。从敦煌现存的一些遗书和图像来看，此图像正是地狱十王和协助十王处理事务的判官。判官，本系古代官名，早在隋代就开始设置，在关于十王的经典中，也提及判官一类人物。据考证，北宋开宝四年（971 年）董文员施造的《十王经》，在佛与十王的身后还有四判官，他们是吴判官、赵判官、崔判官等，皆持笏板而端立。[1] 由此，在第 205、253 号中一些持笏、戴幞头的官吏造像，也应当为判官造像。[2]

北山佛湾五代时期的十王造像，布局上皆各有特色，显示出匠师在处理同一题材上的创造能力。

北山第 254 号阿弥陀佛和观音地藏龛

---

① 张总《地藏信仰研究》，宗教文化出版社，2003 年，第 285 页。

② 李小强《大足北山石刻第 254 号造像题材探析——兼及大足五代十王造像的相关问题》，《敦煌研究》2011 年第 4 期。

宋代石篆山和十王殿地藏十王造像龛

在北宋和南宋初期，以石篆山和十王殿两处为代表的十王造像龛，显示出十王造像以更大规模出现在大足石刻之林。

北宋元祐五年（1090 年），石篆山主要开凿者严逊在此年所立的《严逊碑》中，叙说他经营的石篆山石刻已是"诸像既就"，碑中记述的雕像中就有"地藏王菩萨龛"。然而，直到碑撰就后的六年（北宋绍圣三年，1096 年），石篆山才雕刻完毕这龛有准确纪年的造像，负责雕凿的还是匠师文惟简和他的儿子们。石篆山的地藏与十王造像（编号第 9 号），相对五代时期十王造像龛规模更大，高 1.8 米、宽 5.5 米、深 1.54 米，在正中坐着地藏菩萨，身后两侧各站立的侍者中，其中一位双手挂着地藏菩萨的锡杖。之外的两侧，一直到左右侧壁，端坐着 12 身造像，他们就是地狱十王和二司官，在他们的身后，雕刻着多身站立的侍者形象。十王或老成稳重、或咧嘴瞪目、或面貌俊朗……

严逊为什么要把地藏和十王造像在最后开凿呢？或与当时盛行的预修"十王斋"有关。《佛说十王经》提倡预修功德，如敦煌遗书 P. 2003 开篇就称"谨启讽阎罗王预修生七往生净土经"，经中有"普劝有缘预修功德，发心归佛，转愿息轮回"的叙说①，此种预修（亦称逆修、生七），在敦煌一地颇为流行。②巴蜀地区，至迟在唐代文德元年（888 年），营山太蓬山的僧众就为一个叫罗弥的门徒，预修了十王生七斋。③

北宋绍圣三年（1096 年），严逊为 80 岁左右④，《严逊碑》记载他"读佛书，年体修行，持斋有日矣"⑤，今石篆山石刻也以佛教造像为主，可知他是佛教信士（有可能为在家的居士），因此，开凿地藏十王造像龛，或与他受十王信仰的影响，而在年老之际预修有关。

相对石篆山十王造像龛的疑问来说，上游水库出水的十王殿石刻则萦绕着更多的疑问。2007 年，大足在经历 2006 年夏季干旱之后，持续的春旱使得县内上游水库中显露出一些石刻造像，它们不见于石刻史料、调查的记载，十王殿石刻就是其中之一。

"十王殿"接近于水库库底，它的名称当地百姓还依稀记得，加之此地造像有十王，因此被命名为"十王殿石窟"。其中保存相对完好的就是十王造像龛，这也是一个长方形龛，高 1.14 ~

① 杜斗城《敦煌本佛说十王经校录研究》，甘肃教育出版社，第 3、13 页。

② 详见《敦煌学大辞典》，上海辞书出版社，1998 年，第 444 页"逆修"条。

③ 蒋晓春、邵磊《营山县太蓬山石窟初步研究》，《敦煌研究》2010 年第 4 期。

④《严逊碑》记载，"天圣中（1023—1031 年）予九岁"，绍圣三年严逊应是 74 ~ 82 岁。

⑤《大足石刻铭文录》，重庆出版社，1999 年，第 326 页。

石篆山第 9 号地藏十王龛

十王殿地藏十王龛

1.25 米、宽 4.15 米、深 0.35 米。龛内主尊为坐于台座上的地藏菩萨，两侧恭敬地站立十身类似文官装束的造像，造像雕刻技法娴熟，人物比例得当，刻工较为写实，衣纹线条流畅、舒朗，与大足宋代道教造像杰作石门山三皇洞文官像风格近似。这处造像没有石刻纪年，根据龛形、造像布局、服饰以及十王的传播等情况来看，它的时代很可能为南宋。① 那么，营造的匠师又是谁呢？为什么此地会出现十王造像呢？……连串的疑问迄今未解。但是，与之前的十王题材造像相比，此处造像已独具较为浓厚的风格和特点。

宋代，在宝顶山营建之前的这一段时间，地藏十王组合还见于北山第 117 号，该龛造像主尊为地藏观音，两侧壁分别刻十王。

宝顶山地狱变相

佛教经典中，也有关于地狱的种种记载，早在东汉安世高所译的《十八泥犁经》中，地狱就分为十八层，合称为十八层地狱。后世的艺术家根据社会现象和场景，极力发挥自身的想象力，创作了大量的有关地狱的艺术作品。如《历代名画记》记载，唐代著名画家吴道子就曾创作过专门以地狱为题材的作品——"地狱变相"。在大足石刻之中，地狱的场景和人物，在宝顶山营建之前的佛道石刻里，雕凿的题材较少，且规模较小，基本上是几身地狱人物的造像作为代表，如北宋石篆山地藏与十王龛中的牛头和马面。

宝顶山大佛湾编号为第 20 号地狱

宝顶山第 20 号地狱变相

① 重庆大足石刻艺术博物馆《大足十王殿石刻造像初识》，《重庆历史与文化》2007 年第 2 期。

宝顶山第 20 号地狱变相地藏菩萨

变相的出现，不但将大足石刻地狱题材推向巅峰，而且还是国内同题材造像规模最大的一龛造像。

　　这龛造像，雕凿在高达 12.8 米、宽 19.4 米的崖面之上，整个造像可分为四层。其中，全龛的主尊为庄严而悲悯的地藏菩萨，居于上部两层中部。他头戴花冠，左手捧如意珠放于膝上，珠内发出六道毫光，分上下和左右射出；右手于胸前结印。地藏左侧站立一位手持锡杖的比丘，右侧站立双手捧钵的比丘尼。

　　从上而下的最上层，为十方诸佛，他们结跏趺坐在十个圆龛之内，容貌近似，唯手中结印有所不同。

　　接下来的一层，刻地狱中的十大冥王。他们分列在地藏王菩萨左右两侧，坐在案几之后，左侧为阎罗天子、五官大王、宋帝大王、初江大王、秦广大王和现报司官；右侧为变成大王、太山大王、平正大王、都市大王、转轮圣王和速报司官。他们正襟危坐，一派严肃审讯罪人的模样。在案几正面，不仅刻有每王的名号，还有颂词。在十王之间，还站立有判官，抱着罪人的名册，似正在核实亡人所造之罪孽。为保证地狱审判的公正，还有两种设施，分别是刻在左右的业镜和业秤。业镜能放出罪人生前的行为，类似现在的摄像机；业秤能衡量罪人的罪行。

地狱场景局部

下面两层，主要雕刻的是罪人受刑的"十八层地狱"：在刀山地狱中，一瘦骨嶙峋的受刑者，足踩刀尖，手攀刀刃艰难前行；寒冰地狱中，几位仅穿三角裤的男子，手脚缩成一团，正冻得瑟瑟发抖；锯解地狱中，受刑者被倒挂在刑架上，一牛头和一小鬼正准备上下拉动放在臀上的刀锯；铁轮地狱中，一位狱卒正用力推拉着巨大的铁轮，来回在一受刑者的背上碾压；……凡此种种酷刑与惨状，令人不寒而栗，不敢久视。

龛下部左侧，有一组十八层地狱之一的截膝地狱雕刻，分四组造像。第一组为醉酒图，刻酒后父子、夫妻、兄弟、姊妹之间不认识的情节。"夫妻不识"图中的中年男子，斜袒上衣，眼神迷离，一手抓住妻子头发，行走不定；"父不识子"图中，父亲袒胸露乳坐在石台上，儿子在旁问候，父亲侧脸一边毫不理睬。第二组刻忹崛摩罗酒后杀父、淫母等情节。第三组刻沽酒图，一卖酒的槃陀女手捧酒瓶，身旁一男子手捧酒具正向一位世俗中人劝酒。第四组刻罪刑图，刻一女像，赤裸上身，头无鼻孔、双目、双耳，手无十指，脚无双足。旁边一头发竖立的鬼卒，手持刀正在向受刑者截其双膝，左边有一位戴枷锁的罪人。按照旁边的碑记说，这其中的罪人不但有喝酒之人，而且劝酒和买酒的人都要下地狱，如那边正在劝人饮酒的温文儒雅的男子和稚气未脱的沽酒槃陀女，最终将受到第四组罪刑图"截膝"的惩罚。

而在这狰狞恐怖的地狱场景中，却出现一位娴静、温和的养鸡女，是大足石刻世俗化的经典作品之一（详见"世俗之风"一章）。

在下部中间，站立一尊造像，他头著鬈发，左手执经卷，右手作说法印，据考为宝顶山营建者赵智凤的造像。在其身后有三级宝塔，塔上刻有经文和偈语，其中，"吾道苦中求乐，众生乐中求苦"一句，正是赵智凤以佛法拯救世人弘愿的体现，这也是他持之以恒雕凿宝顶山石刻的内在精神动力。

宝顶山地狱变相，整龛造像雕凿在大幅面的险峻崖壁之上，其规模之大，在大足石刻中都极其少见。丰富

锉碓地狱

的想象力，是此龛雕刻的一个重要特色，特别是地狱中受刑的表现，雕刻匠师们可谓是极尽想象之能事。你看，那寒冰地狱中的受刑者，簇拥在一起，面部表露出受到冷寒的惊颤状，加之手骨尽显，令人一

镬汤地狱

看就觉寒气袭来。这样的雕塑作品，既有来源于古代贫寒人家生活写照的成分，也有雕刻艺术家的创造。

　　宝顶山地狱变相，造像面积巨大，展现场景丰富，雕刻艺术生动，被誉为"是石窟艺术史上这类题材造像殿后的一铺内容宏富、表现成熟的艺术珍品"[1]。因此，其可谓是我国石窟艺术同题材的登峰造极之作！

明代观音堂和多宝寺地藏十王龛

　　明代，大足石刻还有两处地藏与十王组合的造像龛，对了解该题材的演变、信仰等提供了不可多得实物资料。

　　多宝寺第 2 号地藏十王龛，占岩面高 1.58 米、宽 8.37 米、深 0.4 米，居中地藏菩萨头戴冠，左手于胸前捧宝珠，右手结印，左右各有一身侍者，其中左侧侍者手持锡杖。在两侧各有六身坐像，为十大冥王及现报司、速报司，大多手持朝笏，或捧簿册，身前有供桌。从该龛题材组合、布局、服饰等图像特点来看，与宝顶地狱变相中地藏和十王的组合极其相似。

　　观音堂第 3 号为横长方形龛，高 0.71 米、宽 1.63 米、深 0.34 米。主尊地藏菩萨位于正壁中部，光头，双手交叠于腹前持宝珠，结跏趺坐于方台，座前刻一兽。十王以地藏为中心对称布列，

① 《石窟遗存〈地藏与十佛、十王、地狱变〉造像的调查与研究》，陈明光《大足石刻考察与研究》，中国三峡出版社，2001 年，第 260 页。

左右各 5 身，立于台基，面相、服装、姿态相同，左右侧壁各刻一门洞，其上部刻有兽头。据当地碑刻，该龛完工时间在明隆庆二年（1568 年）之后不久。

多宝寺地藏十王龛

观音堂地藏十王龛

第十一讲 由凡入圣

——大足石刻高僧造像

大足石刻中，保存有较多的高僧造像，不仅有古印度龙树菩萨造像，还有在唐宋时期广为世人信奉的志公、僧伽、万回、玄奘等高僧造像，更有在巴蜀地区颇具影响的柳本尊、赵智凤造像。这些石刻造像，体现出佛教艺术逐渐具有汉地文化特色，是了解高僧造像在中土流布的珍贵文化遗存。

志公和尚龛

石篆山第 2 号龛雕刻在高 2.34 米、宽 2.54 米、深 1.72 米的岩面上，造像仅有两身，左边一像为中年人模样，头戴风帽，脸形方正，小肚微凸，腰间系带，左手拿一曲尺，手腕挂有一铁剪。右边为一学徒，身穿圆领窄袖服，两手上举担一长棍，棍左右两侧挂有斗、秤砣、扫帚等。二者形象近于师徒，左像正举起右手，指着后面的徒弟，而徒弟面露憨笑，似乎在路途中颇显劳累，请求师父休憩，而为师者正笑其体力不济。

对于这龛造像，之前被识为鲁班像龛。如清代参加过嘉庆、道光《大足县志》编纂的李型典，在《游石篆山记》文中就记载有"鲁班龛"。又如 20 世纪 80 年代出版的《大足石刻内容总录》，也记载石篆山有"鲁班像"。

石篆山志公和尚龛

其后，调查发现，在龛顶部保存有一则漫漶较为严重的题记。这则题记里，可以辨识"梁武帝问志公和尚曰：世间有不失人身药方否？公曰：有……"等字，其后，还有"岳阳文惟简镌乙丑岁记"。

这则题记的发现，弥补之前认识的不足，也纠正了很多人对这龛造像的误读。一是可以知道这龛造像的年代，是在北宋元丰八年（1085 年），负责雕刻的匠师仍是石篆山的具体营建者文惟简。二是可以证明造像为志公和尚龛，事实上，在北宋时期严逊主持营造石篆山石刻的时候，就立有碑刻记载当时造有十四龛像，其中就明确记载有"刻像凡十有四……曰志公和尚龛"。那么，这一题记的发现，可以与宋代碑刻相互印证。

志公，是南朝齐、梁时代的高僧宝志禅师，金陵（今南京）人，佛教文献记载他七岁出家为僧，居止无定，饮食无时，发长数寸，常跣行街巷，执一锡杖，杖头挂剪刀及镜，或挂一两匹帛。梁武帝曾亲自向志公请教治疗"烦惑未除"的药方，而这药方也雕刻在此次新发现的龛顶壁题记中。造像中，志公和尚像中出现的铁剪，正与文献记载志公常挂剪刀出行相吻合。因此，无论是图像的表现，还是石篆山的碑刻记载，都表明这龛像是志公和尚龛，而不是鲁班造像龛。

僧伽、志公、万回三圣龛

雕刻于北宋靖康元年（1126 年）的北山第 177 号窟，高 3.32 米、宽 2.2 米、深 2.54 米，窟内主要刻三位高僧像，居于中间的是泗州僧伽和尚，头戴披风，身着袈裟，神态憨厚。面容慈祥，双手笼于袖中，放于身前三足夹轼上，身后有高背椅，在椅左右分别有仅露大半身的造像，左侧像手持锡杖，右侧像捧净瓶。左壁刻高僧志公（宝志）和尚，头戴披风，身着袈裟，眼目深陷，颧骨突显，左手持一手杖，杖头悬挂有剪刀、拂尘等器物。右壁雕刻高僧万回，头戴披风，结跏趺坐于椅上。这两位高僧身边皆有弟子像，他们站立在近窟门一侧，其中左壁弟子保存完好，右壁弟子已风化，模糊不清。在窟左壁上部有一则题记，刻"丙午伏元俊镌记丙午年记"，据考，此丙午年为北宋靖康元年（1126 年），由此可知这窟造像的时间。该窟与其旁的弥勒下生经变相同，为伏元俊父子雕刻，此窟采取大胆写实的手法，人物形态逼真，手法简洁明朗。

该窟造像，最初多识别为地藏窟，也即中间主尊为地藏，如 1985 年出版的《大足石刻内容总录》，在记述这窟造像时，就将窟名定为"地藏变相图"，在具体的描述中，中间"主像为地藏本身像"，左右壁有四身地藏的化身像。

其后不久，一些研究成果改变了这窟造像定名的认识。如顾森《大足石篆山"志公和尚"

北山泗州大圣窟

北山第 177 号左壁造像

龛辨正及其他》文中，在论述石篆山鲁班龛应为志公和尚龛之后，根据石篆山志公和尚手中有铁剪、角尺等器物，可以判断出北山第 177 窟左壁坐立的高僧也为志公和尚，因为在这身像手中所持的锡杖上面，出现了剪刀、尺子、拂子等器物，加之图像具备高僧特点，因此，可以判断出左壁的这身像为高僧志公像，由此进一步怀疑起这窟全部为地藏造像的论点。值得关注的是，在这窟与毗邻的第 177 号弥勒下生经变窟中间，有一则题记，上面刻"本州匠人伏元俊、男世能镌弥勒泗州大圣，时丙午岁题"，由此怀疑正壁为泗州大圣。在其结论中认为，第 177 号窟内正壁的主尊不是地藏菩萨，实为泗州大圣僧伽和尚，背椅左右站立的是木叉、慧俨两位弟子，在左壁的则是高僧志公。所以，北山第177号窟"应更名为'三高僧龛'或'泗州大圣龛'较为切近"[①]。

又如，马世长《大足北山佛湾第176与177窟》一文中，不仅探讨了窟内造像定名的具体依据，认为窟内三位僧人雕像"被认定是宝志、僧伽和万回的组合，应是合理、可信的"，还进一步认为这窟造像与毗邻的第176号弥勒下生经变窟关系紧密。他认为大足北山第176窟和第177窟，"在形制上两窟左右毗邻，形制相同；同一工匠雕凿，同年完成""这是一组统一设计的双窟，不仅在形制上存在组合关系，在洞窟题材内涵上，也同样存在内在联系"，这种组合与联系，"应是源于伪经《僧伽欲入涅槃说六度经》"[②]。

北山第 177 号右壁造像

由此，对于该窟造像基本上形成这样的认识，居中的是泗州僧伽大圣，左侧为志公，旁边站立的是他的弟子；右侧为高僧万回，旁边漫漶不清的造像遗迹，是他的弟子。其实，早在唐代，就出现有僧伽和宝志、万回三位圣僧组合像，为僧伽像居中，两位高僧分列左右。在巴蜀地区，至迟在唐中和元年（881年）就有僧伽、宝志、万回三位圣僧组合造像的出现，可见实例为四川绵阳市魏城镇北山院第10号龛，其后在四川夹江千佛洞、宜宾旧坝大佛沱石窟、泸县延福寺和重庆大足北山佛湾第177号等都有遗存，表现形式皆为僧伽像居中。

之外，据考多宝塔第125、127、129、131号龛为四圣僧像龛，其身份为僧伽、宝志、万回等像。[③]

僧伽变相

在大足七拱桥石刻中，保留有一龛讲述僧伽故事的经变相，不过，在之前的调查中，被识

---

① 顾森《大足石篆山"志公和尚"龛辨正及其他》，《美术史论》1987年第1期。

② 马世长《大足北山佛湾第176与第177窟——一个奇特题材组合的案例》，《2005年重庆大足石刻国际学术研讨会论文集》，文物出版社，2007年。

③ 陈明光《大足多宝塔外部造像勘查简报》，《2005年重庆大足石刻国际学术研讨会论文集》，文物出版社，2007年，第113页。

为"地藏菩萨窟"。

1985 年出版的《大足石刻内容总录》中，对七拱桥第 6 号窟定名为"地藏菩萨窟"，对于该窟也有描述。该窟高 1.9 米、宽 3.3 米、深 2.5 米。窟中主像已毁坏，在其身后残存有雕刻精工的七级宝塔半边。在主像的左右壁，分 3 层，各凿 30 厘米见方的 18 个小方框，共 36 个方框，不过由于自然剥蚀，基本上看不出一幅较完整的雕刻。在这些描述中，推断该窟"似经变故事"，因为在窟口的造像保存有展角幞头的痕迹，或因此定其时代为宋代。

其后，梅林、纪晓棠论文提出该窟不是地藏菩萨窟，而为僧伽三十六化变相窟，因在窟内残存的造像痕迹中，有建筑物，货船并岸上人物，塔像等，图像上与僧伽变相相似，其中，僧伽故事"认盗夫之钱"可以辨识。据载，僧伽在岸边招呼一船，说道："汝有财施，吾可宽刑狱。汝所载者剽略得耳。"随后，盗者按僧伽之言，舍财建佛殿。造像中可辨的货船并岸上人物即指此故事。[1]

僧伽，自言何国人，因以何为姓，又称"泗州大圣""大圣菩萨"，生年不详，圆寂于唐中宗景龙四年（710 年）。唐高宗时，曾到长安、洛阳游历，为人治病，名声大噪。南游江淮时，医病治水，为百姓称道。唐中宗尊为国师。宋太宗加封僧伽大师"大圣"谥号。据佛教典籍记载，僧伽系"观音菩萨化身"，典籍还记载僧伽很多灵感事迹，故在唐宋时期备受崇奉，信众上自帝王，下自庶民，有关其雕塑、画作遍布国内，有的地方还设立有泗州堂、泗州塔、泗州院专门供奉。

七拱桥僧伽变相龛"穴土获古碑"

近年来的调查发现，在今成渝地区中部保存有多龛僧伽变相，其中，唐代的有资中月仙洞[2]、潼南千佛岩、安岳西禅寺，宋代有内江圣水寺等。[3] 通过这些遗存的对比发现，大足七拱桥在设计上与内江圣水寺颇为近似，同时，亦识别出七拱桥新的雕刻内容，如据《宋高僧传》"僧伽传"载：初将

① 梅林、纪晓棠《难信"地藏菩萨说"，疑是僧伽变相窟——大足七拱桥第 6 号窟调查简记》，《2009 年中国重庆大足石刻国际学术研讨会论文集》，重庆出版社，2013 年。

② 高秀军、李向东《新发现资中月仙洞两龛僧伽变相初考》，《敦煌研究》2016 年第 2 期。

③ 李小强、邓启兵《"成渝地区"中东部僧伽变相的初步考察及探略》，《石窟寺研究》第 2 辑，文物出版社，2011 年。

弟子慧俨同至临淮，就信义坊居人乞地，下标志之，言决于此处建立伽蓝。遂穴土获古碑，乃齐国香积寺也。得金像衣叶，刻普照王佛字，居人叹异云："天眼先见，吾曹安得不舍乎？"七拱桥有一组像，其中可辨二人正手持器具，在地中挖掘，疑为亦表现此"穴土获古碑"事迹。

玄奘取经图

在大足宋代石刻中，雕刻有两组取经故事图。

北山第 168 号五百罗汉窟，正壁刻一佛二菩萨，左右壁各刻有 6 排罗汉像。在罗汉像与像之间的石垠上，今存有北宋宣和年间（1119—1125 年）施资镌记，可知该窟的营造年代，大致在此时期。在该窟的左壁，刻有一组图。前方有一站像，肩部以上毁，上身着宽袖服，下身着齐膝短裙，背负有搭袋，双手在胸前似合掌，身姿作向窟内略微前倾状。在此像后刻有一马，头残，马背上有鞍，鞍上有一圆柱体物，横置于鞍上，在物上方有一方形器物，正面雕刻有光束。在马后上方，刻有一像，头扎巾，身着斜领宽袖衣，腰间系有带，下身着裤。此像头、身姿以及双膝皆作前倾状，双目紧盯下方的站像和马，双手各持一刀，似正在急追。

妙高山第 3 号罗汉洞，窟正壁为毗卢遮那佛和文殊、普贤，在左右壁各刻罗汉 8 身。其中，左壁罗汉像下方，刻有一组造像，前方一像残高 40 厘米，站立，头不存，身着斜领短袖服，腰间束带，胸前以带捆扎有一长方形器物，下身着裙。左手伸于马首下方，右手前伸，执马鞭。在此像左侧刻一马，形体健壮，马背上有一毯（？），中部有一长方形图案，上可辨有凿痕。在其上升起一道毫光，绕一个圈后隐没于其上罗汉的膝盖处。在马前方，有一石台，其上摆放有一器物（残）；马身后，另有一站像，头残，双手上举胸前，身着长裙，中有结花饰带。对于该窟造像时代，一般据第 2 号窟，识为开凿于南宋绍兴年间。

大足的这两处造像，在图像上与敦煌等地的"取经图"相比较，具有两点共通性，主要表现为人与马的组合，以及马背上的毫光。其中，马背上所发出的毫光，以此显示出马背上所托佛经的神力。因此，该造像初步推断为取经图。

北山第 168 号中的组图，雕刻有两人和一马。将此图识为"取经图"，其理由为：在传世的玄奘取经诗话中，记载有玄奘与五百罗汉的关系，该造像正出现在五百罗汉窟内。另有一点，表现玄奘取经的史料中，记载有玄奘险被谋杀的情节，应是此幅图表现的故事。在《大慈恩寺三藏法师传》中，记载他在出玉门关时，得到了石盘陀的协助，但是，石盘陀出玉门关后，有所反悔，于是书中记载"法师既渡而喜，因解驾停憩，与胡人相去可五十余步，各下褥而眠。

北山第 168 号取经图

妙高山十六罗汉窟取经图

少时胡人乃拔刀而起，徐向法师，未到十步许又回，不知何意，疑有异心。即起诵经，念观音菩萨。胡人见己，还卧遂眠"①。此情节，在《大唐故三藏法师玄奘行状》有较相似的记载："即下河，心极欢喜，各下褥而眠。夜半胡乃起抽刀行，而法师欲为屠害，法师催起念佛诵经，胡人还坐。"②在北山第 168 号中，表现的场景体现出后者正在追杀前者，后者所持为刀，这与上述文献中所记的胡人"拔刀而起""抽刀行"的描述相符。由此来看，组图与玄奘取经有一定关系，或有可能表现的是玄奘在取经过程中的艰辛故事。

妙高山石刻的取经图，虽然在图像上没有北山第 168 号类似的情节，但是与传世的取经图图像上极为相似，或亦表现玄奘取经故事。

玄奘"取经图"，是中国古代极具影响力的历史、文学和艺术题材之一，与其他地区相比，大足石刻中的这两组"取经图"，也有着自身的一些特点。

首先是出现的场景，皆是在罗汉造像之中。这与敦煌等地有着极大的差异，据统计，敦煌的"取经图"主要出现在三个场景，分别是作为普贤变、千手千眼观音、水月观音变相中的插

① 慧立、彦悰《大慈恩寺三藏法师传》，孙毓棠、谢芳点校，中华书局，2000 年，第 14 页。

② 《大正藏》第 50 册，第 214 页。

图①，而在陕西钟山石窟，"取经图"出现在水月观音附近，未见如大足石刻直接出现在罗汉群像之中的场景。

其次，大足石刻中"取经图"出现的时期，其他石窟也有雕刻。目前发现，在陕西省子长县钟山石窟内，第4窟水月观音右侧雕刻有一组造像，前方有二像，前像双手恭敬合十，后像左手上举，右手牵马。二像身后的马背上有毯，上有一经袱，在其上发出光芒。此龛造像，雕凿于北宋政和二年（1112年），而大足北山第168号为北宋宣和年间（1119—1125年），二者时间接近，可谓是国内石窟寺中较早的"取经图"。②

最后，在大足、泸州等地出现的"取经图"，其时间在北宋后期至南宋初期，表明此时期玄奘取经故事已经流传至巴蜀一带，这对于了解玄奘取经故事在此时期的流传情况具有较高的研究价值。

多宝塔龙树菩萨像

多宝塔第60号龛的造像为一佛二菩萨像，位于塔内第五级，龛高1.12米、宽0.59米、深0.90米，龛正壁为阿弥陀佛，左壁为龙树菩萨，右壁为地藏菩萨。其中，龙树菩萨坐于金刚座上，比丘形象，双耳戴环，着通肩宽袖大衫，脚穿草鞋，左手放于膝上，右手上举至肩持一物（残）。在龙树身后左侧有一菩提树，有一龙蜷于树梢。龙头下有一男供养人，面向菩萨拱揖而立。菩萨右后方立一童子，头扎总角，双手执一幡。童子下方立一供养人，双手捧盘，盘中供金瓜状物。

该龛有造像题记四则，龛左壁上方题记为：

多宝塔第60号龙树菩萨线描图

昌州大足县玉溪井住铁匠刘杰、妻杨氏发心，自初建塔施工修葺，动用铁作

① 郑怡楠《瓜州石窟群唐玄奘取经图研究》，《敦煌学辑刊》2009年第4期。

② 图片见：李凇《陕西古代佛教美术》，陕西人民教育出版社，2000年，第190～192页。对于该像的论述，可参：郑炳林《黄陵县双龙峪村千佛洞水月观音造像》，大足石刻研究院编《2009年中国重庆大足石刻国际学术研讨会论文集》，重庆出版社，2013年，第640页。

□□，外施铁索一条，重三十斤，□龙树菩萨一龛，并化云水镇□作户铁索三条。伏
愿四生□□超升，见存为母眼目光明、福寿双庆。时癸酉岁。

　　另有造佛、地藏像的题记二则，以及该龛匠师"伏小八"的题名。该窟雕刻技艺精湛，如
龙树菩萨顶部，在狭小的空间内，龙穿行于幡、树、云之间，设计甚为巧妙，富有想象力。该
龛营造时间，为南宋绍兴癸酉岁，即绍兴二十三年（1153 年）。根据铭文，龙树菩萨造像两侧
下方的供养人像，男像为铁匠刘杰，女像为其妻杨氏。根据该龛的图像特点，也推断出多宝塔
第 91、99 号龛亦为龙树菩萨龛。

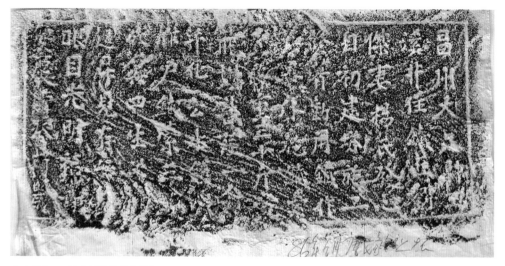

多宝塔第 60 号龙树菩萨造像题记

　　龙树，系古印度 2—3 世纪（也有学者称为 1 世纪）著名的佛教哲学家，大乘佛教中观派
的奠基者。关于他的生平事迹，有各种不同的传说。龙树一生著作甚多，据西藏所传 122 种，
汉译为 22 种，有"千部论主"之称，主要著作有《中观颂》《十二门论》《大智度论》等。龙
树进一步发挥了大乘佛教般若经的空性思想，提出了不生不灭、不常不断、不一不异、不来不
出的"八不"概念，以及"涅槃"系假象的说法等，对中国佛教众多宗派都产生了重要的影响。

　　在第 60 号刘杰造像记中，除为了亡魂升天等祈愿之外，还刻有"见存为母眼目光明"，
即刘杰之母患有眼疾，通过营造龙树菩萨像，祈使刘杰母亲眼疾痊愈。龙树菩萨与眼疾的关系，
至迟可在唐代文献中找到相关资料。其时我国出现一部叫《龙树眼目论》的药书，该书是我国
目前所知的第一部眼科专著，[1] 目前保存部分佚文。这本书在唐代就产生了较大的影响，唐代大

---

① 李凤鸣主编《中华眼科学（上）》，人民卫生出版社，2005 年，第 10 页。

诗人白居易曾患有眼疾，作诗"案上漫铺龙树论，合中虚贮决明丸"；元稹《春月》一诗中亦称"视身琉璃莹，谕指芭蕉黄。复有比丘溢，早传龙树方"，诗人错把琉璃的光彩，当作芭蕉黄，知其应有眼疾，所以才有"龙树方"的说法。后世有《龙术眼论》《秘传龙树总论》等医书，龙树的名字似乎已与眼疾治疗联系在一起。

在宋代时，有关龙树能治眼疾的说法仍然广为流传，据《图画见闻志》载：

> 仁宗皇帝，天资颖悟，圣艺神奇，遇兴援毫，超逾庶品。伏闻齐国献穆大长公主丧明之始，上亲画龙树菩萨，命待诏传模，镂版印施。圣心仁孝，又非愚臣所能称颂。[1]

齐国献穆大长公主，为宋太宗之女，宋仁宗知其眼睛失明，乃亲画龙树菩萨，并还"镂版印施"。以此看来，在多宝塔内龙树菩萨发愿文中，出现刘杰祈求其母眼睛光明，也是与龙树能治眼疾的传说有密切联系的。

从多宝塔第60号龙树菩萨像来看，龙树菩萨的信仰已具有世俗性的特点。

宝顶山的鬃发人之谜

宝顶山石刻中，保存有柳本尊和赵智凤的造像多身，其中，柳本尊的相关造像参见"石刻碑铭"一节的叙述，在此对宝顶山鬃发人为赵智凤的说法略述如下。

在宝顶山大佛湾、小佛湾内，多次出现有鬃发人形象，在大佛湾内至少有10身，具体分布情况见下表：

宝顶山的鬃发人造像一览表

造像龛	出现情况	图
第3号六道轮回图	位于转轮正中，结跏趺坐在莲台上，胸口发出六道毫光，在左右和下方刻猪、鸽、蛇，表示贪嗔痴"三毒"	

---

[1] 宋·郭若虚、邓椿《图画见闻志·画继》，米田水译注，湖南美术出版社，2000年，第99页。

造像龛	出现情况	图
第4号广大宝楼阁	龛中并列三像，中像圆脸、鬈发、翘须	
第7号毗卢庵	在一六角亭内刻鬈发人像，结跏趺坐，像前有一香案	
第11号释迦牟尼涅槃图	在佛前半身的弟子像中，第二身像为鬈发人像，双手作拱手状	

造像龛	出现情况	图
第 17 号大方便佛报恩经变	在"释迦佛因行孝证三十二相"中，刻有四像，左刻鬈发人，结跏趺坐，双手放于胸前	
第 18 号观无量寿佛经变相	在两侧表现"十六观"题材中，刻有各种人物形象，其中左侧最上为鬈发人像	
第 19 号锁六耗图	上图正中刻一鬈发人、面目清秀，结跏趺坐在台座上，身着双领下垂袈裟，腹前捧抱一猿猴	

造像龛	出现情况	图
第 20 号 地 狱 变相	在下层刻一座三级宝塔，塔前站立一像，鬈发，左手执经卷，右手举结说法印	
第 30 号 牧 牛 图	在一方龛内刻鬈发人，结跏趺坐，手结禅定印	
第 31 号	右侧刻鬈发人，右手向上举，左侧刻弟子像	

另在小佛湾内，还有鬌发人 26 身，分别为经目塔 1 身，千佛龛中 25 身。[1]

从上表可见，大佛湾的鬌发人像，出现场景复杂，人物表现的图像也略有差异，如从容貌上来看，有年轻状，亦有老者像。对于这些造像，较早的一种说法为赵智凤像，如 1945 年大足石刻考察团"此次在宝顶发现赵氏像数十处，其上大抵有'假使热铁轮，于我顶上旋，终不以此苦，退失菩提心'二十字[2]"。这一说法迄今仍影响至深。其后，还出现有多种说法，如认为是柳本尊者[3]，亦有认为根据不同龛中出现的形象，而有不同的身份，或为佛的化身、佛弟子、说法行者等[4]。还有说法为鬌发人"正是云南来的阿叱利师，而且多半是西藏人，是神的使者，佛的传法人，密教的轨范师"[5]。近年来也有新的观点的提出，如杨雄先生论文认为"为什么在宝顶会出现这样的鬌发人造像，这和赵智凤的佛教信仰和佛教道路有关，也和当时的佛教历史环境有关"，分析后认为"宝顶的鬌发人造像是'道者'造像，是赵智凤创造的居士佛教造像之独特标志"[6]。目前，多数学者认为鬌发人的身份为赵智凤。

大佛湾第 31 号龛

① 对鬌发人造像的统计，主要参见：李正心《宝顶山有赵智凤自造像吗？——再谈宝顶山摩崖造像的年代问题》，《大足石刻研究文集》，重庆出版社，1993 年，第 202 页。另，文中统计有 7 身，对观无量寿佛经变图等的鬌发人像未统计。

② 吴显齐《介绍大足石刻及其文化评价》，《大足石刻研究》，四川省社会科学出版社，1985 年，第 34 页。

③《再谈宝顶山摩崖造像是密宗道场及研究断想》，郭相颖《大足石刻研究与欣赏》，重庆出版社，2013 年，第 229 页。

④ 李正心《宝顶山有赵智凤自造像吗？——再谈宝顶山摩崖造像的年代问题》，《大足石刻研究文集》，重庆出版社，1993 年，第 204 页。

⑤ 王海涛《大足石刻密教造像源流述略》，《大足石刻研究文集》第 2 辑，重庆出版社，1997 年，第 273 页。

⑥ 杨雄《大足宝顶鬌发人造像的佛教意义》，《重庆三峡学院学报》2015 年第 1 期。

在之前的诸多论述中，多偏重身份的探讨，而对于为何在摩崖造像内出现如此多的鬈发人，以及其具体表现出的作用等方面都还有待深入探讨。这或与《妙法莲华经》"化城喻品"的描述有关，《化城喻品》中有佛化作导师形象，变幻出化城，诱导众生前往宝所。该段经文，对于了解鬈发人多次出现具有一定作用。结合《化城喻品》来看，多次出现鬈发人，与该品中的导师形象有关，也就是说为了引导众生信奉佛法，反复出现在多个造像龛中，以此激励信众。因为修行是一件长期而艰苦的事情，可谓是"前路犹远"，恐信众"中路懈退""而复怖畏，不能复进"，于是导师多次出现，以方便权宜之计诱导信众走向"宝所"。其中，作为导师的形象在宝顶山的体现即是鬈发人，在造像中，鬈发人可以表现为佛像，如经中言"如来亦复如是，今为汝等作大导师"，也可以表现为宝顶山营建者赵智凤像，以自身修行经历来影响信众，而从此点来看，宝顶山鬈发人像为赵智凤的可能性无疑是最大的，因为赵智凤宣称其"诸佛菩萨，与我无异"，体现出自身以佛自居，也体现出作为导师引导众生信奉佛教的宽广胸怀。当然，鬈发人在大佛湾内的作用，不仅体现在此，也还表明了赵智凤对佛法的推崇，等等。

第十二讲　中土梵像

——部分佛教造像题材

佛教造像是大足石刻极其重要的组成部分，造像题材众多，不仅有常见的佛、菩萨，还有唐宋时期盛行的诸多题材，如北方天王、陀罗尼经幢、罗汉以及高僧等。其中一些题材还具有一定的地域性，如孔雀明王、摩利支天、诃利帝母等，在大足一地颇具特色。在本节中，选取部分佛教造像题材，由此可见一斑。

北方毗沙门天王

毗沙门天王，为佛教中管辖北俱罗洲的天王，为四大天王之一。唐代，随着北方天王的经、轨不断译出，加之受到唐帝王的推崇，其地位得到抬升。

有关北方毗沙门天王的经、轨，至少有 7 种，在这 7 种译本中，唐代密宗大师不空所译的就至少有五种，如不空译《毗沙门天王经》《北方毗沙门天王随军护法仪轨》《毗沙门仪轨》等，由此可见密宗对北方毗沙门天王的重视。这些经、轨也记载了毗沙门天王的形象，为威猛形状，身着甲胄，手中托塔，足踏夜叉，身旁有眷属神像等。

北山第 5 号毗沙门天王龛

大足石刻保存有以北方毗沙门天王作为主尊的造像三龛，分别为北山第 3、5 号和北山佛儿岩第 10 号龛，其时代在晚唐至前后蜀期间。其中，北山第 5 号龛最具有代表性。

北方毗沙门天王位于北山南段，在高 2.95 米、宽 2.45 米的龛正壁，站立着身高 2.5 米的北方天王，头戴高方冠，双目圆睁，脑后有牛角形火焰背光，身着铠甲，腰束革带，胸前挂牛角形腰刀。双手残毁，原手中持物不详。远远看去，天王像威武伟岸、高大魁梧。

在天王像的左右和下部，雕像多身，形象各异：或圆目阔嘴，持棒上举；或戴长长竖立两支翎毛的头冠；或身材短小，双手捧坛；或发呈火焰状上扬，头上抹额和颈下项圈皆有骷髅头；或半身出现在天王脚下，双手托天王战靴……他们是天王的部众和眷属，生动、多变的造型衬托了主尊威严、高大的形象。

唐代，北方毗沙门天王尤为受到皇室的崇奉。据唐代不空译《毗沙门仪轨》介绍，唐天宝元年（742 年），大石、康五国围安西城，守将即请兵救援，而该城距离京城 12000 里，救兵需 8 个月才到，帝王采取僧一行的请北方天王神兵救援之策，请不空作法，帝王亲见天王第二子独健，领天兵来此辞别。不久，表奏安西城外"云雾斗暗，雾中有人身长一丈，约三五百人尽着金甲"，所奏鼓声，"声震三百里，地动山崩"，五国军队甚为畏惧，乃退兵。而天王显圣的神样，也附在奏表之中。之后，"奉敕宣付十道节度，所在军领令置形象，祈

毗沙门天王眷属神像

愿供养"①。这个故事表明，北方天王具有护佑国家安宁、军事胜利的作用，因此，其作为国家和军事的护佑神，便受到唐王朝的大力推崇。唐王朝对北方天王的推崇，也影响到巴蜀地区的石刻造像。据调查发现，在巴蜀地区的巴中、通江、邛崃、夹江、资中、内江、荣县、安岳等地的石窟中，都雕凿有北方天王的造像，而雕凿的目的，基本上与北方天王被尊奉为护国、护军的保护神有关。受此影响，晚唐之际，在大足北山修建永昌寨这处军事基地的韦君靖，在其寨内雕刻北方天王，应与护佑韦君靖部队军事胜利密不可分。

尊胜陀罗尼经幢

在唐代，密教经典《佛顶尊胜陀罗尼经》先后至少被 8 次翻译。经中叙释迦牟尼为善住天子即将面临短命寿终，受畜生、地狱等苦而教以解救之道，即"佛顶尊胜陀罗尼"，善住天子依其法，"应受一切恶道等苦，即得解脱，住菩提道，增寿无量"。经中宣扬了陀罗尼的神力，

北山第 279 号经幢

如"若人能书写此陀罗尼，安高幢上，或安高山或安楼上，乃至安置窣堵波中"，经幢影子能映在身上，或灰尘飘落在人身上，所受罪业皆消除。受此影响，佛教徒和信众在寺院、交通要道、墓葬等地方大量建造经幢，多为八面形的圆雕石柱，因其上多刻有《佛顶尊胜陀罗尼经》，也称为"尊胜幢"。

受巴蜀地区多摩崖造像的影响，在广元、安岳等石窟中多有经幢的雕凿，大足石刻的经幢早在晚唐北山的观无量寿佛经变龛中就有出现，西方三圣像之间各立有一经幢。五代时期经幢成为主要的造像题材之一，并成为此时期北山石刻的一个特色。北山第 250、260、262、269、271、279、281 号等龛中皆有经幢，它们基本上为八面形，第 279、281 号铭文中明确记载为"尊胜幢"。

经幢一般由幢座、幢身和幢顶三个部分组成。第

---

① 《毗沙门仪轨》，《大正藏》第 21 册，第 228 页。

279 号中的经幢保存较为完整，在通高 1 米多的崖壁上，雕刻有龙、宝珠、双层仰莲、佛像、力士等诸多题材，层次分明，雕刻技艺甚为精细、独到。

在部分经幢龛铭文中，除经咒外，还雕刻发愿文，可助了解其雕凿目的。后蜀广政十八年（955年）的第 260 号铭文中提到出资者"为亡母王氏造真言"，希冀能永升净土。甚为奇特的是，第 279、281 号药师佛龛中出现有经幢，第 279 号的铭文中，称雕刻的目的是希冀"福寿长远、灾障不侵……公私清吉"等，而广政十七年雕凿的第 281 号，则希冀"身田清爽，寿算遐昌，眷属康安，高封禄位"。此两龛除药师佛和经幢外，还有十方佛、阿弥陀佛、地藏菩萨等题材。此种特殊组合样式，不见于佛经记载，在国内石窟中也极为少见，反映出五代时期世俗民众特殊的心理趋向。

北宋时期，经幢仍有雕凿。大钟寺遗址出土一件圆雕的"经幢"残件（幢身），八面皆有铭文，提到大约在北宋皇祐四年至嘉祐四年间（1052—1059 年），当地有一王姓的女子和他的儿子罗亨、罗泰等，因为近年来一家眷属，多次遭受灾难，于是，他们就认为很可能是与王氏生前的丈夫罗超，曾经做下一些罪孽有关，如他曾经偷过刘真家的猪一头等等。其后，他们就发心造了"胜幢"一座，希望消除一切恶业。

之后，尊胜陀罗尼经幢在大足一地基本未见。

大钟寺经幢幢身

孔雀明王

孔雀颇受佛教注重，佛教经典中，就有《孔雀王本生》《孔雀经》等以孔雀作为主角的经典。这些经典中，《佛母大孔雀明王经》曾在大足一地广为流传。经中叙述到有比丘莎底，一天被大黑蛇所咬，"毒气遍身，闷绝于地，口中吐沫，两目翻上"，阿难得知后便向佛祖求救，佛对阿难说"我有摩诃摩瑜利佛母明王大陀罗尼，有大威力，能灭一切诸毒、怖畏、灾恼，摄受覆育一切有情，获得安乐"，阿难听闻佛说此经后，便前往比丘莎底住所，以此"佛母大孔雀明王法"为其除去苦恼，随即"苦毒消散，身得安隐"[1]。

受《孔雀明王经》的影响，在大足石刻中出现了较多的孔雀明王雕像。其中，北山第 155 号，是目前大足境内发现的唯一有纪年的孔雀明王造像。

石门山孔雀明王窟

北山第 155 号孔雀明王窟，为一高 3.47 米、宽 3.22 米、深 6.07 米的长方体洞窟，在中心柱雕刻孔雀明王，明王头戴花冠，面容端庄慈祥，肩披荷叶形披肩，胸饰璎珞，身绕披帛下垂置莲花台座上，身共有四臂，分别持佛经、宝扇、如意珠、孔雀羽毛。明王莲花座下为一孔雀，头右倾斜，双翅展开似欲展翅远飞，胸部圆浑饱满，身后的尾羽后翘，通过明王身后直接连接到窟顶部，既形成了明王的身光，又起到极好的装饰作用。将孔雀明王像作为支撑洞窟的设计，来源于佛教石窟寺的中心柱，设计者创造性地将孔雀与明王设计成为支撑洞窟的中心柱，将实用与艺术巧妙地结合在一起，可谓匠心独具。

在孔雀明王窟内正壁和左右两壁，

---

[1]《大正藏》，第 19 册，第 416～439 页。

上下刻有十余排佛像，数量多达千余身，坐于莲座上，身后有椭圆形背光，佛像除端庄正坐外，亦有多身抱膝侧首者、手持种种器物者，从而显得不囿于一格。在多数的孔雀明王造像中，基本上是以孔雀明王为主尊，两侧雕刻有关的故事图，唯此处在三壁环绕的皆为佛像。

该窟中有造像题记，为"丙午年伏元俊、男世能镌此一身"，可知为伏元俊、伏世能父子所雕凿，据考时间为北宋靖康元年（1126 年）。

在中国石窟艺术中，孔雀明王的图像主要集中在敦煌和大足石刻之中。敦煌地区的孔雀明王现存有 8 铺，五代时期有 3 铺，宋代有 5 铺。大足一地有 6 处造像，都雕凿于宋代，除北山第 155 号窟，还有石门山 8 号窟、玉滩第 2 号窟、七拱桥 4 号窟以及宝顶山大佛湾 13 号龛等。之外，在四川安岳孔雀洞摩崖造像处，也保存有一处宋代时期的孔雀明王造像。

为什么大足一地会出现较多的孔雀明王造像呢？在大足石刻中，孔雀明王皆是作为主尊单独雕凿成一龛或一窟，体现出其在民间信众中有重要地位，故多有雕刻。孔雀明王是佛教密宗的一大本尊，他是佛教中唯一以慈悲相出现的明王像，其他明王皆以愤怒相出现。因此，在宋代大足一地孔雀明王造像较多出现，证实了密宗在大足较为盛行。

摩利支天

北山第 130 号，在高 2.4 米、宽 1.12 米、深 1.42 米的龛中，主尊雕刻的是摩利支天站像，头上为三层的宝塔，每层内有一身佛像，塔两侧各伸出一树枝，其上开有花朵。身有三头八臂，其中正面头像容貌清丽，双唇微张似正欲笑，显得美丽而又高贵。八只手臂多数持有各种各样的兵器，其中分别是，最上面左手举一风火轮，右手握剑；中间两侧的手，左手持弓，右手捏箭；下方两手，左手持盾，右手拄戟；居中身前两手，似结印于胸前。在下方，为两头象正在用力拉着摩利支天的战车。在像两侧，为八位雕刻精湛、气势汹汹的金刚神，其头、臂数量不等，或三头六臂，或单头四臂，手中持有众多的器物，尤以兵器为多，如斧、刀、矛、铜、剑等。整龛造像兵器众多，充满了浓郁的战争气氛，不过，作为主像的摩利支天面容却是端庄、高雅，有着天女一般的容颜，因此，有学者说这龛造像的主尊"结合了天女柔美与战神凶猛的形貌于一身，造型相当特殊"①。

这龛摩利支天造像，因为表现的形象较为独特，在定名上最初还不甚了解，在 20 世纪 80 年代的著述图录中，大多被称为光目天女。随后一些研究者提出了疑问，并怀疑这尊造像的身份为摩利支天。之后，这一说法得到更多学者的论证与阐释，并得到了认可，从而将主尊的身份定名为摩利支天。

"摩利支"在梵文中是"光"的意思，据说摩利支天有极好的隐身法，无人能捉住她，而她用此法来解救百姓的疾苦，信众念其名号能速离灾厄，诵其咒语能够隐身免受诸难。其形象随着佛教传入中国，演变为三头八臂，头上顶有宝塔，身边围绕有一群猪，这些特征也在北山佛湾中有具体的表现。

为什么在大足一地出现摩利支天的造像呢？这一问题，在陈玉女《大足石刻北山摩利支天像的雕凿时局》论文中，广征博引史料进行了探讨。摩利支天的信仰早在南朝之际就传入中土，此时期的名家陆探微、张僧繇就绘过摩利支天菩萨像。唐代，著名书法家颜真卿还书写过有关摩利支天的经典。宋代，天息灾翻译的《摩利支天经》出现，"提供了相当多元的摩利支法，不仅增大摩利支天的法力，也使得摩利支天女形象产生较多的变化。这样的发展趋向，正好符合多事之秋的两宋局势，特别是南宋时期，因偏安的脆弱政权及中原战乱的纷起，使得具有隐身术、能避水火刀兵等一切灾难的摩利支天菩萨获得更多信众的依赖"，在这样的背景之下，

---

① 陈玉女《大足石刻北山摩利支天像的雕凿时局》，《2005 年重庆大足石刻国际学术研讨会论文集》，文物出版社，2007 年。

北山第 130 号摩利支天

摩利支天龛左右侧壁造像

大足一地出现了摩利支天的雕像。

　　从大足北山的这身摩利支天造像，不难看出她与战争的关系——复杂的兵器、威武的金刚、古老的战车等，的确，她与战争有着很密切的联系。在一些文献中，不乏奉持摩利支天，从而得以避免战祸之类的记载。除护佑战争取得胜利之外，摩利支天还有护佑行人旅途平安等职能。北宋时，身在黄州的苏轼，其侄子苏安节向他乞写《摩利支天经》带回四川，自然，在苏安节看来，奉持摩利支天可以护佑他一路舟车平安回到四川。①

　　北山的这龛摩利支天的造像，没有发现造像题记，其年代一直成谜。大多数专家认为是南宋绍兴年间。其理由大致有二：一个是所处的位置位于南宋时期所开的一系列窟中，如毗邻南宋绍兴年间的转轮经藏窟；另一个原因是，在北山佛湾对面的多宝塔内，也有一龛摩利支天的造像，二者的时间应较为接近。在北山佛湾遥相对应的多宝塔内，第三层内有一龛像，也为摩利支天像，相对于北山佛湾第130号而言，形制较小，在塔的第三级内，有南宋绍兴二十一年（1151年）造西方三圣像的题记，可知这处摩利支天像当在此年左右。

---

① 《跋所书摩利支经后》，宋·苏轼《东坡题跋》，上海远东出版社，1996 年，第 225 页。

在这之后，大足石刻未见有摩利支天像的雕凿，可见这两处摩利支天像尤为难得，它们不但真实地保留了古人对战争的认识，同时也折射出他们对和平、安宁生活的向往与祈盼。

诃利帝母

诃利帝母，据说是古印度王舍城的牧牛女，因为被人劝至园中舞蹈，遂堕胎儿，其后便发一恶愿，来世将吃尽王舍城孩子。果然，她来生为王舍城娑多药叉的长女，婚后生有五百孩子，同时每天吃掉城中的孩子。佛便悄悄将她喜爱的一子藏起，她便悲泣向佛求救，佛说，你有五百孩子，还在怜惜一子，更何况其他人只有一两个孩子，于是她便投身向佛。[1]佛教经典中，记载诃利帝母具有求子的职能，唐代不空《诃利帝母真言经》中，提及"若有女人不宜男女"者，可以画诃利帝母像，并记载了诃利帝母的图像。

在宋代，大足一地出现有较多诃利帝母雕像，其他地区较为少见，在石窟中较为殊异。雕刻的意愿，其中既有对生育祈求的目的，也有其他的一些祈愿。诃利帝母在当时被世人称为圣母，是此时期送子习俗的主要造像题材。

一、宋代诃利帝母像概述

大足石刻遗存较多的诃利帝母造像。对于大足这些造像的遗存，胡良学在《大足石刻的诃利帝母及其经变相研究》[2]一文中做了较为全面的梳理，文中认为，宋代有尖山子第 9 号、石篆山第 1 号、石门山第 9 号、老君庙第 6 号、北山佛湾第 122 和 289 号、玉滩第 3 号、灵岩寺第 2 号、龙潭第 3 号以及茅草坑等，明清时期仍续有雕凿。

通过多次文物普查和研究著述，可知宋代是大足石刻诃利帝母最为盛行的时期。在这些造像中，可以明确造像时间的有老君庙第 6 号为南宋建炎四年（1130 年）、峰山寺第 7 号为绍兴六年（1136 年）。之外，还有两处可判断大致时间：一为石篆山第 1 号，石篆山造像开凿在北宋元丰六年至绍圣三年（1096 年）之间，可知石篆山第 1 号开凿的大致年代；二为灵岩寺第 2 号，龛右外框上部刻有"东普攻镌文惟简玄孙文艺刻"，据文氏工匠在大足的谱系，文艺开凿此龛的年代，当在"南宋宁宗之世（1195—1224 年）为宜"[3]。

在这些诃利帝母造像中，不乏保存较好的作品，如石篆山第 1 号等，兹在此介绍数例。

---

① 《毗奈耶杂事》卷 31，《大正藏》第 24 册。

② 胡良学《大足石刻的诃利帝母及其经变相研究》，《2009 年中国重庆大足石刻国际学术研讨会论文集》，重庆出版社，2013 年。

③ 《新发现宋刻灵岩寺摩崖造像及其年代考释》，陈明光《大足石刻考古与研究》，重庆出版社，2001 年，第 138 页。

北山第 122 号诃利帝母龛

北山第 289 号诃利帝母龛

　　北山第 122 号诃利帝母龛。龛高 1.67 米、宽 1.51 米、深 1.13 米，主像为诃利帝母，端坐于高背椅上，椅后有屏风，诃利帝母凤冠霞帔，左手放于膝上抱一小儿，右手抚右膝，双足踏于凳上。主像左侧，站立一侍女，双手拱揖，其旁侧坐一乳母，身材丰满，袒胸露乳，抱一小儿正在哺乳。主像右侧，亦站立一侍女，双手拱揖，其旁坐两小儿。主像前方座前，有五身小儿，正在游戏，现多残坏。该龛造像，大多认为是宋代所雕凿。

　　北山第 289 号诃利帝母龛。龛高 1.5 米、宽 1.11 米、深 0.46 米，主像为诃利帝母，凤冠霞帔，双手抱一小儿放于膝上，脚前及左右有八位小儿，正在游戏。主像两侧各站立一身女侍者，双手拱揖。左侧下方刻乳母，身材丰满，袒胸露乳，抱一小儿正在哺乳。该龛左壁上方有宋代乾道辛卯（1171 年）王季立题记，可知该龛雕凿时间在宋代。

　　石门山第 9 号诃利帝母龛。龛高 1.63 米、宽 2.13 米、深 0.74 米，主像为诃利帝母，凤冠霞帔，飘带飞扬，左手前举，右手在右膝处拉小儿的手，此身小儿正依偎在诃利帝母右腿旁，右腿上举，正在向诃利帝母怀中上爬。主像左侧为乳母，袒胸露乳，抱一小儿正在哺乳，乳母左下方和右侧各有一小儿。主像右侧有一站立的中年女像，身下刻一小儿，左腿上举，似正希望女像抱起。在主像和此身女像之间，刻有三像，上层刻二小儿，一儿胯下夹杆，正在玩骑竹马，一儿正在逗鸟作乐。二小儿前有一少年，身着交领服，双手握于胸前。

　　茅草坑诃利帝母为近年来调查发现，该像现已被玉滩水库库水淹没，2008 年笔者曾现场参与调查，该龛主像为诃利帝母，坐于台座上，背后有屏风，左手在左膝处抱一小儿（残坏），左侧刻小儿多身，右侧下部有袒胸露乳的乳母，正在哺育小儿，身后刻有小儿，以及一身身着

石门山诃利帝母龛

茅草坑诃利帝母龛

大钟寺诃利帝母圆雕像

交领服的少年。该龛造像，从风格来看，当在北宋后期至南宋时期。

近年来，也有一些宋代诃利帝母造像的新发现，如前述胡良学文中未涉及的一尊大钟寺圆雕像。在大足万古大钟寺遗址出土的圆雕像中，有一尊像，主尊头毁，残坐高 0.91 米、肩宽 0.46 米，着交领宽袖长服，下着裙，身披霞帔。左手胸前抱扶小孩，右手残，似曲肘于胸捻持一物，坐于圆形石台上。怀中小孩大部残，可辨戴项圈，右手前伸作讨要状。该造像线条流畅自然，具有较高的雕刻水平。

据该像的雕刻人物和服饰等特点，初步判定为诃利帝母像。有两点特征可以了解。一是手中怀抱一小孩，此为诃利帝母造像的基本特征，也是该像身份判定的最重要的依据。唐宋时期，巴蜀地区的诃利帝母造像，多数是手中怀抱一小孩，周边簇拥数身小孩。同时期巴蜀地区的其他佛教造像，基本上未见此特征。二是主尊造像的服饰，与大足石篆山第 1 号诃利帝母造像近似。大钟寺造像与石篆山造像有着紧密的联系，从此来看，其表现的题材应当相同。

这尊圆雕的诃利帝母像，在大足以至于巴蜀地区的同类造像中，具有较高的艺术价值，如圆雕的表现形式，在巴蜀石窟中较为独特；又如它是大足石刻已发现的同题材造像中，可以初步确定时间最早的。同时，这尊像还对于了解工匠的技艺、题材的传播具有较高价值。大钟寺造像主要为文氏工匠所雕凿，圆雕的诃利帝母像的一些造像特点，如诃利帝母正面的服饰，特别是腰间所系的结带；造像的手姿与怀抱孩童的方式；孩童颈部处所佩戴的项圈，均与文氏家族工匠开凿的石篆山诃利帝母像有诸多相似之处，表明二者有着密切的关联，也体现了两尊造像在技艺上的延续性和传承性。这对了解文氏工匠在技艺传承、题材传播等方面，具有较高的价值。

二、宋代诃利帝母的图像

佛经中有对诃利帝母形象的描述，其中唐代不空所译的《诃利帝母真言经》中，说她"身着天衣，头冠璎珞，坐宣台上垂下两足，于垂足两边画二孩子，傍宣台立，于二膝上各坐一孩子，以左手怀中抱一孩子，于右手中吃吉祥果"[1]。

---

[1]《诃利帝母真言经》，《大正藏》第 21 册，第 289 页。

石篆山诃利帝母龛

宋代大足诃利帝母造像大多与经典比较吻合，如石篆山第 1 号，龛正中雕刻头戴凤冠的帝母像，左手抱一男孩坐在宣台之上，右手拈一吉祥果作逗小儿状；身左右两边站立一位侍者，正壁右下方刻一乳母，怀抱一熟睡的婴儿，旁边一小孩正抓住乳母左乳尖部给婴儿喂奶。龛正壁左下方和左右两侧壁，雕刻有 6 身小孩造像，动作与姿态不一。

与其他地方诃利帝母像比较，大足一地宋代的诃利帝母像亦具有自身的特点。巴中石窟南龛保存有唐代的诃利帝母像 3 龛，分别为第 68、74、81 号，这些造像"画面看起来像一位多子多福的普通妇女，带着自己的一群小孩，妇女衣着简单，形态朴实"[1]。与巴中石窟比较而言，大足宋代诃利帝母具有较为明显的地域特点。造像龛中，主尊为诃利帝母，头戴凤冠，身上抱一小孩，旁边坐一乳母，乳母大多袒胸露乳，作哺育状，在诃利帝母和乳母像周围环绕诸孩童，具有代表性的除石篆山第 1 号之外，还有石门山第 9 号、北山佛湾第 122 和第 289 号、茅草坑等龛像。

与巴中石窟的诃利帝母相比，大足地区造像体现出诃利帝母地位的上升，如大足诃利帝母衣饰华丽，一派贵妇装扮，而巴中则表现为世俗妇人像；之外，还新增加了一位乳母像。

---

① 《巴中石窟》，巴蜀书社，2003 年，第 148 页。

三、"圣母"——宋代诃利帝母造像题记

宋代诃利帝母造像大多没有造像题记。在仅有的几则题记中，可以略知其称谓和开凿的动机。石篆山北宋元祐五年（1090 年）严逊所记的碑刻中，在其造像中有"圣母龛"，即指的是第 1 号诃利帝母龛。峰山寺第 7 号高 1 米、宽 1.3 米，正壁刻有三像，左侧诃利帝母头戴凤冠，双耳垂环，身披云肩，在右侧雕刻一位未完工的乳母像，在二像中间，刻一飞童，肩生两翼，双手捧物，站立于云中。左右壁还有残坏的供养人像。龛内有绍兴六年（1136 年）的造像记，其中有"造圣母"等字，这与石篆山所称一致。由此来看，宋代这些题记显示，当时诃利帝母被称为"圣母"。

第十三讲　大道之形
——大足道教石刻

大足道教石刻历程

　　大足境内的道教石刻虽然相对大足佛教石刻数量较少，但是以其独特的表现手法、精湛的雕刻技艺，成为大足石刻极其重要的组成部分。

　　与大足境内的佛教造像相比，道教石刻兴起较晚。目前调查发现，最早的道教造像可能在五代时期，即在北山佛湾第 253 号观音地藏和十王龛内，在左侧壁的一朵祥云内，有道教神仙造像的出现。

　　北宋初期，在佛教寺院的大钟寺遗址内，出土有两尊道教圆雕造像，其中一尊像由铭文可知为中元地官像。在北宋元丰六年（1083 年），石篆山石刻雕刻完毕第 8 号太上老君龛，此为大足石刻中，所见有准确纪年最早的造像龛。

　　南宋是大足道教石刻得到全面发展的时期，涌现出南山三清古洞、龙洞、三圣母龛，石门山三皇洞、玉皇大帝龛、东岳夫妇龛，舒成岩东岳大帝龛、淑明皇后龛、紫微大帝龛、三清龛、玉皇大帝龛，峰山寺三官龛等诸多道教石刻作品。概括来说，此时期的道教造像至少呈现出四个特点。首先，是造像点分布较多，道教造像未出现集中一处雕刻，而是分布在大足乡里之中，在城区附近有南山石刻，东面今石马镇内有石门山石刻，西北方向今中敖、高坪镇境内有舒成岩、玉皇庙、石壁寺等造像点，南面方向今邮亭镇境内有佛儿岩石刻等。其次，是造像题材众多，尊神中，有三清、四御、玉皇大帝、东岳大帝、紫微大帝等，以及帝后级的淑明皇后、元君等；

大钟寺中元地官像

其他神灵中，有三官、长生保命天尊、三百六十应感天尊、四圣、七十五司、独脚五通大帝、十一曜等，以及单独以龙作为造像龛题材的表现形式。之外，龛窟中还出现有大量的男女侍者。再次，造像龛窟形制多样，在龛窟表现上，有南山三清古洞的中心柱窟，柱高 3.4 米；有石门山三皇洞作矩形的洞窟，洞窟进深 7.8 米、高 3.1 米，其中未有作为支撑用的中心柱；其他造像龛，多为进深 1 米左右的浅龛，如舒成岩石刻第 1～5 号龛，进深在 0.93～1.56 米。与巴蜀地区一些唐代道教造像龛基本上为摩崖的形式相比，显示出龛窟形制的变化。最后，雕刻技艺精湛，涌现出诸多道教雕刻杰作，尤其是石门山三皇洞，将道教雕刻艺术推向一个新的高度，有"宋代道教造像的绝巅"[①] 的

① 胡文和、刘长久《大足石窟中的宋代道教造像》，《世界宗教研究》1987 年第 3 期。

美誉。由此，可见南宋时期大足道教石刻的兴盛和发达。

明清时期，道教石刻继续在大足境内得到延续，造像点更为分散，多在大足民间，除在宋代造像点续有开凿的南山、佛儿岩等石窟点外，新出的如高坪镇眠牛石、光明殿，石马镇真武祖师龛，中敖镇斗碗寨、麻杨村，国梁镇双山寺、龙水镇新农村等。之外，在寺院中也出现有道教神灵的造像，如无量寺、圣寿寺等。在题材上，更具有世俗性，除常见的老君、玉皇大帝等之外，还有在宋代出现于群体神灵的"四圣"之中，如在此时期单独雕刻的真武大帝。新出的造像题材有灵官、文昌帝君等造像，尤其是具有道教文化内涵的世俗性题材，也出现在石窟之中，如川主、土主以及三国人物刘备、关羽等。此时期造像在艺术上与宋代道教造像相比，无论是造像的总体布局还是细节刻画，都有所不及。

石篆山老君龛

老君龛，是因为在宽 3.43 米、高 1.7 米、深 1.92 米的造像龛中间，坐着的主尊是道教中重要的尊神——太上老君。老君双腿盘膝，端坐在一个束腰四方形的台座上，台中雕刻一头现已残坏的青牛。老君头戴莲花束发冠，脸型圆长，满腮长髯，身着翻圆领宽袖大袍，胸前有三脚夹轼，其左手扶于轼上，右手于胸前持一扇（柄残）。在头部的左边镌刻有"太上老君"四字。由于太上老君在道教中极其特殊的地位，并居于此龛正中，因此研究者们将其定名为老君龛。

在老君像的两侧，各并肩而立七尊造像，其中正壁的两侧各有四身造像，左右壁各有三身造像。他们戴束发小冠，身着翻领宽袖长袍，腰部有长带垂下，双手于胸前捧笏，各像身高 1.3 米、宽 0.34 米。紧挨着太上老君左右雕刻的是"玄中大法师"和长满络腮胡须的"三天大法师"像；再之外两侧，分别站立着十二位真人像，依据有所漫漶的铭文，可知左边有太极真人、

石篆山太上老君龛

□光真人、普德真人等，右边有太乙真人、定法真人、正一真人等；龛外门柱两旁，各开有一龛，内刻一护法神像，神将皆狮鼻豹眼，头戴束发金冠，身着片状铁甲，腰围勒带，双足蹬靴，其中左护法神将络腮胡须，双手于胸前持短棍；右护法神将龇牙咧嘴，双手于胸前举双头锤。

在龛的门柱上有此龛造像的年代等文字，今可辨"昌州镌（澧）元□□年岁次癸亥闰六月二十日记"，从石篆山造像的总体年代，可知这龛造像作品的完成年代为北宋元丰六年（1083年）。

该龛造像从总体布局来看，是以太上老君为中心，两旁为二法师，其次为十二真人，最后分列二护法神将，这种布局，与之前唐代的诸多道教造像有较大区别。该龛中，老君座下的牛，为老君的坐骑，也是老君一个重要图像特征。老君像左边的"玄中大法师"，是太上老君变化的"化身"形象。"三天大法师"为张道陵，张道陵本名张陵（？—156年），他是东汉末年五斗米道（后也称天师道）的创立者。关于其形象，元代编著的《历世真仙体道通鉴》一书中，描述他"年及冠，身长九尺二寸，庞眉广额……垂手过膝，美须髯……望之俨然"，其中"美须髯"与龛中长满着络腮胡须的形象吻合。

整龛造像中，老君、法师和真人的服饰皆不尚装饰，体现出道教中人追求清净无为的观念，相对来说，北宋时期的佛教造像中菩萨造像的花冠、璎珞等，正处于向繁丽发展的时期。尽管石篆山太上老君龛造像是大足道教石刻中现存最早的有准确纪年的作品，但它的出现已经表明道教艺术在大足一地的成熟化。

南山三清古洞

南山三清古洞不但是南山石刻的代表洞窟，也是大足道教石刻的重要代表作品之一。

编号第5号的三清古洞，是一个呈"回"字形的洞窟，窟高3.91米、宽5.08米、深5.58米，在中间有一个高3.4米、宽2.59米、厚1.57米的中心柱。

远观三清古洞造像，首先可见窟前两根拔地而起的圆雕石柱，其上盘绕两条石龙。在龙口中间，所见便是中心柱正面的雕刻，这是一组展现道教主要尊神的神系雕像，在其顶部雕刻有"三清古洞"四字。下面可分为上下两层。上层正中端坐三位道教的尊神，分别是居于中间的玉清元始天尊和分列左右的上清灵宝天尊、太清道德天尊。在这三尊造像两侧，端坐两位帝王像，头戴冕旒，手捧朝笏，端坐在龙头靠椅上。下层正中雕刻一牌位，刻"舍地开山造功德何正言同杨氏，开山化首凿洞张全一同赵氏"等字。在牌位下方刻有四位供养人像，左右两侧壁有四神造像，皆为坐式，男像为帝王模样，女像凤冠霞帔。下层底部，雕刻有花纹和竖线条。上下

南山三清古洞

两层左右，各有四个长方形框，雕刻有神仙和官员模样的人物。

三清古洞中心柱正面的这些造像，是道教神灵系统"三清六御"的生动反映。"三清"是道教历来尊崇的神灵。中心柱上下层的四位帝王像和两位帝后像，被称为"六御"造像，其身份也成为众多学者讨论的热点，一般识别为玉皇大帝、紫微大帝、勾陈大帝、后土皇地祇和两位元君。其后，道教神灵系统经过发展，演变为明清时期的"三清四御"神系，并沿袭至今。那么，三清古洞的"三清六御"造像无疑对了解道教神系的演变具有重要的实物价值。

在中心柱的左壁上雕刻有一图，上为一天尊像，形似帝王模样，头戴冕旒，胸佩玉环，双手捧笏，站立在云端之上，在其身前身后和上方，雕刻有十九位随从，手持有幡、幢、

三清古洞中心柱外侧造像

长柄宝扇、铃等仪仗器物，整幅图给人以空中疾奔之感。道教经典中，常常可见描述神仙往赴法会的场景，此幅雕刻可谓是难得的插图。在下方，雕刻一龙，身作五折，龙头呈回首状，一龙爪紧握一宝珠，珠内冒出火焰，在其旁刻有一男像，双手捧一只长柄香炉。

三清古洞全窟的左、右、后三壁，分六层雕刻有天尊像，据考为三百六十应感天尊像，现仍存有 231 尊。他们姿态稍显不一，或为文官模样，手捧朝笏；或为武将装束，双手放置兵器。在近窟门处，左右两壁各浮雕有六个小圆龛，上下布列，龛内皆有造像，可辨识有马、一对夫妇、螃蟹、狮子、蜥蜴、一人捧笏站立、净瓶等。据考证，这是表现的黄道十二宫。黄道十二宫早在唐代的道书中就已出现，之后，为将黄道十二宫与人间祸福紧密相连，道教中人又将其与十二时辰搭配，并谓每一宫中均有主神参将，主宰众生命运。

之前的研究，大多认为该窟造像是南宋绍兴年间所开凿，而通过窟外保存的一件有宋代昌州军州事何格非题诗的碑刻，可以将这个洞窟营造时间，大致确定在南宋建炎二年至绍兴十一年（1128—1141 年）。

综观三清古洞造像，雕刻道教神祇较多，可谓是生动地展现了宋代完备而众多的道教神系。这窟造像，总体布局严谨，细节雕凿甚为细腻精湛，不愧为大足乃至于国内道教石刻艺术中的珍品。

三清古洞天尊群像

舒成岩石刻

　　舒成岩石刻雕刻在一巨型岩石之上，宋代称为"云从岩"，明清人称"舒胜岩"，俗称"半边庙"。舒成岩石刻为纯道教题材的造像点，从石刻遗存的铭文可知，当时有王用之、王举等道教中人，于南宋绍兴年间在此经营而成。主要有东岳大帝和淑明皇后夫妇、紫微大帝、三清、玉皇等造像龛，是国内早期道教石刻造像的珍贵遗存。

　　东岳夫妇像龛分两龛雕刻。第 2 号东岳龛正中端坐东岳大帝，在两侧有官员和侍者等像。在右侧第 1 号龛为淑明皇后龛，正中为凤冠霞帔的淑明皇后。宋代时，加封五岳的夫人，其中东岳为"淑明"。在龛左壁站立一位执剑的武士，右壁一位女像正怀抱一婴儿。两龛造像时间分别为 1152、1153 年。

　　第 3 号紫微大帝龛，正中的龙头靠背椅上端坐一帝王像，头戴高顶方冠，两侧香袋护耳，双手于胸前捧玉圭。在其两侧站立多身神将，或三头六臂，或一头四臂，手中皆持有法器。紫微大帝，来源于古代星神中的北极星信仰。道经中说他协助玉皇大帝执掌天经地纬、日月星辰和四时气候。在国内道教石窟艺术中，紫微大帝造像题材极其少见，可见其珍贵。第 4 号三清龛主要雕刻道教尊神玉清、上清、太清，体现出在宋代时期三清已备受道教中人信奉。雕刻于 1143 年的第 5 号龛，主像为头戴冕旒、耳垂香袋的玉皇大帝，两侧有手持日月宝扇的宫女，头戴冠、端坐于凳上的尊者，手捧玉圭或绶印的妇女等。

舒成岩玉皇大帝龛

关于该处造像为何道教派别所为，在东岳大帝龛出现的王举和王用之奇特署衔提供了线索。据考，他们署衔"紫微殿使日直元君同判□院事"和"无极上相判丰都使"，不是正式的官方官衔，而是道教中人的道阶，有研究认为，这属于道教历史上一个叫天心正法派的道阶，因此，该处造像对于研究该道派的影响、信仰等方面，具有重要的参考价值。

石门山三皇洞

三皇洞是一个高3米、宽3.9米、深7.8米的洞窟，原窟造像近80尊，窟顶部分及右壁在清代乾隆年间崩塌，现存正壁、左壁及部分右壁造像约43尊。窟内无造像记，学界大多认为是南宋初期所开凿。

窟内的正壁主像为三皇，端坐于龙头靠背椅上，天皇居中，地皇和人皇在其左右。三皇均头戴通天冠，项下系有方心曲领，胸前捧玉圭。三皇上方，有三小圆龛，为道教尊神三清。因为正壁造像为三位帝皇的形象，所以，这个洞窟历来被称为"三皇洞"。对于此三皇造像，曾有儒家三皇和道教三皇的不同说法，不过近年来的研究成果表明，该窟为道教三皇。

在窟正壁和两侧壁转角处各有一身雕像。左右两侧壁雕像颇多，虽然右壁造像因崩塌而有所残坏，但其造像情况，今仍可从保存完整的左壁得知。现存完好的左壁造像，可分为上、下两层，上层雕刻28位天神像，下层雕刻7身体量大致相当的站像。窟内的第1身，也就是正壁转角处的造像为天蓬元帅，第2、3、4身头戴通天冠，身着长袍，项下系方心曲领，双手捧笏。第5像头戴朝天幞头，亦着长袍、系方心曲领。第6像为神将。第7像头戴直脚幞头。其中，第2、3、4、5以及第7尊像一般称为文官像。

对于左右壁这些造像的身份，说法不一。经过多年的研究，先可以肯定的是"四圣"像，如左壁第1、6身像为天蓬和真武，基本已成共识，因此，与之对应的原右壁像为天猷和翊圣，他们四身造像一道，构成了宋代道教神系中较为盛行的"四圣"。那么，站立的那些类似文官模样的造像究竟为谁呢？其中一种观点，认为左右两壁"四圣"之内的文官造像，为道教尊奉的"八帝"。在道教经典中，三皇之后有八帝治理天下，如《云笈七签》中记载"《三皇经》云：三皇后又有八帝，治各八千岁。（卷四'三皇经说'）"类似的记载在道经中较多，从这一点来看，正壁为三皇，两侧壁为八帝，再加之具有护法性质的"四圣"，因此构成了这窟造像的主体。

石门山三皇洞的开凿，可谓是将大足道教石刻艺术推向一个新的高峰。三皇洞造像雕刻技艺精湛，匠师不但善于总体设计，而且对每尊像每个具体部位的处理都颇费匠心。以八帝为代

三皇洞左壁造像

三皇洞文官像

表的文官像，细眉凤眼，皆略微上挑，嘴唇微闭，脸颊稍显丰腴，细细观赏，恍若真人之肌肤；颔下的系带，飘于肩两侧，颇有仙风徐来而自飞拂之感。其身着的袍服，俱以素面为主，少于雕饰：或着长袖袍服，其衣袖下垂过膝，极富下坠之感；或着短袖袍服，身材显现无余，秀丽而又颀长，更增干练之风。文官像皆持朝笏，双手握于胸前，十指纤细。在朝笏上饰有花纹，笏下为中垂的绶带，紧贴在袍服之上，在其上有花结，或为圆形，或为蝴蝶形，与素面的袍服两相对应，于朴素大方之中显示出造像的高贵与文雅，一派文质彬彬之貌。这些文官造像，表面上看来似为儒家官员像，但又体现出道教制作道像时，"必具修真度世"[1]之范的要求，可谓是我国古代道教造像的绝品。

由此来看，三皇洞不愧为大足石刻造像中的精品，难怪被誉为"宋代道教造像的绝巅"[2]。

大足道教石刻的特点

大足道教石刻，经过道教文化特别是道教雕塑和绘画的不断发展和积淀，逐渐在具有石刻造像风气的大足一地形成了自身浓厚的文化特点，概括来说，主要体现在以下几个方面。

一、题材众多而丰富

以宋代为主的大足道教石刻中，造像题材众多，三清像多达 4 处，其中，南山石刻的"三清六御"造像，是道教神系由"三清六御"向"三清四御"演变的珍贵实物史料。东岳大帝、淑明皇后为代表的东岳神系，不但在多处出现，在石门山还有庞大的东岳夫妇、七十五司造像龛。玉皇大帝是宋代官方和民间皆崇奉的尊神，其中舒成岩、石门山单独雕凿的玉皇大帝龛，是宋代玉皇信仰的生动反映。之外，很多造像都是石刻中极少出现的题材，天蓬、天猷、真武、翊圣"四圣"像较为流行；南山的龙洞单独雕刻一龙，此在石窟中极为少见；石门山的三皇像、舒成岩的紫微大帝龛、峰山寺的三官龛、南山的三圣母龛等造像，都是此时期少见的造像题材。

南山龙洞

二、体现诸多道教文化观念

大足道教石刻造像和碑刻题记中，体现出较多的道教文化色彩。

在石刻中出现的铭文，可见造像者对生命的重视。舒成岩第 1 号淑明皇后龛（1153 年）有"寿年长远，福禄

---

[1] 宋·郭若虚《图画见闻志》，湖南美术出版社，2000 年，第 20 页。

[2] 胡文和、刘长久《大足石窟中的宋代道教造像》，《世界宗教研究》1987 年第 3 期。

增添""常愿安乐"的镌记。第 2 号东岳大帝龛（1152 年）有"人身难得"的镌记，表现出了道教以生为乐，不以生为苦的特点，而且本龛造像目的，系"上期皇祚，齐南山久固之年；下冀慈亲，等北海□□之寿"，亦表现出对生命延长的渴望。道教的伦理观念，在铭文中也得到体现，如孝道，亦为道教纲常伦理第一义，大足道教石刻中，造像原因与其父母有关者颇多，如石门山第 2 号玉皇大帝龛，即为杨伯高于绍兴十七年（1147 年）为其父所造；而舒成岩第 2 号东岳大帝龛中"积善福生，积恶祸至"等铭文，则体现出道教的善恶伦理观。大足道教石刻中的这些日常伦理观念的铭文，体现出了道众"先修人道，后修仙道"的做法，无疑，大足遍布乡里的道教石刻，正是其生动而形象的体现。

三、雕刻技艺娴熟精湛

与唐五代时期相比较，宋代大足道教石刻表明了道教雕刻艺术已经臻于成熟，更具有自身的文化特色。

在北宋出现的石篆山太上老君龛中，其自然而质朴的特点，体现出道教中人追求清净无为的观念，表明匠师设计时对道教自身特色的注重。

道教石刻造像也注重细节的刻画，呈现出自身特色，如脸部细节的丹凤眼和美须髯的特征，就是一例。造像中，丹凤眼和美须髯或单独表现，或二者结合。石门山三皇洞内类似造像甚多，如一尊文官像，丹凤眼微闭，颔下一缕短须，下垂于双手所持的朝笏之上，显得成熟而稳重。类似造像，在南山、石篆山、舒成岩等道教石刻中都有所表现。此特征与古代道教和传统文化有着密切的关系，如古代小说和绘画中的关羽形象，就是一例。道教石刻中出现的丹凤眼、美须髯者的形象，是古人对正义、善良等品格的认同，同时也体现出道教人物的仙家之气！[1]

四、注重文化的相容

大足道教石刻体现出的相容性，最为重要的就是佛、道、儒三教融合的特点，其中，道教的参与无疑是重要的推动因素。

五代时雕刻的北山第 253 号观音地藏龛内，就出现有道教特征的神祇造像。其后，北宋嘉祐年间（1056—1063 年），道教的中元地官像出现在大钟寺遗址出土的佛教圆

石门山三皇洞文官头像

---

① 李小强《丹凤眼与美须髯——大足道教石刻艺术札记》，《中国道教》2014 年第 4 期。

雕造像之中。雕凿于北宋元丰五年至绍圣三年间（1082—1096年）的石篆山石刻，其中的太上老君龛，其布局、龛形、造像涉及的人物和工匠等，都与紧邻的文宣王孔子龛、三身佛龛大致相同。不久之后的妙高山三教窟（1144年）中，佛、道、儒三教尊神同处于一窟内。这些特点在其后南宋时期的佛安桥、石壁寺等造像中也得到了体现。

宋代，大足石刻造像还有另外一种融合方式，如石门山，道教的三皇、玉皇大帝、东岳大帝等造像，与佛教的释迦佛、十圣观音等题材，毗邻同一崖面上，可谓是佛、道、儒融合的另一种表现方式。

五、贴近民间信仰

贴近民间信仰是大足石刻的一个重要特色，其在道教石刻中也有所体现。大足道教石刻中出现的信众，大多是乡里中的民众，可知道教已经深入大足民间。另一种深入民间的体现，就是道教石刻造像点的分布，可谓是遍布大足各地，而非仅仅局限于一山之地，也就是表明，道众在选择雕刻的神灵、祈愿场地等方面，都有着自身的想法，在地点上选择就近，愿望上更符合自身利益。到了明清时期，世俗化现象更为普遍，即使在相对狭小区域内的民众，也各自选择就近点雕凿神像，如光明殿、眠牛石两处造像点，相对距离不足1千米，体现出道教文化已渗透到乡村之中。

石门山第2号玉皇大帝龛

作为世俗信仰的神灵，是道教石刻的重要题材，在南宋时期就有所雕凿，如石门山玉皇大帝龛中，站立的千里眼、顺风耳两位神将，以及第7号独脚五通大帝等造像，具有浓厚的世俗色彩。在明清时期，道教世俗信仰更为普遍，可谓是深入乡里，如具有地方世俗特点的川主、土主等造像多次出现。这些实物雕刻的遗存，无疑是了解道教与民间文化互动关系的生动史料。

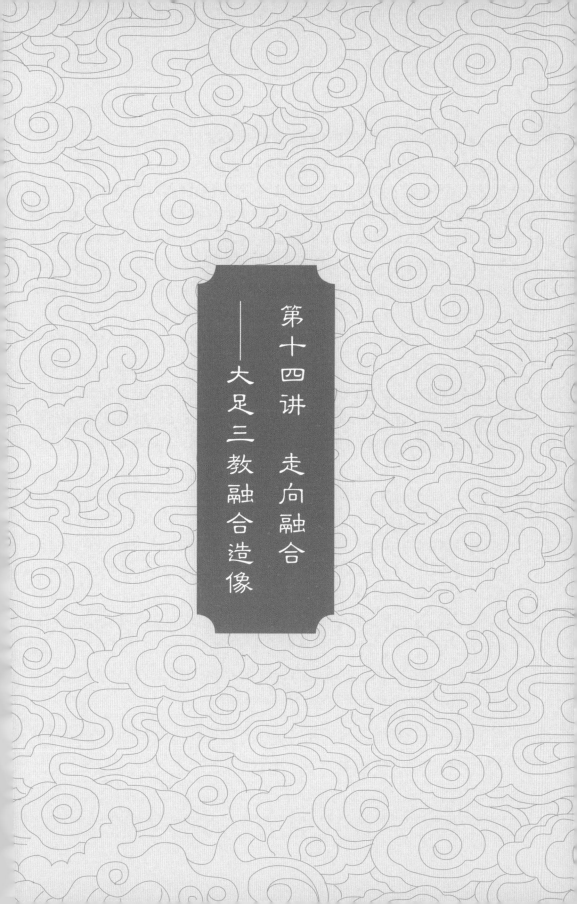

第十四讲　走向融合
——大足三教融合造像

三教融合的背景

佛、道、儒三教，是我国传统思想与文化的重要组成部分。

综观佛、道、儒三教之间的发展历程，大体上分为从相互争论，再走到彼此融合的两个时期：宋代以前以相互争论为主，自汉武帝确立以儒家学说为治国之道后，后世封建社会中历代帝王基本上以此为准绳，尽管历史上存在着如梁武帝佞佛，甚至于在宋代出现有宋真宗、宋徽宗崇道的事件，但其以儒家为主的思想仍未改变。自东汉时，道教的兴起和佛教的传入，为中国思想文化增添了新的血液，促使思想文化发展、变化。不过在这一时期内，三教理论之间相对来说还比较陌生，存在着较大的差异，于是出现了相互之间不断争论，在争论之中又不断融合、相互促进的现象，如佛教对儒家孝道的融合，就是其中最为典型的例子。

在宋以后，元明清三代，是三教在理论上融合的时期。宋代在这中间，是起着承上启下作用的时代。宋代开始，三教之间的联系，逐渐加深，其表现形式却有其自身特色，如吸收佛、道学说的程朱理学，一方面认同借鉴佛、道，另一方面又言其学说来源于自身传统；而佛、道人士，在吸收时，大力倡导与儒家的融合。在这些互相吸收、借鉴的情况下，三教之间得到了极其深入的交流，为三教融合奠定了理论上强大而坚实的基础。而在民众的信仰中，以造像为例子，也体现出这种时代的气息，大足三教合一造像即是如此。

在大足三教合一造像雕凿之前，佛道合于一龛的现象，早在唐代就在巴蜀地区出现，如安岳玄妙观石刻第63、65、67等数龛造像，主像均为天尊和佛像。而在大足一地，也在五代至北宋初期出现有佛道相融的情况。早在五代北山第253号观音地藏龛中，就有道教神仙类造像出现在龛左壁祥云中。在北宋初期的大钟寺遗址中，出土大量佛像，之外还有中元地官像等道教神像的出现，表明当时该处寺院佛道造像兼有。这一现象，体现出佛道融合在大足一地出现较早，为三教合一造像的出现奠定了基础。在北宋后期，石篆山出现有三教造像毗邻的造像龛。到南宋初期的妙高山，三教主尊被刻于同一窟中。其后的石壁寺、佛安桥等石刻中，三教尊神同处一龛，体现出三教融合的观念深入乡里。而宝顶山石刻，则将三教的教理融入造像和铭文之中。明清时期，三教融合造像已经成为石刻点常见的表现形式。

石篆山佛、道、儒三教龛

石篆山的营建者严逊，既是一位佛教信奉者，也是一位佛、道、儒三教皆崇尚者。

石篆山的佛教造像中，可知有炽盛光佛十一活曜龛、文殊普贤龛、地藏王菩萨龛、志公和尚龛等，其中，编号为第7号的毗卢释迦牟尼弥勒佛龛，龛高1.47米、宽6.36米、深1.38米，正面龛壁刻主尊三身佛，皆结跏趺坐于莲台上，台下皆刻有蟠龙。中间佛像为毗卢佛，在其左右，站立有阿难和迦叶。毗卢佛左面为释迦佛，左侧站立一菩萨，双手捧一盘香花作供养状，右侧站立一双手捧钵的比丘。毗卢佛右边为弥勒佛，左边站立一比丘，右边站立一香花菩萨，亦作双手捧一盘香花供养状。在龛左右壁转角处，对称各刻一供养人。左壁转角处为一男像，头戴东坡巾，左手持一长柄香炉在胸前，右手似作拈香供养状。右壁转角处为一女像，头梳高髻，双手笼于胸前。此两身为供养人像，也就是捐资营造石篆山石刻的严逊夫妇像。龛左右壁，各有三身弟子像，手中持念珠、扇、如意、净瓶等器物。龛外门柱侧壁上，各有一身护法神。该龛的造像题记显示，镌刻匠师为文惟简和其子文居政、文居用等，并在北宋元祐三年（1088年）曾修设过水陆斋。

石篆山石刻儒家造像以第6号为代表，该龛高1.94米、宽3.25米、深1.48米，龛正中端坐文宣王孔子，头扎有软巾，额头凸显，双目前视，阔嘴，身着圆领宽袖长袍，胸前有一宽饰带下垂至台座上，双手放于膝上，其中右手持一扇，足着云头靴。在头像左旁镌刻有"至圣文宣王孔子"等字。在孔子左右两侧，各并列站立五位弟子，各像头顶旁皆镌刻有名字，按从内至外，左边依次为：颜回、闵损、冉有、端木、言偃，右边依次为：仲由、冉耕、宰我、冉求、卜商，他们十人即"十哲"。龛外左右门柱上，各雕刻一半身神像，左像双手握一短棍，右像持一棍斜放于右肩处。据龛内的造像记，该龛雕像完成在北宋元祐三年（1088年），雕刻匠师

石篆山三身佛龛

石篆山文宣王龛

为文惟简，当时还修设了水陆法会，而捐资的庄园主严逊还在题记中称"愿世世生生，聪明多智"。

以毗卢释迦牟尼弥勒佛龛为代表的佛教造像、以文宣王龛为代表的儒家造像，加上以太上老君龛为代表的道教造像（详见相关章节），三龛造像时间接近，位置毗邻；龛形上皆为矩形龛，高、宽、进深较为接近；造像的布列上，基本上采取以主尊为中心，两侧分别布列弟子像，之外为护法神。从这些特点可见，营建者在最初设计时，有意识将三龛造像统一设计，体现出对佛、道、儒三教并重的观念。

妙高山三教窟

妙高山石刻第 2 号三教合一造像窟，是一个高 3.14 米、宽 2.80 米、深 3.22 米的洞窟。在窟内的正壁刻主像释迦牟尼，结跏趺坐于莲台上，身着"U"形袈裟，左手抚膝，右手上举胸前（残），座下雕刻有蟠龙和须弥山，左右两侧，分列迦叶和阿难，皆是双手拱揖于胸前。

窟左壁雕刻主像太上老君，头戴莲花形束发冠，双目微睁，颔下有长须，一副充满智慧的老者形象。身着对襟长袍，中有系带，腰间垂长带至足间，左手平摊于胸前，右手上举（残）。左右两侧各有一侍者，左侍者仅雕刻粗坯，可见双手持笏；右侍者基本完工，头戴束发小冠，身着圆袍，服饰仍有雕刻粗坯的痕迹。

右壁主像为孔子，端坐于石台上，背有云形宽屏。头戴冕旒，两侧有香袋护耳，袋下挂有吊饰垂于胸前。身着圆领衣衫，外罩有宽袖大袍，双手持朝笏，中有长带下垂至台阶上。左右两侧，雕刻二侍者，皆头残，着斜领宽袖长袍，双手持笏于胸前。

在洞窟的右壁外上部，有一则镌记，刻"东普攻镌文仲璋、侄文珲、文珠。天元甲子记"。从中可知，这个洞窟造像的工匠为文仲璋和两位侄子。那么，题记中的"天元甲子"是何意思呢？据考证，这个"天元"并非古代帝王的年号，而是宋代的人们，把宋高宗即位后的第一个甲子

妙高山三教窟

妙高山三教窟老君像

妙高山三教窟文宣王像

年称为"天元","是专门为颂扬宋高宗所为的"[①]。由此可知,这窟造像的时间是宋室南渡后第一个甲子年,也即南宋高宗绍兴十四年（1144年）。

此窟造像是我国石窟艺术中三教融合的早期重要作品,相对石篆山佛、道、儒分为三龛的表现方式而言,其融合程度更进一步,体现出佛、道、儒三教在南宋时期的大足一地,已是高度融合。

石壁寺和佛安桥三教龛

石壁寺摩崖造像刻于山顶巨石上,编号3龛。主龛1号为三教龛,高、宽皆3.6米,深0.9米不等。全龛造像分上下二层,上层从左至右主像为玉皇、孔子、释迦佛、老子坐像,头部均有残坏,每尊像左右各立一侍者。下层刻四尊坐像,据考,其身份为柳本尊和道教的天官、地官和水官,其中三官造像中,有二身像现可辨头戴幞头,造像周围有侍者、鬼卒等。该龛的开凿年代,在石壁寺存南宋嘉定三年（1210年）水陆法会的碑文中,可得到印证。知该处造像开凿于此次法会之际,主要为当地民众捐资所营造。

佛安桥三教窟高3.2米、宽3.8米、深4.7米,正壁为毗卢佛和道君、孔子像,左右壁刻尊者像,窟口左右处各刻地藏1尊,之外还有供养人像。该窟造像营建于南宋乾道八年（1172年）,捐资造像有古及之、白大明、杨元佑等,基本上为当地民众。

从上述两处造像可见,三教合一观念在此时期深入民间,成为民众的一种普遍认识。

石壁寺摩崖造像

①《大足石刻"天元甲子"纪年考析》,陈明光《大足石刻考古与研究》,重庆出版社,2001年,第125页。

宋代三教融合的其他形式

宋代佛、道、儒造像融合的情况，还有另外两种表现形式。

一种形式是以石门山石刻为代表。在石门山石刻中，佛教的药师佛、十圣观音、孔雀明王等造像，与道教的玉皇大帝、三皇、东岳大帝等相处在同一地，造像彼此相邻，相互之间未见有改刻或损毁的痕迹，体现出佛、道关系的融洽。

另一种形式是以宝顶山石刻为代表。在宝顶山石刻中，讲述儒家孝道的父母恩重经变和大方便佛报恩经变，被大幅地雕刻在崖面上。道教的观念，也在石刻造像和铭文中有所体现。可以说，儒家和道家的观念被宝顶山营建者有机地融入其间。

佛道造像共处的石门山石刻

宋代三教石刻的信众和匠师

宋代大足石刻造像铭文显示，三教信众和雕刻匠人较多，比较有代表性的如石篆山石刻的营建者严逊等人，还有何正言一家和工匠。

在佛教、道教都崇奉的家庭中，何正言一家颇具有代表性。何正言为南宋绍兴年间人，他和家人先后在南山、北山多宝塔和观音坡捐资造像。

南山三清古洞中心柱雕刻的正面下层的牌位上，刻有"舍地开山造功德何正言同杨氏"，可能南山当时为何正言的地产。在南山三圣母龛，还有专门为何家祈求生育的造像龛，龛正中雕刻"注生后土圣母"，两旁站立有"九天监生大神""九天送生夫人"等，龛的下部，左右分别雕刻二身供养人像，左侧为何正言和何浩父子，右侧为何氏的婆媳像，造像的目的极可能是为何浩祈求子嗣。其中，何浩的镌名中有"乡贡进士"，表明曾受过儒家教育。

多宝塔第二级有两龛观音像为何正言一家捐资营造。一龛为第8号观音龛，雕刻于南宋绍兴十八年（1148年），为"大北街居住佛子何正言"和妻子杨氏捐资。另一龛第9号观音像，刻有何正言继母冯氏四娘子和儿子"乡贡进士"何浩的名字。

南宋绍兴二十四年五月，此时何正言已去世，家人捐资，在北山观音坡为其雕刻了地藏和引路王菩萨，在龛中也有四身供养人像，首先为去世的何正言，其次分别为"同政杨氏""乡贡进士（何）浩""新妇解氏"。

由此来看，何正言一家舍地营造南山三清古洞，为大足道教石窟中神系最为完备的洞窟做出了极大的贡献，之外，还营造了道教生育系统完备的三圣母龛。而在北山一带，他们捐资在北山多宝塔营造佛教的观音菩萨，在何正言去世后，家人为其雕刻了佛教的地藏王和引路王菩萨，体现出何家同时信奉佛教、道教的特点，加之何浩"乡贡进士"的特殊身份，该家庭可谓是民间三教信奉的一个典型实例。

南山三圣母龛

　　宋代大足的工匠，也是三教融合造像的推行者。

　　文氏匠师不但长达近两百年时间在大足一地献艺，而且三教造像兼造。其中，除第一代文昌外，后代大多涉及三教或佛、道二教。第二代的文惟简，在元丰五年至绍圣三年（1082—1096年）间，率晚辈文居政、文居礼、文居用、文居安等，在石篆山营造了三教造像。尽管道教造像的老君龛未见明确提及系文氏匠师所为，但是，从石篆山多处造像为文氏所为，且目前未发现其他匠师署名来看，当为文氏匠师所为无疑。第四代的文仲璋，是妙高山三教合一龛的镌造者。第五代的文玠，既在峰山寺、佛安桥开凿佛教的圣母和水月观音像，又在石佛寺、佛儿岩雕刻道教的老君和天尊像。第六代的文孟周则单独开凿了佛安桥的三教合一龛。由此可见，文氏匠师是大足石刻佛、道、儒三教合一造像重要的推行者。

　　另一雕刻匠师群体"伏"姓家族，也是佛、道兼造。北山石刻是伏姓匠师主要献艺场所，先后有第176号弥勒下生经变窟和第177号泗州大圣窟，署有"本州匠人伏元俊"以及其子伏世能。他们于北宋靖康二年（1127年）雕凿此两窟。多宝塔以及观音坡石刻则有伏小六、伏小八于绍兴年间雕刻的佛像。在距离北山约近10公里的中敖镇，附近有一处纯道教石窟——舒成岩石刻，开凿于南宋绍兴十三年至二十二年间（1143—1152年），雕刻的主要匠师有伏元俊、伏元信、伏麟以及称为"小作"的吴宗明等。

多宝塔第9号龛

　　正是这些身怀绝技的雕刻匠师们，他们以精湛的雕凿技艺，为我们创作了宋代大足石刻众多精品，也为我们展现出了宋代时期三教合一的思想观念在民间深入流布的现象。

宋代三教融合造像与水陆法会

　　对于大足石刻出现三教合一造像，大多数学者都认为出现的主要因素是在宋代为主流的"三教合一"思潮。就大的文化氛围而言，此已渐成共识。但在宋代境内，这么多的石刻造像（或其他佛教艺术种类），为何在大足出现得较早，而且体现得极其丰富？精英人物的思想在民间何以如此广泛而深入的流传，又是通过什么样的方式转化的？个中原因复杂，可以确定的是与佛教中的水陆法会有很大关系。

有关大足宋代的水陆法会资料，大致来说，可分为三个阶段，即早期、中期、晚期。

一、早期相关遗迹

宋以前的水陆法会历史扑朔迷离，相传梁武帝梦中受神僧启示，醒后经宝志禅师的指点，在披阅藏经三年后乃成此仪文；在唐代又有神英禅师得梁武帝仪文。唐代的一些文献表明，水陆法会已经有所流布，相关资料中，最广为学界引用的是张南本于成都宝历寺所绘的相关绘画。据宋初黄休复《益州名画录》记载：

> 僖宗驾回之后，府主陈太师（陈敬瑄）于宝历寺置水陆院，请南本画天神地祇、三官五帝、雷公电母、岳渎神仙、自古帝王，蜀中诸庙一百二十余帧，千怪万异，神鬼龙兽，魍魉魑魅，错杂其间，时称大手笔也。[1]

唐五代时期水陆法会的经典和相关实物资料非常缺乏，从一些研究成果，可初步认为在唐至北宋时期基本上是佛教题材为主。大足北宋的两例水陆法会实物资料证明了在此时期法会题材是以佛教为主。

一在北山第253号观音地藏龛，龛正中立观音、地藏像，左右侧刻十殿阎王等造像，龛外题记言：

> ……陈绍珣与室家黄氏，为淳化五年草乱之时，愿获眷尚平善，常值圣明，妆绘此龛功德罢，咸平四年（1001年）二月八日，修水陆斋，表庆谨记。

这则史料是大足所保存的最早有关水陆法会的资料。虽然有关水陆斋的具体情况仍不详，但是，从妆绘者采取此龛作为水陆法会，或与该龛最初就有水陆法会的活动有关，也因此，在龛中出现有道教神仙一类的造像题材。

另一处在大钟寺，该处为一寺院遗址，所出土的石刻造像基本为佛教造像。其中第20号圆雕罗汉，结跏趺坐于半圆形座上，座正面刻造像记一则：

---

[1] 宋·黄休复《益州名画录》，何韫若、林孔翼注，四川人民出版社，1982年，第33页。

双腊乡弟子陈腊，进士陈珙、陈漳、陈俞，遂启意各舍钱，镌作第六罗汉一尊，乞堂上父欢乐，长小□以嘉祐八年（1063年）十月□日，同修水陆斋表庆□□。

从大钟寺出土纯佛教造像来看，此次水陆斋法事应该与佛教关系紧密。而罗汉与水陆法会的关系，从后来的相关遗迹、今存水陆仪本来看，罗汉是水陆法会中不可缺少的重要题材之一。在大钟寺内，出现有中元地官等道教造像题材，或与寺院内修设水陆法会相关。

二、中期：尊神的和睦相处

北宋后期至南宋初期石刻中的水陆造像，有石篆山石刻、妙高山石刻两处。

石篆山造像有关水陆遗迹的造像记有两则：

元祐戊辰岁孟冬七日，设水陆法会，庆赞讫，发心镌造，供养弟子严逊，愿世世生生，聪明多智，岳阳处士文惟简。（第6号文宣王龛，1088年）

戊辰年十月七日，修水陆斋，庆赞讫。（第7号三身佛龛，1088年）

可见该处部分造像与水陆法会的关系。除了造像记的记载外，其中的一些题材也与水陆法会有极大关系，是考证此处为水陆法会遗迹的重要依据之一，如第2号志公和尚龛（1085年）。尽管志公劝梁武帝撰水陆仪文为传闻，但志公在水陆法会的流布历史上，对于后来的信奉者而言，可谓是极其重要的人物。志磐《佛祖统记》（卷三十三）等佛教文献中相关记载颇多，明清时期的一些水陆画也大多数以"梁武帝问志公"作为开始，[1] 即使在今存《水陆仪规》中，还有"一心奉请……劝发制水陆仪，梁朝志公尊者圣师"。[2] 在石篆山石刻中出现志公和尚造像，联系到前述"水陆斋"的题记，应与水陆法会有极大的关联，也就是说，志公和尚龛是水陆造像中的一个重要题材。除志公龛外，其他的一些龛窟内容也是水陆法会经常出现的，如第5号文殊普贤龛、第9号地藏与十大冥王像龛等。

综观该处造像，基本上不重复，除了庄园主严逊的统一设计外，应与其为修水陆法会有一定程度的关系，可以说石篆山是一处保存较为典型的早期水陆道场遗迹，是了解早期水陆法会历史的重要实物资料。

---

① 如白万荣《青海乐都西来寺水陆画析》（《文物》1993年第10期）文中介绍该寺收藏的二十四幅明代绢质水陆画，第一幅即为"梁武帝问志公和尚图"和"水陆缘起"。

② 宋·志磐重订、清·仪润汇刊、印光法师序《水陆仪轨会本》第1册，香港佛教杂志社印行，1970年，第41页。

中期另一处典型的三教融合造像点是妙高山。此处的水陆遗迹在第 3 号十六罗汉洞内，洞正中刻毗卢舍那佛，正壁左右刻文殊、普贤，在洞左右壁刻有十六罗汉，在右壁一罗汉像顶壁上，刻有苏东坡《水陆法像赞》一则：

妙高山十六罗汉洞右壁造像

> 大不可知，山随线移，小入无间，澡身君持。
>
> 我虽不能，能设此供，知一切人，具此妙用。

苏轼作《水陆法像赞》十六篇，用以悼念亡妻王氏，世称眉山水陆，内容包括"一切常住佛陀耶众"等，罗汉洞所书为"一切常住大阿罗汉众"，与该洞所镌十六罗汉造像相符合。

妙高山石刻区其他造像，还有第 1 号阿弥陀佛、第 4 号西方三圣及十观音像、第 5 号水月观音洞等，这些题材，与水陆法会有极深厚的关系，水陆法会的目的是追荐亡魂，使其能免遭地狱之苦，从而进入西方极乐世界。综观此处的一些造像，应当是一处与水陆法会有密切关联的造像区。

此时期的三教关系，从造像来看，主要是三教的最高尊神"和睦相处"。大足所保存的这两处三教合一造像，其都与佛教水陆法会有关，从中可见，道教、儒教（家）向佛教仪式的渗透已经产生明显的质变，并出现定型化的三教合一造像，当然，这与宋代大多数人士的三教合一主流观是分不开的。

三、晚期：三教神灵的融合

大足石刻水陆法会在宋代晚期以石壁寺为主。

据该处的《众户竖立……石谒水陆三碑》，第 1 龛系南宋嘉定三年（1210 年），石壁乡一带的部分民众为使亡魂早生净域，开建水陆道场所为。

在这次法事活动中，大量的道教神灵参与其中，如"玉帝、三元、东岳帝君、三曹真宰"等；

道教的一些仪式也有，如"天曹门下投向地、水二司，解释元由，乞垂判赦"，乃道教投龙仪式的演变；道教的一些观念也渗入其中，如"天地节而四时□，阴阳合而万物□"，可见道教文化已经与佛教水陆法会融合得极其融洽。儒家的观念当然也不例外，如"皇基巩固，帝道遐长"。在碑文中所叙述的一些神灵，在造像中也有一定的体现，如1号龛上层的三教主尊和玉皇大帝，以及下层的柳本尊和三官造像等。

因为此处的信众为南宋时期的一般民众，可见三教融合的观念已被他们所认同、接受。石壁寺南宋嘉定三年碑和造像，说明了在此时期水陆法会已经与道教、儒教（家）融为一体，基本上奠定了今日水陆法会中所出现的三教神灵大量出现的局面。[①]

从上述资料来看，宋代大足石刻的三教融合题材，与水陆法会有着极大的关联，可以说，水陆法会对于促进大足三教融合起到了极其重要的作用。

光明殿与双山寺：明清三教融合的代表

明清时期，三教融合造像已经成为大足民间石刻造像的常态，其中，从光明殿、双山寺石刻即可管窥。

光明殿三教神龛

① 对大足石壁寺水陆法会的研究，可参：李小强《大足石壁寺石窟初探》，《石窟寺研究》第 3 辑，文物出版社，2012 年。

光明殿石刻位于高坪镇冒咕村，造像题材有三教神龛，玉皇、川主等。造像未有纪年镌记，一般认为是明代开始雕凿的造像。该处造像，尤以三教神像龛最为世人称道，可谓是大足明代石刻的代表作之一。

第3号三教神龛，刻五身神像并排于一龛，从左至右分别为：第一身观音，头戴冠，结跏趺坐于莲台上，莲台下为一独角兽。第二身孔子，头戴冠，满腮长髯，左手放于膝上，右手握书简。第三像居于龛正中，为释迦佛，结跏趺坐于莲台上，双手于胸前结印，手内有宝珠。第四像太上老君，头戴冠，额有皱纹，颧骨凸出，长须飘拂，双手于胸前斜持一宝扇，扇面上有太极图，腹部前有魁星，腰间有饰带下垂于双足之间。第五像牛王菩萨，刻一菩萨坐于牛背上。整龛造像题材组合极为稀见，融佛、道、儒三教主尊和民俗信仰于一体，是三教融合在明清时期的生动体现。

双山寺石刻位于国梁镇双山村，通编为8号，时代基本上为清代。三教龛雕刻三教尊神，中为佛像，结跏趺坐于石台上；左为孔子，双目深陷，阔嘴长髯；右为太上老君，头戴冠，双目深陷，阔嘴，白髯，左手下放，右手略上举作握拳状。三像身后、左右及下方的石台皆刻崎岖不平的山石。

双山寺三教龛

第十五讲　庄严佛坛

——石刻中的器物造像

在大足石刻 5 万余尊造像中，雕凿有大量的器物造像，涉及面广，除常见的日常生活使用的器具之外，还有乐器、法器、兵器等等。这些器具的造像，主要集中于晚唐至两宋之间，不但对于考证石窟造像的年代有较大作用，还对于这一时期名物研究具有重要的参考价值。今择五例，以窥其斑。

长柄香炉

长柄香炉，也称长柄手炉、香斗等，是香炉的一种。此种香炉，前为一熏香的炉身，连接用于手持的长柄。完整的一套长柄香炉由炉身、炉柄、顶盖以及装香的香盒组成，炉身常有雕刻。长柄香炉在西魏时期的敦煌莫高窟第 285 窟中就有所表现，唐宋时期颇为流行，中国此时期的各种壁画、雕塑以及实物遗存，都可以见到相关的实例，一直到元代的敦煌壁画中都还可见，明清时期较少见。[①]

作为佛教供养器具"三具足"（烛台、花瓶）之一的香炉，在大足石刻唐宋时期的造像中，出现较多，其职能主要也是供养（包括长柄香炉）。随着佛教艺术的世俗化演变，其职能也不断增加，下面以宝顶山石刻遗存的长柄香炉为例略作管窥。在南宋中后期开凿的宝顶山石刻中，长柄香炉得到了生动、全面的展现，仅在大佛湾中，就至少保留有 6 件长柄香炉，据出现的场景，其职能大致有三种：

第一种是作为供养的器具。最为生动的例子，在父母恩重经变相开篇"投佛祈求嗣息"图：一对夫妻相对站立，丈夫紧紧握住长柄香炉，妻子一手捧香盒，一手正在为香炉添香，在夫妻像的上方为佛像，下方刻"父母同香火，求生孝顺儿"等颂词。此幅造像，生动地展现出古人使用长柄香炉供养佛像以祈求子女的场景。

在柳本尊行化图中，有一位男弟子，左手捧长柄香炉置于胸前，该香炉保存基本完整，展示较为全面。在"卧佛"上方，有一身天女亦手持长柄香炉。从人物身份、出现场景

宝顶山第 21 号持长柄香炉弟子

---

① 李力《从考古发现看莫高窟唐代壁画中的香炉》，《1990 年敦煌国际学术研讨会文集·石窟考古编》，辽宁美术出版社，1995 年。

来看，他们手持的长柄香炉是以供养为主。

第二种是作为引导的器具。大方便佛报恩经变相中的"大孝释迦佛亲担父王棺"图，讲述了释迦佛父亲净饭王去世后，释迦佛亲担父王棺的故事，在抬棺场景前，释迦佛的堂弟难陀手持长柄香炉。

难陀手持长柄香炉的图像来源，或与唐宋时期引路王菩萨有关，该菩萨是引导亡者往生净土的菩萨，在敦煌等地遗存的《引路菩萨》图中，一个重要的特点就是手持长柄香炉，所以有学者称，手持长柄香炉是引路王菩萨的重要标志物之一。[①] 选择香炉的原因，或系利用香炉散发的香气，使亡魂不至于迷失方向，在敦煌遗画中一些引路菩萨，香炉一直弥散着香烟。由此来看，"大孝释迦佛亲担父王棺"图中手持长柄香炉的雕像，其图像与中国的丧葬习俗有关。

第三种是作为佛教的一种法器。主要表现在第8号千手观音龛，观音手中大多持有法器，其中，在主尊像上方"化佛手"两侧各有一件长柄香炉，呈对称状分列，它们的长度、形制基本相同，惜风化较为严重。

唐代千手观音的多部经典中，记载其手持多种法器，未见有香炉（包括长柄香炉）。[②] 在宝顶千手观音像中出现有持香炉的手，可能是因经典未详细记载有千手分别所持的器物，因而给营造者提供了设计的空间，他们参照当时流行的器物作为法器，而长柄香炉在唐宋时期大足石刻中，是较为流行的题材（宝顶山其他造像出现长柄香炉即可证明），所以将其作为千手观音所持法器之一。

宝顶山石刻长柄香炉图像保存较为丰富、展示较为全面，是南宋时期长柄香炉在民众中流传的真实反映。

拍板

拍板作为一种普通的乐器，其音品特点如同"静夜之鞭鸣"[③]，在大足石刻的崖壁上，处处可见，又时时可听。

---

① 李欣苗《毗卢寺帛画引路菩萨与水陆画的关系》，《美术观察》2005年第6期。

② 如唐代不空译《千手千眼观世音菩萨大悲心陀罗尼》（《大正藏》第20册，第115—119页）经中，记载千手千眼观音四十一只正大手，未有持长柄香炉的手。在彭金章《千眼照见　千手护持——敦煌密教经变研究之三》（《敦煌研究》1996年第1期）文中，叙述的相关经典和敦煌壁画实物，未有持香炉的手记载。

③ 牛龙菲《敦煌壁画乐史资料总录与研究》，敦煌文艺出版社，1996年，第520页。

晚唐时期，拍板就出现在石刻造像中，北山第245号表现西方净土世界的造像里，顶部的两朵祥云中雕刻着丰富的乐器，其中皆有拍板，不过，这些乐器都没有演奏者。之外，有一身半人半鸟形象的迦陵频伽，飞翔在殿堂之上，双手似乎按住拍板的下部，迎风而奏。五代时期，第279号东方药师净土变相顶部的天乐中，也刻有拍板。

宋代时期，拍板大量出现在石刻造像甚至于墓葬雕刻之中。

妙高山西方三圣与十观音龛中，顶部两朵祥云中的乐器，就包括一对仍无人演奏、系着飘带的拍板。更多拍板则是伴随演奏者形象出现，如北山第176号主尊座下的乐伎中，有一头梳高髻的女性形象，盘腿坐于莲台上，双手在胸前捧着张开的拍板。

而宝顶山石刻遗存的几例，则颇具有特色，拍板除作为法器见于千手观音造像之中外，主要是作为演奏的乐器，见于小佛湾千佛壁、大佛湾大方便佛报恩经变等造像中。

小佛湾千佛壁，一佛像坐于圆形的龛中，双手自然地放在身体右侧，左手大拇指按住拍板板面，其他四指在拍板下部似乎托住拍板。将其与成都五代时期的王建墓内，一演奏拍板的雕像对比，除了服饰和人物形象不同之外，在演奏的姿势、拍板的样式等方面基本相同。

大佛湾大方便佛报恩经变中的"六师外道谤佛不孝"图，叙述六位"外道"（佛教之外的六种教派）人物在讥笑佛教不讲孝道，其中有一身像双手持一拍板，他神情专注，微张的拍板

宝顶山小佛湾持拍板佛像

宝顶山大方便佛报恩经变持拍板外道

在头右侧击打，双膝微屈，似乎正在打着节拍，演奏的神态与微张的拍板相得益彰，生动地展现出外道得意忘形之状！

大足地区宋代石刻艺术流行，也体现于宋代墓葬雕刻中。2001 年，在大足龙水镇明光村磨儿坡一带，发现三座大约是绍兴三十年（1160 年）左右的宋代墓葬。其中一墓葬的右侧壁，雕有牌楼，楼上五身造像，分别演奏着不同的乐器。其中第二像双手握拍板，演奏者双手正微微张开拍板，准备拍打节奏。在他们的正对面，则是观众，正在如痴如醉欣赏着美妙的乐队演奏。这一组雕像，极大可能反映出亡者生前的喜好，同时，在这个简单的乐队中，拍板成为其中必不可少的乐器。

拍板在宋代是演奏常用的乐器，有一则广为熟知的文坛佳话或可说明。一次，大文豪苏东坡问旁人，他作的词与柳永相比如何？答者说：柳永的词"只好十七八女孩儿，按执红牙拍，歌'杨柳岸晓风残月'"，而苏东坡的词，"须关西大汉，执铁绰板，唱'大江东去'"，东坡"为之绝倒"。据说，其中的"红牙拍""铁绰板"皆为拍板，只是材质分别为木料和铁，而且之后还有以"红牙"来指代拍板的，如元代卢挚友有"歌轻敲夜月红牙"句（《沉醉东风》）。此则佳话，后世常用来叙说宋词两大流派——豪放派、婉约派的风格，同时，可见拍板在当时颇为常见。

值得一提的是，古代拍板用木从 2 片至 9 片，甚至于十几片不等。大足境内的石质文物遗存中，拍板基本上为 6 片，这与唐宋时期拍板情况相同，如五代的成都王建墓、陕西冯晖墓[①]、金代山西平阳砖雕墓等出土的乐伎雕刻，其所持拍板数目与之基本相同。

在大足石刻这些拍板的演奏者中，除了女性演奏者外，还有遨游于佛国的神鸟，也有普通的世俗乐队；不仅有端庄严肃的佛像，更有喜形于色的"外道"，这些造像的身份差异较大。可见，拍板在当时是一件极其普通、为人熟知的乐器。同时，石刻的拍板相对绘画而言更富有直观性，尤其是宝顶六师外道中的拍板，几乎近于圆雕，给人以实物之感，其价值不亚于出土的实物。

佛经装帧样式

佛经的装帧样式极为丰富，几乎包含了中国古代书籍各种装帧样式。据统计，有卷轴装、梵夹装、经折装、缝缋装、旋风装、方册装等多种形式。[②]

宝顶山父母恩重经变"临产受苦恩"男像

古代印度最初使用的是贝叶，在其上书写佛经和画佛像。在宝顶山石刻中保存较多的贝叶经佛经样式，如大佛湾父母恩重经变图上层中的七佛之一、毗卢道场外左壁的一身佛像手中的贝叶经，以及佛祖岩石刻中的文殊右手所捧的贝叶经等。

中国造纸术发明后，卷轴装逐渐成为书籍装帧的主要样式。在 12 世纪左右开凿的宝顶山石刻中，如小佛湾就有摊开卷轴装佛经的佛像。不过，卷轴装的式样主要盛行在公元 3 世纪到 10 世纪，10 世纪后极为少见。因此，包括上述主要盛行于古印度的贝叶经和卷轴装式样的佛经，在石刻造像中出现很可能是用于装饰。

那么，在宋代时期，大足一地佛教雕刻众多，寺院林立，僧人辈出，其日常诵念的佛经装帧样式为何？从大足石刻此时期经折装出现较多来看，大足一地盛行

① 咸阳市文物考古所编著《五代冯晖墓》，重庆出版社，2001 年，第 13 页。书中载一男像"双手执六片组拍板，正在演奏"。

② 李际宁《佛经版本》，江苏古籍出版社，2002 年，第 34 页。

的佛经装帧样式，极可能为经折装。

经折装大约是唐代时期，佛教徒为了念诵经文方便，将佛经用折叠的形式来加以装帧，其做法是将连接成长条的经卷按照一定规格前后折叠，并用较厚硬的布帛或色纸为书衣。宋代及以后的佛教、道教经典，大多沿用此种形式。

大足石刻中，手持经折装的造像，在宝顶山石刻营造之前就有出现。

具有代表性的如石门山石刻第 6 号十圣观音洞（1136—1141 年），左右两壁站立十身观音，其中左壁一身观音，据造像铭文，系岑忠用一家"镌此观音菩萨一尊"，该像左手捧一长方形物体，其中部有系带捆扎，右手拎系带。该像一般通称为"宝经手观音"。另外，营造于北宋靖康元年（1126 年）的北山第 155 号孔雀明王像，手中亦持有此器物。可见，在宝顶山之前的大足石刻中，就较多出现有表现经折装佛经的雕刻。

宝顶山出现的经折装图像也较多。大佛湾第 20 号地狱变相下层地狱中的鬌发人像，左手于胸前持一经折装式佛经，右手上举似作说法印，身后雕刻三级方塔，塔上雕刻有《华鲜经》等经文和"不信佛言，且奈心苦"等偈语，塔右方下壁刻《护口经》，因此，将此像识为在地狱图中说法的"祖师说法图"，由此亦更可肯定其手持的

石门山十圣观音洞宝经手观音

器物为佛经。类似经折装式样的图像，在宝顶山保存较多，如在小佛湾千佛壁中，有多身佛像所持的也为经折装佛经，表现形式上有未展开和展开的。值得一提的是，父母恩重经变的"临产受苦恩"男像，其正对即将生育的中年妇女，手持一器物，或识为令牌，或识为佛经，从前述大足石刻多例类似图像来看，其手持的应该是经折装佛经。其意义为当产妇临产痛苦之际，丈夫焦急心切，拿起一册佛经还来不及打开，右手指着妻子的腹部，希冀得到佛经（或佛教神灵）的佑助，从而使得妻子顺产，母子平安。

幡

幡是一种表示佛陀威德的庄严器具，还有祈福等作用。在大足石刻中，佛教、道教造像中皆出现有大量使用幡的铭文和图像。

在佛教造像中，可见佛、菩萨手中持有幡，也可见飞天、供养人持幡，幡成为石刻造像的一个重要器物。

铭文中记录了当时修斋时使用幡的资料，如北山五代开凿的第279号药师佛龛，在五代广政十八年（955年）雕刻完毕后，至迟在宋咸平四年（1001年）的四月十八日，在此举行了"修挂幡斋表白"等仪式，即在此举行了佛教仪式，仪式中还悬挂有幡。又，北山第136号转轮经藏窟内，时为知昌州军州事的张莘民，于南宋绍兴十二年（1142年），在此发心镌造观音菩萨一尊，雕刻和彩画完工后，还修设圆通妙斋，并施献寿幡，希冀"国祚兴隆、阖门清吉"。铭文明确提及幡的作用与祈求长寿有关。

大足石刻造像中保存有大量幡的图像。

佛持幡的造像，可见于北山第172号地藏观音龛中，右侧的一身佛像手中所持的为幡。菩萨造像中与幡有关的造像，如雕刻于南宋绍兴二十三年（公元1153年）的北山多宝塔第60号左壁的菩萨造像，在菩萨身后站立一位童子，头扎总角，双手执一幡。据铭文可知此身菩萨为龙树菩萨。其后，经调查在多宝塔外部的造像中，也有类似龙树菩萨的造像（编号第91、99号），其身后都有侍女（或童子）持幡。从这两龛造像来看，与塔内第60号龙树菩萨像基本相似，

北山第172号持幡佛像

主尊为僧人形，坐式，有龙、树、幡的组合，加上年代相同，初步可判断为龙树菩萨造像。之外，有飞天持幡者，如五代时期的第53号阿弥陀佛龛中，背光上部左右各有一朵祥云，云中各有一身飞天，其中，右侧的飞天，右腿跪于祥云之上，左腿弯曲踏祥云，双手于身前持幡。

幡在这些造像中，其作用也并非一致，如飞天持幡极大可能是装饰作用。在此，叙说两种职能。一种是庄严佛国，如北山宋代的七佛龛（第107号），造像分为三层，上层为七佛像，中层为十大菩萨，下层正壁中间为一供桌，桌两侧各站立一像，左像前有一座三级宝塔，右像前有一架，内插有一长幡，幡绕幡竿后向后飘扬。在此，幡装饰着佛教道场的庄严。

宝顶山观无量寿佛经变持幡菩萨

另外一种是与净土信仰有关。如在宝顶山大佛湾观无量寿佛经变中，"下品中生"中的大势至菩萨，左手向前似作接引状，右手于身侧持一长竿，竿上挂一长幡，幡上刻"随愿往生"。佛经也有宣说造幡能往生净土，如《灌顶经》卷十一记载："世尊若四辈男女，若临终时若已过命，是其亡日我今亦劝，造作黄幡悬着刹上，使获福德离八难苦，得生十方诸佛净土。"①因此，此菩萨手中持幡或与佛经宣说幡能往生净土有关。另外一个值得注意的现象，就是大足石刻保存的两尊南宋时期的引路王菩萨，其职能是引导亡者往生净土，菩萨手中所持的也是幡，此幡的功能也极大可能与净土信仰有关。

道教造像中，也有持幡的图像。如在南山三清古洞中心柱外有一组图，雕刻一天尊率众在云中飞行之状，其中随从者有持幡、旄、幢等仪仗。事实上，道经中记载的幡种类多样，而且道教的醮坛仪式中，幡也是其中常用的，不同的科仪要设置不同的灵幡。

扇

扇是生活中常用的器物，最初作为礼仪用具，是地位和权利的象征，其后转变为纳凉、欣赏的用具。历史上，扇有麈尾、便面、纨扇、折扇等种类。大足石刻中，佛、道造像中皆雕刻有扇，持扇者不仅有佛像、道教的老君，也有菩萨、明王、护法神，还有诸多的侍者等。

佛教造像中，手持宝扇的观音，被称为"宝扇手观音"，石门山第 6 号窟十圣观音像中，雕刻于南宋绍兴十一年（1141 年）的一身观音，左手持一纨扇于胸前，柄略长，扇面为椭圆形，顶有羽饰，扇面较小，具有较强的装饰意味，衬托出观音典雅、高贵的气质。北山石刻中，孔雀明王窟、五百罗汉窟中的明王、罗汉手中皆持有扇；北山第 240 号雕刻观音两尊，下侧站立三身供养人像，最后一身手中持一长柄的团扇。石篆山诃利帝母龛，在端庄的帝母像右侧，站立一女侍者，手持一圆扇轻放胸前，扇柄下端系有长长的丝带。

宝顶山石刻中，遗存有扇多件。其中小佛湾千佛像中，有多身佛像手中持有扇。不过，多作为法器出现，雕刻式样较为一致。大佛湾第 2 号护法神龛，负责守护道场，其中第八身护法神，右手举一把方扇于头顶，似正使用此法器威吓擅闯道场者。千手观音诸多法器中，也有类似方扇出现。佛教中狰狞恐怖的明王手中所持的法器，也多为扇。大佛湾第 22 号十大明王造像中，部分造像未雕刻完毕，从左至右第八身明王，三头六臂，其中右边最上一只手中持的即为

---

① 《灌顶经》卷 11，《大正藏》第 21 册，第 530 页。

石门山十圣观音洞宝扇手观音　　　　　　　　　　石篆山圣母龛持扇侍女

扇，不过，扇仍为粗坯。小佛湾毗卢庵洞内，有两身明王造像手中，都持有方扇，作为法器使用。明王所持方扇与护法神手中所持方扇，图像表现上较为相似。

　　道教造像中的扇，主要表现为老君的法器和仪仗性质的器物。道教尊神太上老君，手中基本上持的是宝扇，在北宋时期的石篆山老君龛，南宋南山三清古洞、舒成岩三清龛，以及明代光明殿石刻中，皆表现为此。另一种是长柄的宝扇，如舒成岩玉皇大帝龛中，玉帝两侧各有一侍女，手持长柄宝扇，扇面为椭圆形，扇内各有两朵祥云，云上托一圆轮，左侧扇内一云中有日字，右侧扇内一云中有一月字。类似表现，在南山三清古洞中心柱正面上层龛两侧帝王像，左右皆有一持长柄团扇的男侍者。

柳本尊"耳臂宝传"

　　大足宝顶山大佛湾第 21 号柳本尊行化道场图，全像宽达 24.8 米。全图主尊为柳本尊，居于全龛的中心，结跏趺坐在莲台之上，坐身高5.2米，下腭有三绺长须，眇右目，缺左耳，断左臂，左袖软搭于膝上，右手举于胸前作说法状。龛内造像分上、中、下三排布置，上排刻五佛四菩萨，中排刻柳本尊十炼图，下排刻弟子信众像。在其下方，还有十大明王等造像。

在柳本尊行化道场图中，于柳本尊像两侧，站立两位中年女侍者，皆头戴风帽，双手在胸前捧一长方形托盘，左侧女侍者盘内盛一只手，右侧女侍者盘内盛一只耳朵和一函经卷。手臂当为本尊"十炼"中"舍臂"一炼中所舍之手臂，耳朵为"割耳"一炼中割下的耳朵，经卷则为讲述柳本尊事迹的"宝传"。

柳本尊行化道场图中，"割耳""舍臂"的图像和铭文如下：

"割耳"图刻本尊盘膝端坐，左手执左耳，右手持戒刀置左耳边。其旁铭文刻"第五割耳。本尊贤圣令徒弟住弥牟，躬往金堂金水行化救病，经历诸处，亲往戒敕，诸民钦仰，皆归正教。于天福四年二月十五日午时割耳供养诸佛，感浮丘大圣顶上现身，以为证明"。

"舍臂"图刻本尊裸左臂盘膝端坐，右手执刀贴左臂。其旁铭文刻"第八舍臂。本尊教主于天福五年在成都玉津坊道场内截下一只左臂，经四十八刀方断，刀刀发愿誓救众生，以应阿弥陀佛四十八愿，顶上百千天乐，不鼓自鸣。本界厢吏谢洪具表奏闻，蜀王叹异，遣使褒奖"。

宝顶山柳本尊行化道场柳本尊和两侧侍者像

南宋绍兴十年，弥牟院主持为女尼仁辩，是年，僧祖觉所撰写的《唐柳本尊传》，由前主管台州崇道观赐绯鱼袋王直清立石，置于院中柳本尊墓左。此时，柳本尊自残苦行遗留下的"耳臂"以及本尊事迹的"宝传"，仍存于寺院中。其后，大足人赵智凤来此求法，极可能见到有关柳本尊的这些遗物，或者相关的图像，因此，才有可能在大足宝顶山所刻的柳本尊行化道场图造像中出现柳本尊"耳臂"以及"宝传"。

受柳本尊、赵智凤传法的影响，在宝顶山周边，也有柳本尊造像，其中，亦不乏柳本尊"耳臂"和"宝传"的造像。大足普圣庙石刻中，有一龛柳本尊像，本尊像两侧，也分别站立一身女侍者像，双手也托有长方形托盘，左侧盘中为手臂和卷轴装书籍（宝传），右侧盘中为宝盒和一只耳朵。之外，在四川省安岳石羊毗卢洞石刻有一龛柳本尊行化图，亦有二女侍者，手中所捧盘内有"耳臂"和"宝传"的造像。可见，在宋代时期，"耳臂"以及本尊事迹的"宝传"是表现柳本尊事迹较为固定的图像。

在此，也谈一下柳本尊两侧捧盘的女侍者身份，据"十炼"图"炼阴"记载，柳本尊曾将"得病身死三日"的丘绍救活，为答谢柳本尊，丘绍夫妇便使其两位女儿"俱来侍奉，以报恩德"，并且"不离左右"。从柳本尊事迹记载和图像上来看，应为丘氏二女。

普圣庙柳本尊和侍者像

柳本尊是一位历史上湮没多年的密教修行者，其事迹对今大足、安岳一地造像影响较大，相关的造像也主要局限在此地带，因此，柳本尊"耳臂宝传"作为一种特殊的器物，具有极大的地域特色。

第十六讲　大孝不移
——石刻中的孝道文化

在中国传统文化中，以孝敬父母为核心的孝道文化可谓是影响深远，孝是中华民族的传统美德。中国人把孝视为人立身之本、家庭和睦之本、国家安康之本，同时也是人类延续之本。以佛教、道教为主的大足石刻中，处处可见孝道文化的踪迹，甚至把作为民众言行准绳的《孝经》立在佛教造像之旁；把父母一生养育子女的经历，作为修行佛教的一个重要标准加以彰显。坚硬的岩石上，渗透着古人的孝道观念。

造像题记中的孝文化痕迹

大足佛教、道教的石刻造像中，留下大量古人孝道行为的图和文，这些遗迹，在宝顶山营建之前就较多地出现在大足境内的造像中。

佛教造像中，大多龛像系为父母等长辈升入净土世界而营造。如北山第 260 号佛顶尊胜陀罗尼经幢，系为"亡母王氏造真言，以愿永升净（土）"。佛儿岩石刻第 4 号龛，佛弟子斯远的儿子，于南宋绍兴十五年（1145 年）发心镌造无量寿佛，祈乞祖父父母及亡婆古氏七四娘早生天界。北山观音坡第 1 号地藏和引路王，系何浩和新妇解氏为其亡父何正言镌造。多宝塔内铭文记载，当时负责的"砌塔道人"邢信道，在多龛造像的铭文中提及为其母王氏超生佛地而造，类似的文字见于塔上第 3、5、6、11、13、14、16、17、19、22、24、26、32、34、35 号等造像龛之中，可见邢信道是一位对其母亲极为孝敬的人。之外，多宝塔第 60 号地藏菩萨，为昝彦一家捐造，"祈乞先亡眷属，速登天界"。

也有为健在的父母祈求健康的。如大钟寺北宋嘉祐八年（1063 年）陈炳等造罗汉像六尊，"乞保堂上父安乐"。昌州录事参军兼司户司法赵彭年捐资造北山第 136 号文殊普贤像，说"上祝皇帝圣寿无疆，皇封永固，夷夏乂安，人民快乐，次乞母亲康宁，眷属吉庆"等；而同一窟内的数珠手观音，则为在城奉佛弟子王升和妻子何氏为他们"在堂"（即父母健在）的父母王山和周氏"谨舍净财镌妆"。多宝塔第 57 号无量寿佛龛，为文陟夫妇"为母唐氏耳目不安，布

石门山杨文忻真容像

施铃铎一级"。多宝塔第60号中的龙树菩萨铭文中，记载大足玉溪井铁匠刘杰一家为修塔捐助铁索三十斤，之外还提及"见存为母眼目光明，福寿双庆"。道教造像也有类似现象。如佛儿岩石刻第4号道教三清四御造像旁的牌位上，刻有奉道弟子赵宁和妻子的镌造意愿，其中提及见存母亲牟氏十六娘，当为祈福。

三教合一或佛、道兼有的造像龛或造像点中，也有孝文化的体现，如南宋乾道八年（1172年）营造的佛安桥第12号"三教窟"，内有古瞧之造尊者"祝父永士福报"。杨元佑夫妇造尊者"祈过去父杨忠友，母王氏五娘生天见存"。石门山，先是北宋绍圣元年（1094年）杨才友与其妻冯氏以及长男杨文忻等造山王龛，希冀"先亡离苦"等；其后绍兴十七年（1147年），杨才友的孙子杨伯高，为他的父亲杨文忻镌造玉皇大帝龛，并将其父亲的"真容像"雕刻于其中，今仍清晰可见。

这些造像中，有两点值得注意。一是在分布区域上，可谓是遍布大足乡里，如佛儿岩、佛安桥等石窟大多分布在大足境内乡村一带，可见孝道成为民众日常遵守的伦理规则。二是在人物的身份上，上至当时昌州官吏，下至一般世俗百姓，都有为父母祈愿的造像，此可见孝道已经成为世人造像的一个重要动机。由此可以看出，在宋代时期，大足境内的孝文化盛行。

宝顶山孝道造像和铭文

在大足石刻众多造像中，宝顶山石刻以其生动而丰富的造像、众多的铭文，深刻地诠释了孝道的重要性，在石窟艺术的长河中，将孝道文化推向了一个极致。

宝顶山石刻造像和铭文中，有多龛体现出孝道思想，其中，最能体现的当数父母恩重经变相、大方便佛报恩经变相和云雷音图这一组造像。第15号父母恩重经变相（详见后文），将父母含辛茹苦养育子女的一生的历程雕凿在崖壁之上，令无数游子感慨至深。铭文中明言"三千条律令，不孝罪为先"，可见孝在营建者看来是极其重要的标准。特别是该龛造像位于讲述佛法要旨的毗卢道场旁，具有孝是修行者第一要义的意味。第17号大方便佛报恩经变相（参见"崖间故事"一章），分三层造像，讲述了佛今生、前世因地修行、行孝报恩等内容。

这两龛造像旨在告诉世人应该行孝道，居于二者其间的"雷音图"，则是旨在告诫世人不孝之人当受到惩罚。雷音图，雕刻在高7米、宽6.8米的嶙峋不平的岩石之上，主要刻有风、雷、电、云、雨诸神以及一位天神等造像，他们并列而立。如雷神为兽首人身，手持巨锤，正旋转猛击周边的七面连珠鼓；又如电母为妇人貌，表情威严，直立于云端，手持二宝镜，有电光从宝镜中央发出。这些造像的下方刻有二人，以示正在惩罚忤逆不孝之子。一人仰天而躺，一人匍匐而卧，皆被熊熊火焰所围，面露恐怖痛苦之色。龛内有4则铭文：其一为刻在天神手中的"圣谕"，有"敕烧煞五逆者"；其二为《古圣雷音霹雳诗》；其三为一偈句，刻"雷音一震惊天地，万物生芽别是春"；其四亦为一偈句，刻"湛湛青天不可欺，未曾举动已先知。善恶到头终有报，只争来早与来迟"。雕刻此龛的目的，从其毗邻左右的"父母恩重经变相"和"大方便佛报恩经变相"皆是提倡孝道的作品来看，主要是为了惩戒那些不守孝道的世人，这从龛中造像题材的表现也可见一斑。

宝顶山其他一些造像中，亦不乏重视孝道的铭文。在第18号观无量寿佛经变相中，刻"一切凡夫，欲修净业者，得生西方极乐国土，欲生彼国者，当修三福，一者孝养父母，奉侍师长，慈心不杀，修十善业"，由此可见，世人修行佛法欲入净土世界者，首先就需要恪守孝道。小佛湾第5号毗卢庵，在洞门框左右门枋条石上刻有"佛报恩重经，大孝释迦佛"。佛祖岩文殊像左壁，刻"家家孝养二亲，处处皈依三宝"。之外，小佛湾经目塔刻"普为四恩，看转大藏"，所谓"四恩"，即"父母恩、众生恩、国王恩、三宝恩"。

宝顶山雷音图

从宝顶山石刻这些造像和铭文可见，孝道在石窟中占有举足轻重的地位，既多处出现体现孝道的造像和铭文，还把孝道作为修行的第一义。

宝顶山石刻对孝道的注重，有其内、外在的因素。外在因素中，除与佛教在宋代时期对儒家文化的融合有关之外，还与大足一地对孝文化的提倡盛行有关，这一点从前述大足石刻造像记中不难看出。

内在因素，即与营建者赵智凤自身重视孝道有密切关系。对于此点，宋代时期的史料中，以知昌州军州事宇文屺所题写的诗碑最为重要，该诗碑刻"劚云技巧欢群目，含贝周遭见化城。大孝不移神所与，笙钟鳞甲四时鸣"。其后有跋语"宝顶赵智宗，刻石追孝，心可取焉。以成绝句，立诸山阿。笙钟鳞甲事，见坡诗，谓为神功阿护之意也"。从这件碑刻记载来看，营建者赵智凤在当时就有"大孝不移"的赞许，且营造宝顶山的一个目的与其"追孝"有关，由此可见赵智凤在当时就以孝道闻于世人，连当时的昌州知州都在其题诗中加以赞誉。

赵智凤缘何对孝道如此注重，在营建时期的碑刻中未见有资料说明，而在后世的碑刻中，记载较为详细。其中，尤以明代弘治十七年（1504 年）曹琼撰《恩荣圣寿寺记》碑刻记载较详，碑文说赵智凤"托生于本邑米粮里赵延富之家，奉母最孝。母尝抱疾，乃礼求于其师，将委身以救之，母疾以愈。他凡可以济人利物者，靡所不至"。从这些记载来看，赵智凤从小就"奉母最孝"，并委身于寺院中救其母疾。所以，在宝顶山石刻中，大量出现体现孝道的造像和铭文，并将孝道作为修行的一个重要标准。

父母恩重经变相

父母恩重经变相位于宝顶山大佛湾，编号为第 15 号。这是一组在高 6.9 米、宽 14.5 米的崖壁之间，如同连环画般展现父母恩重情节的雕像。它分为 3 层：居于最上层的是七尊半身佛像，庄严而古朴；中间一层就是父母养育子女历程的故事图；最下层刻地狱的场景。

从龛中造像位置来看，无疑，居中的父母养育子女一生的雕刻部分，是这龛雕像的重点，它由 11 组雕刻组成，在图旁都刻有颂词。从最初的"投佛祈求嗣息"图开始揭开整个故事的序幕，在其左右分别交叉雕刻父母抚育儿子成长的"十恩图"。

"投佛祈求嗣息"这组雕像的开篇，图中，雕刻一对夫妻相对站立，丈夫双手端一长柄香炉，略微躬身向前，妻子正向炉中添香。在二人像下方，即为慈觉大师宗赜"投佛祈求嗣息"的颂词，其中提及"父母同香火，求生孝顺儿；提防年老日，起坐要扶持；父母皆成佛，绵绵

宝顶山父母恩重经变相

法界如"等，可见图中夫妇二人在佛前上香的目的为求子，而且明确说到希望生下一个"孝顺"的孩子。

一位身怀六甲的妇女，表情严肃，正坐在凳上休憩，旁边站立一位侍女，正捧着一碗茶给孕妇，孕妇轻轻地伸出右手正准备接过茶杯，此为第一"怀胎守护恩"。在旁边的颂词说道，母亲怀胎之日，"母黄如有病，动转亦身难"，也就是说母亲在怀胎之际，行动不便，似若身患大病。

孩子即将临产，母亲站立着准备生育，嘴唇紧闭，似正咬紧牙关，右手抚摸着肚中的孩子。在其身前，一位妇女单腿跪地，挽袖正在准备接生，在她身后，站立着一位头戴软巾、身着交领服的中年男子，据考为孩子的父亲，在这个时候，他既惶恐生育的困厄，又憧憬着新生的婴儿，于是拿起一册佛经，希冀顺产。此为第二"临产受苦恩"。在其旁的颂词有所残缺，但可辨"慈父闻将产，空惶不自持"等句，可知中年男子为孩子的父亲。

孩子出生之后，母亲左手抱着孩子，右手拿捏着孩子的小手，父亲站在母子身前，正开心地与她们逗乐，在父母的脸上，都洋溢着欣慰的笑容。此为第三"生子忘忧恩"，在其旁颂词刻有"初见婴儿面，双亲笑点头。从前忧苦事，到此一时休"。

母亲抱着儿子坐在腿上，儿子手中拿一饼，此为第四"咽苦吐甘恩"。其旁的颂词有所漫漶。

投佛祈求嗣息　　　　　　　　　　　　　　　　　　　　临产受苦恩

深夜，母亲正抱着男孩在床边撒尿。此为第五"推干就湿恩"，在其旁的颂词就刻有"干处让儿卧"，可知图中大意，孩子睡觉往往尿床，而此时，母亲自己睡尿湿的地方，干处则让给孩子睡。

母亲袒胸露乳，身着开裆裤的儿子双手抱住母亲，嘴衔母亲乳头，此为第六"乳哺养育恩"，其旁的颂词中所刻的"不愁脂肉尽，惟恐小儿饥"，正是母亲此时心中所想与所愿。

母亲在盆中洗衣，身后站立一像（疑为父亲），正抱着儿子在母亲头上逗乐，旁边一位男孩正持物逗乐小孩，母亲边洗衣物边回望着孩子，此为第七"洗濯不净恩"。旁边的颂词说道，

推干就湿恩

乳哺养育恩

孩子幼小时候多污秽，父母常为其清洗，而"父母年需日，谁供一勺汤？"

儿子长大成人，即将婚嫁之际，设筵席宴请亲友，母亲正挽袖下厨，杀猪办酒宴，此为第八"为造恶业恩"。其旁的颂词刻有"养儿方长大，婚嫁是寻常"，因为"筵会多杀害"，那么"罪业使谁当？"也就是说，佛教主张不杀生，为了不让孩子承担杀生的罪业，所以，图中刻母亲亲自下厨杀猪办酒宴。

儿子成人之后自然要出门远行，成就自身一番作为，在离家出行那天，父母送了一程又一程，父亲劝其母到此告别，母亲手肘部向其父推搡，似在埋怨其父多嘴。此为第九"远行忆念恩"。其旁的颂词中，有一句感人肺腑的话语——"恐依门庐望，归来莫太迟"。正所谓儿行千里母担忧，这正是父母牵挂在外孩子的真切实感，此情此景，令多少游子唏嘘感慨。

父母年老，仍担心儿子的言行举止，图中，父母并坐，父亲正用手指儿子作说教状，儿子跪在身前聆听教诲，此为第十"究竟怜悯恩"。其旁的颂词刻有"百岁惟忧八十儿，不舍作鬼也忧之"，也就是说，爱护子女是父母一生恪守的责任，即使百岁之际也不忘教育孩子。

在父母恩重十一组雕刻的下方，还刻受刑场景的造像和经文、偈语等内容，如"知恩者少，负恩者多"这八个字，令世人在此生发无数感慨。又如"三千条律令，不孝罪为先"这句话，表明了佛教对孝道的高度重视。因此，在下方还刻有一些在地狱之中的不孝之人，正在遭受种种酷刑的造像。

上述组雕，通过父母养育子女的艰辛历程，劝告世人应多行孝道。

其实，《父母恩重经》是一部流行在中国的疑伪经。佛教传入中国，由于其主张在六道之中"往来多所作，更互为父子"[①]等主张，历史上就发生过激烈争论，甚至于出现废佛事件的发生。其后，

---

① 法琳《辨正论》，《广弘明集》卷13，《大正藏》第52册，第180页。

远行忆念恩　　　　　　　　　　究竟怜悯恩

佛教不断吸收和融入中国传统文化思想，尤其是儒家的孝道观。最迟在唐代武周时期，出现了一部讲述父母恩德的佛经——《父母恩重经》，之后出现有《报父母恩重经》，并广为流布，之外，在敦煌还发现有大量的据经文改写的讲经文、佛曲（歌辞）等，如《父母恩重经讲经文》《十恩德》《孝顺乐》等，同时还出现大量的壁画、雕刻等经变相。在这些以佛教疑伪经为主雕刻的变相图中，将具有中国民族特色的孝道观念，在佛教文化中提升到一个新的高度，从而在其中看到具有民族特色和世俗生活场景的人生历程。而宝顶山此组雕刻，可谓是佛教文化与中国儒家文化高度融合的一个典型代表！

　　这组造像，生活气息极其浓郁，展现了祈子、生育、哺乳、送行等诸多世俗生活场景。每一组雕刻，都凝聚着父母对子女的深情和殷切期望，可谓是一曲真挚的人间父母之爱的颂歌！

古文孝经碑与懿简公神道碑

　　在北山石刻中，有两通碑文尤为醒目，一个是编号为第104号的《赵懿简公神道碑》，另一个是编号为第103号的《古文孝经碑》，虽然编号不同，其实从所处的位置、二者之间的联系等来看，它们应同处一龛。

　　《赵懿简公神道碑》居于整个崖壁的中间，碑开凿在一个顶呈"∧"字形的龛内，碑通高3米、宽1.37米，碑首顶呈椭圆状，中心篆书竖刻"懿简公神道碑"6字，在题名的上部和左右浮雕盘龙。碑身高2.56米，边框阴刻龙纹，其内竖刻38行文字，从碑文可知，该碑文由"左朝散郎试尚书礼部侍郎兼侍讲范祖禹撰"，"左朝散郎龙图阁待制知永兴军府事蔡京书并篆额"，即碑刻的文章由范祖禹所撰写，蔡京书写。碑文叙述了赵懿简的生平，赵懿简（1019—1090年），名瞻，陕西周至人，宋庆历六年（1046年）进士，官至同知枢密院事，元祐五年卒，谥曰懿简。

该碑的书写者蔡京，是宋代有名的大奸臣，其书法在当时颇受到推崇，为宋代四大书家之一（其余三人为苏轼、黄庭坚、米芾），后人耻笑其人品，便将蔡京更换为宋代另一位蔡姓的书家蔡襄，并将有关蔡京书写的碑刻也摧毁掉。现在，蔡京的碑刻在国内保存极少，北山佛湾的这通蔡京书写的神道碑，对于了解蔡京书法艺术自然具有较高价值。

在《赵懿简公神道碑》龛内左右壁以及龛外左右崖壁之上，为《古文孝经碑》。它被分别刻在六块石面之上，刻石面高 2.8 米，各面宽 1.3 ~ 1.55 米不等。《古文孝经碑》为楷书，竖刻 66 行，满行 28 字，共计有 1819 字，实存 1617 字。在碑文首行前书"古文孝经"4 字，末行署款"范祖禹敬书"5 字。

1945 年，大足石刻考察团来到这里，这处《古文孝经碑》成为其关注的重要史料，由考察团发起人杨家骆撰写的《大足龙岗区石刻记略》文中，叙述道"有石刻古文孝经二十二章，为宋范祖禹书，每字大三寸许。本团马衡君考察后，曾撰《大足石刻古文孝经校释》，谓其与敦

《赵懿简公神道碑》和《古文孝经碑》

煌北魏写本今文孝经,可称双璧".[1]参与此次考察的著名金石学家马衡先生,考察后便撰写了《宋范祖禹书〈古文孝经〉石刻校释》一文,文中说他见到这块碑刻"虽漫漶百余字,而大体完整,不禁为之欢喜赞叹",文内引经据典,对碑刻作了详尽的考证,认为"此刻署范祖禹书,可称唯一最早之古文本",并认为"其可宝贵,岂在敦煌新出之北魏和平二年写本之下耶?"[2]

马衡先生为何对这块碑刻有如此高的评价呢?这得从《孝经》以及它的版本说起。《孝经》是我国古代字数虽少,但影响力甚大的一部著作,其一言一语,是古人遵循的基本道德和为人处世的基本准则,如其中说道"夫孝,天之经,地之义,民之行也"等。历史上,《孝经》有古文、今文之分,其中,今文孝经有18章,古文孝经则为22章。唐玄宗时,下诏令群儒质定古今,因为争执不下,玄宗乃亲自御注《孝经》颁布天下,至此,今文盛行而古文废止。宋代,司马光从国家书库中找到孝经古文本,乃作《古文孝经指解》,朱熹则把古文孝经分割为经、传两部分。元代以后,各种御注《孝经》都用今文,占据着主导地位。故与今文孝经相比较,古文孝经就显得极为稀见。

那么,这两通碑刻为何出现在大足北山之上呢?

先来看神道碑。按理,神道碑应在赵瞻墓地之前,但是此处为崖壁,未见有墓室的建筑,因此,这块碑刻就极可能为翻刻至此。事实上,据《宋史》卷三四一和大足《赵懿简公神道碑》碑文记载,赵瞻葬于陕西周至县孟兆社先茔,明人赵子函《石墨镌华》卷五也说周至县有《赵懿简公碑》,不过当时所见就已磨灭基本不能识别。由此来看,大足的《赵懿简公神道碑》应该是翻刻至此。至于其翻刻的时间,大约与《古文孝经》同时,即或稍早,也早不过南宋初年。

这两通碑刻之中,皆出现有范祖禹其人,这一点引起了学者的注意。马衡先生在《宋范祖禹书〈古文孝经〉石刻校释》文中说道"意者此窟为范之门生故吏所凿,以志其景仰之私,遂以赵瞻墓前范撰碑文复刻于此,又以其手写或他处之《孝经》抚勒其旁欤?"在这里,马衡先生仅作出了推论。随后,学者发现在清代张澍《古文孝经碑考》文中,记录当时还看见孝经碑末刻有"赵范得其本于□□并凿之北山之上",对此,陈习删先生在《大足石刻志略》书中,认为"赵范乃瞻之曾孙辈……在宋孝宗之世……范时适在昌州,故出其原拓本与《古文孝经》,一并复刻于北山,其用意固在于不忍祖德之湮没"[3],也就说,赵瞻的曾孙赵范,曾于宋孝宗之时在昌州,故将《赵懿简公神道碑》《古文孝经》刻于北山之上,并认为复刻的时间"在宋孝

① 杨家骆《大足龙岗区石刻记略》,《大足石刻研究》,四川省社会科学院出版社,1985年,第24页。

② 《宋范祖禹〈古文孝经〉石刻校释》,马衡《凡将斋金石丛稿》,中华书局,1996年,第251～259页。

③ 陈习删《大足石刻志略》,《大足石刻研究》,四川省社会科学院出版社,1985年,第213页。

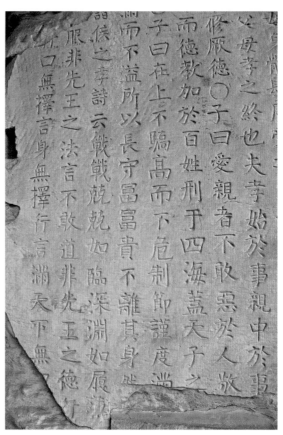

《赵懿简公神道碑》和《古文孝经碑》

宗之世"。对于这一观点，陈明光先生说道："宋南渡偏安江左，时南北对峙，（赵）范既在昌州，故没有可能在故土周至立碑，为使祖德不致湮没，故在昌州北山凿窟镌碑，缅怀先辈，并将珍藏的'范祖禹敬书'的古文孝经分刻左右，是顺理成章的。"[1]

① 《大足"懿简公神道碑"考略》，陈明光《大足石刻考古与研究》，重庆出版社，2001年。

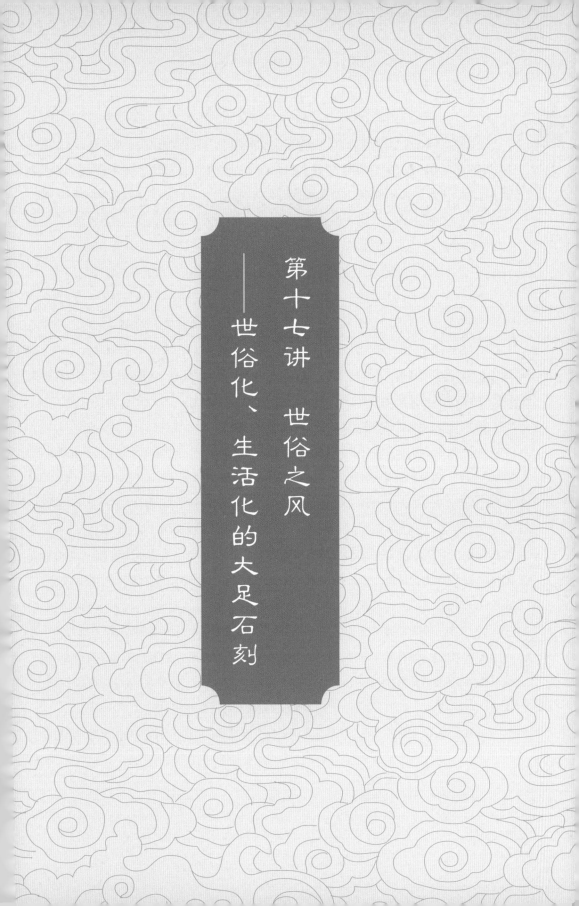

第十七讲 世俗之风
——世俗化、生活化的大足石刻

世俗化的大足石刻

在大足石刻诸多文化价值之中，生活化、世俗化是其中的一个极为重要的特色。在大足石刻"申报世界文化遗产文本"中，"列入遗产所依据的标准"之一即是"大足石刻是石窟艺术生活化的典范"："大足石刻以其浓厚的世俗信仰、纯朴的生活气息，在石窟艺术中独树一帜，把石窟艺术生活化推到了空前的境地""大足石刻中的'五山'摩崖造像，可以说是一幅生动的历史生活画卷，它从各个侧面浓缩地反映了公元9—13世纪（晚唐、五代和南宋时期）的中国社会生活，使源于印度的石窟艺术经过长期的发展，至此完成了中国化的进程"①。

生活化、世俗化的大足石刻，其影响在诸多方面，如颇显神秘的佛教派别之一的密教，在此成为民众的日常信仰的对象；民众的伦理和审美观念，成为石窟题材和造像风格的重要取向；曾经长期相互争论的佛、道、儒三教，在印度传来的石窟艺术表现形式中和谐相处；曾经造像为梵僧胡貌居多的佛像，逐渐演变为民众喜爱的地道的中土模样；……如此种种，展现出极为广阔的社会生活场景以及民众的社会伦理观念。

下面，仅就造像题材和审美取向略作简析，以窥一斑。

在石刻中出现的众多题材中，佛教的观音，广被民众崇奉：宋代时期观音造像不仅数量多，且技艺精湛，出现了众多代表作品；其造型多样，如数珠手观音、玉印观音、水月观音、千手观音、如意轮观音等；在龛窟中，可作为主尊居于龛中，也可多身观音组合，亦可与阿弥陀佛、地藏等像组合；造像艺术上既有娴静端庄、华丽富贵，又有天真腼腆、体态轻盈……这些形象和表现方式，将宋代民众对观音信仰和崇尚浓缩其间，推向极致。在世俗信仰中，三教合一可谓是民众颇为注重的组合题材之一。传统文化中，佛、道、儒三家经历了长期的"相互对抗"，至宋元时期，三教合一的思潮已成为中国学术思想发展的主流，道教众多派别大都提倡"三教平等""三教一源"的思想，宋代兴起的理学，其思想体系中明显可见吸收佛教文化之处。出现于北宋时期的大足篆山石刻三教龛的出现，不仅是我国石刻艺术的瑰宝，也是我国佛、道、儒三教合一历史的见证。②之后出现的妙高山、佛安桥、佛儿岩、石壁寺等南宋时期的三教合一造像，既是三教合一思潮深入到民间的体现，又是民众对三教合一认同的真实反映。

石刻造像中，更注重于世俗人物的审美取向。宋代是一个文化高度发达的时期，正如陈寅

①《大足石刻申报文本》，中华人民共和国国家文物局，第21—22页。

②黄心川《"三教合一"在我国发展的过程、特点及其对我国文学艺术的影响》，《大足石刻研究文集》第3辑，中国文联出版社，2002年，第8—10页。

北山转轮经藏窟玉印观音

恪先生所言，华夏文化"历数千载之演进，造极于赵宋之时"^①，在石窟艺术中也得以体现。相对于唐代的开放、洒脱而言，宋代文化相对封闭、内倾，从而在石窟艺术上形成了自身独特的典雅清丽、精微俊逸的风格^②。这在大足顶峰时期的宋代石刻中显露无遗，如著名的北山转轮经藏窟内，普贤菩萨脸颊圆润，双唇轻翕，呈现出一种含睇欲笑，具有东方女性美的微妙神态，给人以娴静、端庄、秀雅之感；文殊菩萨手握经卷，目光平视，颇具学者风度，给人以博学多闻之感；其他如玉印观音花冠珠串，玲珑剔透；日月观音秀眉垂目，和蔼可亲；至于窟内的供养人，则可谓现实生活中人物的再现。整窟造像，可见佛、菩萨的形象完全汉化了，体现出浓郁的中国传统伦理和审美观念。^③

值得一提的是，大足石刻在经历以宋代为顶峰的开凿时期后，明清时期虽有开凿，但是其

① 《邓广铭宋史职官志考证序》，陈寅恪《金明馆丛稿二编》，上海古籍出版社，1982年，第245页。

② 黎方银《试论大足宋代石窟的文化基础》，《大足石刻研究文集》第2辑，重庆出版社，1997年，第52页。

③ 《试谈大足石刻北山"心神车窟"的艺术成就》，郭相颖《大足石刻研究》，重庆出版社，2000年，第116页。

雕刻技艺少有创新，题材更加趋于民间性，总体上呈现出衰落之势，与宋代大足石刻所表现的世俗化之美相比，远远不及。

大足石刻世俗化的成因

宋代，是大足石刻最为鼎盛的时期，此时期石刻造像体现出的生活化、世俗化特点，与宋代社会市民文化的增强和宗教世俗化发展的趋势有密切的关系。

宋代，具有世俗市民性特点的文化得到前所未有的发展。宋代，商品经济的发展，也促进了城市经济的发展，其中北宋都城东京和南宋都城临安从一个侧面反映出城市经济的繁华。城内不仅店铺林立，而且通宵达旦经营，夜以继日，《梦粱录》记载"杭城大街，买卖昼夜不绝，夜交三四鼓，游人始稀；五鼓钟鸣，卖早市者又开店矣"①。市内还专门开辟有娱乐场所，北宋时称为"瓦子"，南宋称为"瓦舍"，如《武林旧事》记载有二十三"瓦"，如南瓦、大瓦、浦桥瓦等。一个瓦子内往往设有多个勾栏，其中专门有让市民娱乐的节目演出，《武林旧事》在"诸色伎艺人"中，就有演史、说经诨经、小说、影戏、唱赚、小唱、鼓板、杂剧、杂扮、弹唱因缘、说诨话、傀儡、角抵、蹴球多种。②其中的一些娱乐节目，如杂剧（或戏剧演出）其影响之深，在宋代墓葬中也成为雕刻的主题（大足宋墓中就有所体现）。

宋代，宗教主流发展的主题是世俗化。③唐代，佛教和道教进入全盛时期，进入宋代，为了适应社会的发展，佛教各宗派更加社会化，如在此时期甚为流行的净土宗，成为了达官贵人、士庶百姓日常生活中的一个重要信仰，表现在大足石刻中，其诸多造像与净土信仰密切相关。主张"不立文字、不立佛殿、不礼佛像"的禅宗，在宋代则演变为"大修佛殿、大造佛像、大建轮藏"④，如出现了造像数量多、题材广泛的合川涞滩石刻禅宗造像。而曾经颇为神秘的密宗，其宣扬的神灵，在此时期也成为世俗民众崇奉的对象，尤其是南宋中后期赵智凤营建的宝顶山石刻，其师承是早于其两百年的柳本尊，在石刻中既自称"六代祖师传密印"，又极力宣扬儒家孝道，并将其统摄于宝顶山石窟造像群之中。道教在宋代也颇为受重视，符箓道法在此时期更加成熟化、理论化，斋醮科仪更为完备，影响着民众的日常生活，大足石刻中保存的宋代道

① 宋·吴自牧《梦粱录》，浙江人民出版社，1984年，第119页。

② 宋·四水潜夫《武林旧事》，浙江人民出版社，1984年，第92 ~ 93，105 ~ 114页。

③ 杨倩描《南宋宗教史》，人民出版社，2008年，第6页

④ 杨倩描《南宋宗教史》，人民出版社，2008年，第8页。

大足宋墓出土演奏场景

教造像，可谓是宋代道教在民间传播的真实反映。之外，世俗化潮流中，前叙的三教合一也是此时期重要的特色。

在佛教、道教艺术呈现出世俗化的特点影响之下，石窟艺术也在所难免。正如有学者说道："佛道像设在袭用唐代遗制的同时，世俗信仰、民间趣味的痕迹日趋显著，并逐渐衍为两宋之际石窟艺术的独特面貌。"[1] 宋代大足石刻，无疑是其最好的说明和例证。

宋代的世俗文化，对民众日常生活影响颇深，也对大足石刻在宋代体现出生活化、世俗化的特点，营造了极为重要的社会氛围。之外，大足一地自身的政治、地理、交通、文化等环境，以及大足一地世俗民众的参与，也是其中不可忽视的重要的因素。

与其他大型石窟相比，大足一地营造者的政治地位历来相对不高。大足自唐代乾元元年（758年）建县后，实存县制 1100 多年。唐景福元年（892 年）昌州州治徙治大足，辖大足、昌元、永川三县，元代至元二十二年（1285 年）废昌州。与国内尤其是北方大型石窟相比，政治上极不显赫。石刻中，捐资造像人员主要是大足一地的信众，之外，除迁徙来此者，周边可见有永川、昌元等地普通信士在大足捐资造像[2]，但是其例甚少。

---

① 金维诺、罗世平《中国宗教美术史》，江西美术出版社，1995 年，第 188 页。

② 昌元、永川等地信众在大足捐资造像，其例主要在北山多宝塔内，如《王堂：化众舍钱建塔第八级镌记》碑中，记载当时大足、昌元、永川三地的信众捐资情况，见《大足石刻铭文录》，第 447 页。

大足历史上的交通相对不发达，但所处位置有利于文化交流。大足处于成（成都）、渝（重庆）之间，对外交通线路主要是陆路的东大路和小川东道，东大路为四川四大驿道干线之一，小川东道为成渝间的捷径。宋代大足经济文化发达，尤与小川东道有密切联系，因此，可以吸收文化进行交流与互动，但相对地处丝绸之路的敦煌石窟，以及唐代东都洛阳旁的龙门石窟，其交通所具备的文化互动和影响力则远远不如。

在政治、地理、交通上的相对闭塞，使得大足在文化的交流互动上相对欠缺；同时，因其在两宋时期社会稳定、场镇经济发达，民众或务业农桑、或安居乐业，民风淳朴、户晓礼义，从而影响到大足石刻民间性和世俗化的程度。

另一个重要因素，是当地或长期生活在大足的民众。大足石刻供养人中，绝大多数是一般的民众、小吏、僧尼、庄园主等信众，从其自身来说，在意愿上更具有民间性，是其世俗化产生的又一个因素。参与大足石刻的这些人物中，有两例颇值得一提。一例是宝顶山石刻的营建者赵智凤，他从小生长在大足一地，受乡村世俗生活的耳濡目染，在其西去弥牟修习密法后，构思宝顶山石刻造像时，生活环境和经历应对其产生了影响。有学者说道，宝顶山大佛湾给人感觉"是根据世俗需要，在雕刻中重新组合了释迦牟尼的教义。这使宝顶山石窟所反映的生活气氛浓于宗教气氛，世俗信仰在这里占主导地位"[1]。再就是，大足宋代石刻的工匠中，主要有"文""伏"二姓。"文"氏工匠在大足一地作品可谓是数量多、题材广、技艺高，是宋代大足石刻遍布乡里的重要参与人物。而"伏"姓工匠，则主要在北山石刻献艺，迄今未发现其他市县有其作品，其活动区域相对"文"氏工匠更为狭小。本地区工匠对于造像世俗化的影响具有重要的作用。

由此来看，宋代社会和宗教艺术世俗化的趋势，大足一地相对闭塞的政治、地理、文化环境，石刻造像参与者多为当地世俗信众等诸多因素，促进了大足石刻世俗化的发展。

世俗人物

大足石刻的参与者基本上为世俗中人，据其身份，大致可以分为以下几类。

一是官员群体。除唐末韦君靖之外，南宋时期知昌州军州事是其中引人注目的一个官员群体，他们与宋代北山、南山的重要龛窟有极大的关联。其中，北山石刻出现的第一位知昌州军州事，

---

[1] 史苇湘《信仰与审美——石窟艺术研究随笔之一》，《敦煌研究》1987 年第 1 期。又，《大足石刻研究文集》第 2 辑，重庆出版社，1997 年，第 463 页。

任宗易和侍者像

任宗易夫人杜氏和侍者像

是在南宋建炎二年（1128年），时为"奉直大夫知军州事"的任宗易，同恭人杜氏发心镌造、妆銮如意轮圣观自在菩萨一龛（今第149号）。北山第136号转轮经藏窟，窟内最早的题记为南宋绍兴十二年（1142年），时为知昌州军州事的张莘民"谨发诚心，就院镌造观音菩萨一尊，永为瞻奉"。之后，转轮经藏窟依次由里向外开凿佛像，先后有昌州录事参军兼司户司法的赵彭年，以及奉佛弟子王升等捐资造像。

二是僧道群体。北山石刻中，如北山第240号双身观音造像，为比丘尼惠志于唐乾宁三年（896年）为"奉报十方施主"建造。北山石刻至南宋臻于鼎盛，其中一通《无尽老人语录碑》（第163号）碑文有"今北山之石，看看尽于老僧之手"，看来此处的老僧应是长期在北山经营的僧人。如石门山绍圣元年（1094年）雕刻的水月观音龛中，出现有僧法顺；玉滩石刻南宋年间有住岩僧法隆在此经营。而最具有影响力的僧人，则是南宋中后期的一代高僧赵智凤，他营建了宝顶山石窟群。之外，道教多为本地信众，如舒成岩"掌岩道士"王用之等。

三是民众群体。在大足石刻众多捐资造像者中，民众身份人物往往占据多数。据唐宋时期造像记载，造像功德主大多来自家族、家庭、庄园以及结社形成的民间组织。兹略叙几例，可见唐宋时期造像之风在民众中颇为盛行。当时州府与乡里皆有捐资营造佛像的信众。北山宋代造像的第 136 号中数珠手观音，为在城奉佛弟子王升镌造；第 110 号药师佛龛，为当时昌州在郭居住的奉善弟子张辉、刘氏夫妇及其子女一家所捐造；乡里则更为普遍，石刻铭文出现的石壁乡、陜山乡、长溪里等，成为了解宋代大足乡里分布的重要资料。从集体捐资完成的造像中，可见有专门召集信众的民间组织。如石门山第 6 号十圣观音洞，为绍兴六年至绍兴十一年（1136—1141 年），在化首岑忠用的组织下雕凿完毕。有的是一家甚至于几代都捐资造像。石刻铭文中，常常可见某龛像为一家所营造。其中，有的家庭还沿袭三代，尤以石门山遗存的杨才友一家颇为典型，先是北宋绍

石门山十圣观音窟岑忠用像

圣二年（1095 年），杨才友夫妇和长男杨文忻、小男杨文秀一道捐造第 13 号山王龛，其后绍兴十七年（1147 年），杨伯高为已经辞世的父亲杨文忻（1066—1146 年）捐造第 2 号玉皇大帝龛，并将父亲的"真容"也镌刻在龛中。可见，一家三代皆曾营造石刻。

四是工匠群体。他们是造像设计和雕凿的重要参与者，在造像题材的组合、外在表现等多方面具有极其重要的影响力，对此，详见"镌作石工"一章。

与北方等地石窟相比，大足一地捐资造像者基本上在正史上缺乏记载，身份也不显赫。而正是这些普通的民众，延请匠师，开凿石像，他们是大足石刻（尤其在宋代时期）体现出世俗化的主要源泉。

世俗生活风情

石刻题材中，一些场景令人感慨良多，尤其是宝顶山石刻中的生活场景，如父母含辛茹苦养育子女的艰辛历程、勤劳的农家少妇清晨揭开鸡笼喂鸡的瞬间、世俗人物醉酒后的种种表情和行为、牧牛少年在外放牧牵牛的诸多情景、历经"十炼"最终成佛的密法修习者柳本

尊……这些无不凝固在坚硬的崖壁之上，而且其中不乏造像龛窟的重要表现题材。因此，宝顶山石刻被学者们誉为是一座宋代民间风俗画廊。正如段文杰先生在谈到大足石刻艺术的世俗化问题时说："不光是它本身世俗化了，更重要的是世俗人进入了画里头，占了主要地位。……这样变，进一步中国化、彻底地中国化了。"①

事实上，在大足石刻中，展现出了更为广阔的世俗生活风情，兹列举数例如下。

石刻中，不乏表现生育习俗的图像。佛教造像中，诃利帝母多处出现，如大足北山第122、289号，石门山第9号，老君庙第6号，玉滩第3号以及茅草坑石刻等龛的造像。造像中，诃利帝母基本上气质高贵，面目慈祥，乳母大多健壮丰满，孩童则天真活泼。具体的求子场景，在宝顶山父母恩重经变相中，雕刻一对夫妻相对站立，丈夫双手端一长柄香炉，略微躬身向前，妻子正向炉中添香。据铭文可知，表现的为"投佛祈求嗣息"的场景。道教造像中，南山三圣母龛中，出现有注生后土圣母、九天监生大神、九天送生夫人等神祇，可见道教对生育的关怀。

宝顶山地狱变相的戒酒图，以其独特的表现方式，劝告世人戒酒。组图中雕刻技艺也颇为精湛，尤其是那些酒后的人物形象，惟妙惟肖，细致传神，如"父不识子"图中，父亲袒胸露乳坐在石台上，儿子在旁问候，父亲侧脸毫不理睬。又如"夫妻不识"图中的中年男子，轻微

宝顶山地狱变相截膝地狱

①《敦煌研究院院长段文杰在重庆大足石刻研究会一九九二年会上的讲话——谈大足石刻十大特点》，《大足石刻研究文选》，1995年，第15页。

截膝地狱醉酒男子

细闭的双眼，略微向右上昂的头颅，加之衣衫不整的形象，把一位酒醉的男子表现得淋漓尽致，让人不由地赞许雕刻匠师细致的生活观察力和精湛的技艺。雕刻此组图的本意，据图中雕刻的两则经文，为劝告世人戒酒。而设计者们，却大胆地将世人酒后的场景雕刻出来，一些场景可谓当时社会生活的真实写照，迄今仍具有影响力。

社会习俗也对石刻造像有所影响，石刻中菩萨头像上的花冠就是一例。北山第 136 号转轮经藏窟内菩萨的花冠极为精致，其中日月观音花冠枝叶交错，花瓣舒展，层层叠叠，极为繁缛，蕴涵了造像的富贵气象；而远观头像，似乎又于繁缛富贵之中，透出清秀朴实的本色，颇有"美而不娇、丽而不妖"之感。艺术作品中出现在头上装饰花冠的特点，与当时社会崇尚有密不可分的关联。南宋后期周密在《武林旧事》中记载："自皇帝以至群臣禁卫吏卒，往来皆簪花。"南宋著名诗人杨万里作诗道："春色何须羯鼓催，君王元日领春回。牡丹芍药蔷薇朵，都向千官帽上开。"[1] 宋时簪花风尚可见一斑，由此也影响到造像的花冠。

世俗之美：吹笛女与养鸡女

在大足石刻中，有两尊女像尤为世人所称道，那就是宝顶山的吹笛女与养鸡女造像。

吹笛女雕凿在第 17 号大方便佛报恩经变相中，系六师外道之一，然而，与其他五位幸灾乐祸、手舞足蹈的"外道"相比较而言，匠师却给这位"外道"别具特色的艺术表现手法。只见她纤手着笛，偏着头，双目微闭，神情凝聚，正撮口横吹，独自陶醉在悠扬的笛声之中，显得沉稳而又具几分优雅之气。吹笛女手上弧形弯管的笛子叫弓笛，它比直管笛子的音色更为浑厚柔和。这一身雕像，工匠们从现实中提炼画面，用凝固的雕塑语言，表现出当时女性吹奏乐器的精彩瞬间。

在第 20 号地狱变相中，下层的狰狞恐怖的地狱场景中，却出现一位娴静、温和的养鸡女。

---

① 宋·四水潜夫辑《武林旧事》，浙江人民出版社，1984 年，第 1 ~ 2 页。

吹笛女　　　　　　　　　　　　　　　　　养鸡女

她衣着朴实，似乎在清晨之际，正轻轻地掀开鸡笼。两只小鸡迫不及待地跑出争抢一条蚯蚓，几只小鸡正争先恐后地挤出鸡笼，一派农家生活气息从崖壁上油然而生。不过，在这身造像旁边的经文碑刻中，刻着"养鸡者入于地狱"，不由得令观者生发几许感慨。但是，这尊朴实无华的雕像，可谓是当时大足一带民间女子的真实写照，具有一种质朴的世俗之美，由此成为大足石刻世俗化艺术特色的一尊代表作品。

世俗化经典之作：牧牛图

牧牛图，雕凿在宝顶山大佛湾一长近 30 米的岩面上。沿起伏不平的崖面，如同连环画般雕凿了 12 幅画面。

在图首，刻"朝奉郎知润州赐紫金鱼袋杨次公证道牧牛颂"。接下来为牧牛的场景。首先是雕刻一头牛受到惊吓，正在向山上疾奔，一位牧童用尽他全身的力量，想把牛往回拉，一条绷直的绳出现在人、牛之间，旁边题刻的颂词称道"突出栏中不奈何，若无绳绻总由他"。

紧接着的第二幅图，身背斗笠的牧牛人，左手紧紧地用力牵牛绳，右手举鞭欲向牛挥，牛头向左略微回首。其旁的颂词漫漶不清。

宝顶山牧牛图

第三幅图，牧童左手举鞭，右手牵牛绳，此时牛绳已经松软在地面，牛从山崖之上斜驰而下，可见牛已回过身来。颂词说道"芳草绵绵信自由，不牵终是不回头。虽然暂似知人意，放去依前不易收"，也就是牛需要牵才能回首，但仍不能放掉牛绳。

第四幅图，牧牛人一手牵牛，一手扶斗笠，此时手中鞭子已不见，可见牛稍显温顺，你看那牛绳已经松软，似乎可有可无，不过旁边的颂词却提醒牧牛人"取放未能忘鼻索"。

第五幅图、第六幅图，被营建者巧妙地设计为一幅图，雕刻两位都在放牧的牧童正在把肩寒暄的场面，似乎正在说到兴致之处，面露笑意，一般称此处造像为"并肩耳语"。靠在牧童身边的一只牛，斜着牛首，似乎正在偷听他们的谈话。颂词中的一句说道"放去收来只自由"，可见牛此时可以任意牵住。

第七幅图，牛已无鼻绳，似乎自由自在，站立的牧童手中提着空绳凝视远方，但是，题刻称到"涧下岩前无定止，朝昏不免要人寻"，可见牛还是有些任性，还是需要牧牛人牵持。

第八幅图、第九幅图，一位银须飘逸的老年牧人，正沉浸在自己的笛声之中，笛声引来仙鹤，婷婷站立于山崖之间，而那位年轻的牧童，一幅似乎正在沉醉于笛声的模样。此时，牛鼻仍无绳，正独自仰首畅饮山泉。其中一句颂词说道"放者无拘坐石巅"，可见，放牧人此时渐渐进入无拘无束的状态。

牧牛图"并肩耳语"图

　　第十幅图，牛干脆自己做着自己的事，而牧童则酣然大睡，甚至于一只树上调皮的猴子，正伸爪试着摸牧童的手袖，而牧童一点也没有警觉。所以，旁边的诗说："高卧烟霞绳放收，牧童闲坐况无忧"，也就是人和牛，都可以各自干着自己的事情，相安无事。

　　紧接着这十幅图，雕刻《祖师说法图》和《明月图》。《祖师说法图》雕刻结跏趺坐的祖师像。在龛顶上有一方碑，刻"无牛人自镇安闲，无住无依性自宽。只此分明谁是侣，寒山竹绿与岩泉"。在其旁还有宝顶山多见的20字"假使"偈。《明月图》刻一方桌，其上仰莲托一方碑，碑中刻一轮圆月，碑刻中有一偈颂，为"了了了无无所了，心心心更有何心。了心了心了无依止，圆照无私耀古今。人牛不见杳无踪，明月光寒万象空。若问其中端的意，野花芳草自丛丛"。

　　实际上，这幅看似简朴的雕刻寓意深长，它借用牧人驯牛经过，以牛喻心，以牧人比修行者，来表现佛门弟子"调伏心意"的禅观修证过程。你看，最初修行者心烦意躁，内心如同背道而驰的牧牛一样，需要约束，这时候，牧牛人一手持鞭，一手紧紧拽住牛绳不放。渐渐地，修行者内心走向平顺，牧牛人与牛显得友好相处，不过，牛绳仍需牵拽，即便是放开牛绳，牛仍需要牧牛人寻找。之后，修行者达到人牛各自相处无碍的境地，已无须担忧牛的去向，这一点在其后的《明月图》诗中得到证明，诗句"人牛不见杳无踪"，说的就是人与牛均不见，物我皆忘；"明月光寒万象空"，一轮明月之下，万象空寂，天也空，地也空；"若问其中端的意，

牧牛图局部

野花芳草自丛丛", 如果你要知道修行者得道开悟之后, 是何等的美妙? 那就去问那茂盛的一丛丛野花吧! 因为悟道只有自己悟得, 不能说破。这首"明月图"诗, 正是修行者不执着一物 (心无所住), 随缘自在的领悟。

在宝顶山大佛湾中, 雕凿在天然石壁上的牧牛图, 其表现手法奇异, 巧借凹凸不平的崖壁地形, 雕刻出种种自然场景的画面, 再现了昔日牧牛生活场景, 倍增牧牛场景的田园情趣; 同时, 又巧妙地展现出禅宗调伏心性的道理, 以其朴实、自然并蕴含禅意的特色, 不失为一帧隽永的艺术佳作。尤其是其间的牧牛人和牛, 尤为世人所称道, 可谓是一曲雕刻在崖壁上的浪漫的田园牧歌!

第十八讲　寰宇瑰宝
——大足石刻的诸多价值

石窟艺术史上的最后丰碑

在大足低矮起伏的山地中、婉转曲折的山溪幽泉旁，精美的雕刻艺术杰作如烁烁珠玉点缀其间。它肇始于初唐，历经晚唐五代，鼎盛于两宋，一直持续到明清时期，时间延续千余年之久。现公布为各级文物保护单位的摩崖造像多达 75 处，造像 5 万余尊，铭文 10 万余字。

大足石刻以其鲜明的民族化、世俗化、生活化等诸多特色，成为具有中国风格的石窟艺术的典范，代表着公元 9—13 世纪世界石窟艺术的最高水平，被誉为世界石窟艺术史上的最后一座丰碑。1999 年 12 月，以北山、宝顶山、南山、石门山、石篆山为代表的大足石刻，凭借"大足石刻美术价值之高，风格和题材之多样化，代表了中国石刻艺术的最高水平。从印度传入中国的佛教密宗，与中国的道教和孔子儒家在大足石刻造像中三教合一，首次形成了影响很大的三教和睦相处的现象。在中国封建社会晚期，宗教信仰兼收并蓄的现象在大足石刻这一特殊的艺术遗产中得到了具体而形象的表现"等符合世界文化遗产的三项标准，被联合国教科文组织世界遗产委员会列入《世界遗产名录》。

与其他石窟艺术相比，大足石刻呈现出诸多的文化特色：

大足石刻列入《世界遗产名录》标识碑

石刻规模巨大，尤其是宝顶山大佛湾石刻在马蹄形的山谷中，绵延于 500 余米的崖壁上，气势宏伟，技艺精湛，造像既独立成龛，可反复观赏；又相互衔接，令人思索不已，在世界石窟史上都极其稀见。观音造像集中代表了宋人的审美观念和崇尚，宋代时期观音造像不仅数量多、题材广，且技艺精湛，出现了众多代表作品，将宋代世俗民众对观音的信仰和崇尚浓缩其间、推向极致。石刻世俗生活气息浓厚，从菩萨神态的展现，到牧牛、养鸡、求子等种种世俗场景的再现，生活化、世俗化的意味弥漫其间。佛、道、儒三教合一造像是国内石窟艺术早期的代表作，在古印度传来的佛教石窟艺术中，出现了佛、道、儒三教合一造像，为之前绝大多数其他石窟艺术所稀见，体现出石窟艺术民族化的特点。石刻造像，从另一个侧面展现了宋代宗教文化的诸多特点，如佛教造像，把佛教诸多宗派延续在民众崇尚之中，尤其宝顶山大型密宗道场的开凿，使得一度在北方地区几近消亡的密宗，向后延续 400 年之久，同时，佛教又融入儒家学说和伦理，体现出宋代时期佛教文化的特色。石刻造像极为注重艺术与科技的结合，设计者巧妙地将不同形状、不同位置的岩石，开凿成不同情态、不同风格的佛像，并巧妙地处理岩石与水的关系，借水生景，导水成景，引水助景，将自然的山水融入石窟艺术之中，恰有浑然天成之感。石刻造像保存了大量的匠师署名，尤其是宋代时期的雕刻匠师，保存有名有姓者有30 余人之多，体现出宋代市民自觉意识的觉醒。

宝顶山圆觉洞

民族风格

石窟艺术来源于古印度，传入中国后，在经历长期的发展和积淀后，昔日的梵僧胡貌，逐渐演变为具有中国风格的佛像。

石刻在造像风格上更注重于国人的审美取向。这一点，在著名的北山转轮经藏窟造像中得到了生动的诠释，普贤菩萨脸颊圆润，双唇轻翕，呈现出一种含颦欲笑、具有东方女性美的微妙神态，给人以娴静、端庄、秀雅之感；文殊菩萨手握经卷，目光平视，颇具学者风度，给人以博学多闻之感；其他如玉印观音花冠珠串，玲珑剔透；日月观音秀眉垂目，和蔼可亲。整窟造像，可见佛、菩萨的形象完全汉化了，体现出浓郁的中国传统伦理和审美观念。

具体在题材上，大足石刻的观音造像可以说是集中代表了宋代民众的审美观念。观音作为佛教中广为人知的菩萨之一，在大足宋代石刻造像中，不但数量多，而且技艺精湛，出现了众多代表作品。其题材广泛，有数珠手观音、玉印观音、水月观音、千手观音、如意轮观音等；在龛窟中，可作为主尊居于龛中，也可多身观音组合，或与阿弥陀佛、地藏等像组合；造像艺术上，既有娴静端庄、华丽富贵之美，又有天真腼腆、体态轻盈之感……这些形象和表现方式，

北山转轮经藏窟文殊菩萨

北山转轮经藏窟普贤菩萨

将宋代世俗民众对观音的信仰和崇尚浓缩其间、推向极致，故北山石刻有"观音造像陈列馆"之美誉，甚至出现"天下奇观"的宝顶山千手观音、俗称"媚态观音"的北山数珠手观音等重要作品。

以观音为题材的造像，精品迭出，比比皆是。

北宋后期开凿的北山第180号十三观音变相窟，颀长的观音造像站立在窟中，高耸而繁缛的花冠下，面容眉清目秀、祥和宁静。北山南宋时期转轮经藏窟中不空羂索观音（又称日月观音），端坐于方台之上，面颊丰腴、凤眼小口，六只手臂分别上托日月，或手持兵器，或置于胸前，观音的脸庞、手臂细腻逼真，似若吹弹可破，加之雕刻繁缛的花冠和璎珞，更加衬托出高雅的气质。北山第125号数珠手观音，身姿微斜，赤足站立于莲台之上，璎珞飘逸在椭圆形的背光之中，似有微风轻拂，因其身姿优美，一副欲笑还羞、欲走还留之情态，故民间有"媚态观音"一称；而同是数珠手观音，相毗邻的转轮经藏窟内则表现为端庄温和。数量众多的水月观音，多表现为观音游戏坐，身体微侧，坐在水旁石台上，静静观赏水中明月的情景，自然大方、潇洒自若的北山第113号和第133号，以及妙高山第5号等水月观音作品可谓是其代表作。1136—1141年雕凿的石门山十圣观音，两侧壁十身观音像比例匀称，共性中又具个性，表情和身姿略显不一，

北山转轮经藏窟日月观音

妙高山水月观音

或执扇微闭双眼，似在沉思；或握莲花，雍容华贵；或提竹篮，慈祥温和……

而宝顶山千手观音像，将观音信仰和艺术推向了一个巅峰。雕凿于南宋中后期的宝顶山大佛湾第 8 号千手观音造像，不仅是宋代大足石刻中最具代表性的千手观音造像，也是大足石刻的经典作品之一。整龛造像布局严谨、气势恢弘，是大足石刻千手观音造像发展的高峰和极致，是全国同类型造像题材中艺术成就最高的龛窟之一，也是世界宗教石窟艺术史上的一朵奇葩！

在这些雕刻精美的观音造像身上，凝聚着当时民众的憧憬和向往。宋代民众的审美观念在其间得到了极大的彰显，同时，也促使石窟艺术民族化得到了极为全面的展现。

三教合一

佛教传入中国，由于其主张与中国传统伦理观念（尤其是孝道）的主张不相一致，历史上就发生过激烈争论，甚至于出现废佛事件的发生。其后，佛教不断吸收和融入中国传统文化思想，尤其是儒家的孝道观。最晚在唐代武周时期,出现了一部讲述父母恩德的佛经——《父母恩重经》,之后出现有《报父母恩重经》,并广为流布,之外,在敦煌还发现有大量的据经文改写的讲经文、佛曲(歌辞)等,如《父母恩重经讲经文》《十恩德》《孝顺乐》等,同时还出现大量的壁画、雕刻等经变相。在这些以佛教疑伪经为主雕刻的变相图中,将具有中国民族特色的孝道观念,在佛教文化中提升到一个新的高度,从而在其中看到具有民族特色和世俗生活场景的人生历程。尤其是出现大足宝顶山父母恩重经变相巨幅雕刻,可谓是佛教文化与中国儒家文化高度融合的一个典型代表!

佛、道二教最初相互攻击,其后,道教中人也开龛设像,如就在毗邻大足附近的潼南区大佛寺,就保存有隋代开皇十一年(591)和大业六年(610年)的造像记,唐代时,还出现有佛、道二教同处一龛的造像。

唐代,佛、道、儒三教合一的声音就已经出现,唐玄宗对待三教采取"会三归一"和"理皆共贯"的原则,道教代表人物如成玄英等都援佛入老,发展道教教义。进入宋代,三教合一的思潮已成为中国学术思想发展的主流,道教众多派别大都提倡"三教平等""三教一源"的思想,道教金丹派南宗祖师张伯端认为"教虽分三,道乃归一"。儒学在宋代经过改造出现了理学,其思想体系中明显可见吸收佛教文化之处。

受此影响,在大足一地的石窟艺术中出现了三教合一造像。宋元丰五年(1082—1096年),由庄园主严逊主持开凿的石篆山石刻中,依次开凿有孔子和十哲龛、三世佛龛、太上老君和十二真人龛,雕刻时间接近,龛形和布局大致相同,体现出设计者三教平等的认识和观念。雕

石篆山三教造像长廊(重庆出版社提供)

刻于 1144 年的妙高山三教合一龛，是大足石刻最早将佛、道、儒三教主尊刻于同一龛内的造像，至此，历史上曾经相互对抗的佛、道、儒三教，在南宋时期走向了融合，体现出三教合一的思潮已经成为社会的主流，并渗透到民间。之后出现的佛安桥、佛儿岩、石壁寺等南宋时期的三教合一造像，既是三教合一思潮深入民间的体现，又是民众对三教合一认同的真实反映。这些三教龛，不仅是我国石刻艺术的瑰宝，也是我国佛、道、儒三教历史的见证。

事实上，三教合一造像还体现在诸多方面：如石刻造像区中佛、道造像和谐相处，在北山主要为佛教造像区域，其中出现有儒家重要经典《古文孝经碑》；石门山在北宋后期营造有水月观音、释迦佛等佛教造像龛，紧紧毗邻的是南宋时期营造的道教尊神玉皇大帝，而佛教的十圣观音洞和道教的三皇洞，窟形基本相同，布局大致相似，时代都为南宋时期，显示出佛、道在此地的交替兴盛，以及相互之间的尊重。而在宝顶山石刻，造像中不但多次雕刻反映孝道的题材，如父母恩重经变、大方便佛报恩经变等龛，而且极力宣扬孝道，尤其是父母恩重经变中的颂词和经文，刻有"三千条律令，不孝罪为先"，不恪守孝道"终是地狱之人、不孝之子"，将堕阿鼻地狱之中。可以说，孝道是宝顶山石刻营建者一个极为重要的观念。

宗教文化

大足石刻以其众多的石刻造像，保存着极为丰富的宗教文化。

佛教造像中，体现出唐宋时期佛教文化的诸多特色。作为佛教八大宗派之一的密宗尤为突出，密宗在唐代臻于鼎盛，至唐末逐渐衰落，以至于在北方地区几成绝响。大足石刻造像题材显示，从中晚唐时期开始，世俗民众就开凿密教题材的造像，一直持续到南宋中后期。宝顶山有特色的密宗道场的出现，不但为密宗向后延续了四百年，而且以其规模宏伟、世俗化等诸多特色，成为世界石窟艺术的巅峰之作！

石刻题材中，密教题材比比皆是，唐代主要以北方天王、千手观音等为主。密教兴起后，具有密教形象的观音广为传布，尤其是千手观音、如意轮观音、十一面观音、不空羂索观音等。大足晚唐千手观音像的出现，与密教观音信仰密切相关。五代时期陀罗尼经幢颇为盛行，北山佛湾第 260、271、281 号等 7 个龛的造像中，皆有经幢雕刻，或单独表现，或与其他题材合为一龛。

对于宝顶山是否为密宗道场的话题，一直在持续争论之中。但认为是一气呵成的、完备且具有特色的、大型密宗道场，渐渐成为一种共识。而今，在宝顶山上，展现出一个精心设计的造像群：从多处古道旁雕刻的题材造像类似的结界像，到宏伟巨大、图文易懂的大佛湾，再到幽邃神秘的小佛湾，暗示出营建者当初的初衷，即通过设计结界像、大佛湾来处处诱导、苦口婆心地劝告世人信奉佛法，最终进入以密宗修行观念为主的小佛湾。也许这就是一个密教重视的曼荼罗（汉译为"道场"）。密宗是宝顶山石刻营造者所宣扬的佛法的主旨，只是随着社会和佛教自身的变化，昔日神秘的密教到南宋时期，广泛吸纳其他教派要义，以浓厚的世俗化特色来传播密教，以吸引更多民众信奉，从而在宝顶山形成了一座今天看到的完备而有特色的大型密宗道场。

宝顶山小佛湾毗卢庵毗卢佛像

佛教中，净土信仰颇受民众崇奉，出现大量与之相关的造像，北山、宝顶山的观无量寿佛经变将净土世界描绘得富丽堂皇。禅宗的牧牛道场，则可谓是难得的一幅石窟艺术杰作。这些造像显示出佛教流传民间的情况。

土生土长的道教，在大足一地，通过道教石刻艺术的形式保存着众多的道教文化的痕迹。道教三清六御的造像，体现出道教神系"三清四御"定型前演变的情况；宋代时期的东岳夫妇、三皇、玉皇大帝、三官等诸多造像题材，体现出道教庞大的神仙系统。可以说，石刻以其特殊的形式，成为了解道教在宋代流传的珍贵实物资料。

更为弥足珍贵的是，佛、道、儒三教合一造像在宋代大足石刻的出现，是此时期宗教文化与民间信仰结合的真实反映。

世俗之风

在大足石刻诸多文化价值之中，世俗化、生活化是其中的一个极为重要的特色，这些石刻造像可以说是一幅生动的历史生活画卷，从各个侧面浓缩地反映了公元9—13世纪（晚唐、五代至南宋时期）的中国社会生活，使源于印度的石窟艺术经过长期的发展，至此完成了中国化的进程。

世俗化、生活化的大足石刻，其影响除石窟艺术民族化、三教合一等，还体现在多个方面：

一些神圣的造像题材，在大足一地被世俗中人加以崇奉。如密宗造像题材，之前大多为密教僧人供奉，而在大足，却被本州官吏、民众等作为主尊雕凿来发出自身的祈愿。这一点，尤其是密教的一些观音造像，颇具有代表性，如被匠师加以改造的如意轮观音、不空羂索观音等密教观音，作为单尊观音之一出现在十圣观音行列之中，成为世俗百姓信奉的造像题材。

石刻题材中，还展现了更为广阔的世俗生活场景。这一点，在宝顶山体现得最为充分。大足石刻造像中，宝顶山石刻因其世俗化的特色，生动展现了南宋社会生活诸多场景，在造像中，不但有清晨起来喂鸡的养鸡女、担负双亲在外行乞的孝子、乡村山野中牧牛的牧人、父母养育子女的种种场景……更有世俗人物醉酒后的种种表情和行为，甚至于还有密教高僧柳本尊行化的故事。这些日常生活中大多可见的情景，在神圣的佛教石窟艺术殿堂中得到了极其生动的展现。这些造像中，世俗人物成为雕刻的主要部分，可谓是一幅雕刻在崖壁上的"清明上河图"，由此也体现出石窟艺术在此时期进一步世俗化、生活化的特征。

大方便佛报恩经变相孝子担双亲图

264

艺术与科技的结合

大足石刻在雕刻中，既善于将力学运用其间，又善于处理好造像与崖壁上的溪泉以及渗水的关系。

力学的运用，是石刻造像中极受世人称道之处。用于支撑洞窟的中心柱，起源甚早，在古印度和中国新疆、敦煌的石窟中，大多采取中心柱的形式，也即石窟中设置佛坛、塔等，用以支撑洞窟或供僧众、信徒礼拜等。大足石刻设置中心柱的洞窟，各窟在具体表现上不尽相同。北山第 136 号转轮经藏窟，高 4.05 米、宽 4.1 米、进深 6.8 米，匠师巧妙地将中心柱设计为佛教贮藏佛经的转轮藏，在轮藏的藏身处采取镂空的技法，雕刻八根龙柱，在支撑洞窟的同时，又透过龙柱间的空隙，将光线照射在窟内造像之上，起到很好的采光作用。北山第 155 号孔雀明王窟，将中心柱设计成为孔雀明王端坐在孔雀之上，孔雀羽尾通过主像身后直达窟顶，起到了支撑的作用。石门山等处的孔雀明王窟也采取类似处理手法。道教造像的南山三清古洞，在窟正中也设计一中心柱，并在其上雕凿道教神像，体现出佛道造像相互借鉴的关系。

宝顶山石刻可谓是运用力学的典范。开凿圆觉洞的深度和宽度、崖面倾斜 30° 左右的柳本尊行化道场、卧佛中部供桌上飘起的祥云……都体现出匠师对于岩石的熟练驾驭，其间可见对力学知识的娴熟。而最为引人注目的是华严三圣龛，三圣像若擎天柱般屹立崖壁之上，手皆作前伸，或结印、或捧塔，尤以右侧的文殊菩萨倍受称道。该像双手前伸端一座七级宝塔，塔高 1.8 米，重近千斤，匠师巧妙地将下垂的袈裟衣褶形成三角形支架用作支撑，从而历千年而不坠，实为力学运用的经典之作。

石刻造像巧妙地处理岩石与水的关系。尤其是宝顶山大佛湾造像最为显著。大佛湾是一个马蹄形的山谷，其间岩石磊磊、溪泉淙淙，要将前后衔接的造像在其中一气呵成，处理好水与岩石的关系无疑是需极具匠心之处。九龙浴太子图上方为圣迹池，池水常年沿着该图，下流至大佛湾谷底，匠师在此处设计口吐冷暖二泉的九龙，龙口长伸，池水沿着龙口，终年冲

圆觉洞托钵僧

华严三圣文殊菩萨

洗着刚刚诞生的释迦牟尼，溪水又沿着卧佛前弯曲的水渠，流向谷底，其后又有八曲黄河的传说。可谓是导水成景的典范。

　　幽静的圆觉洞内，岩石间时常有渗水，匠师在崖壁上雕凿一长龙，形成引水的渠道，龙口下方站立一位形象古朴的老僧，手中托起一钵，水经龙口下滴至钵中，又沿暗道流出洞外，寂静之际，可听见从龙口传来的清脆之声，倍增圆觉洞的幽静之感，颇有"鸟鸣山更幽"的境界。此可谓是引水助景的佳例。

华严三圣下方的崖壁，时常有渗水浸出，匠师在渗水密集处凿出一小小的排水沟，并穿过长达 2.58 米的普贤菩萨脚下站立的莲台，一直流经中间主尊的佛像下方，在其间凿一深洞，用作蓄水，并在洞上圆雕直径 1 米多的巨大的莲叶，渗水就沿着其下经过暗道汇入谷底溪泉。早在明代时，此处就有"灵湫泉"的雅号，明代忠州刺史战符以此为题，吟诗道："层峦石里透灵泉，谁凿莲花漾佛前。照耀金光云影净，岩前又喜见诸天。"将渗水形成一泉，此可谓是借水生景的一例。

匠师

与绘画史记载众多的画家相比，古代雕塑工匠往往不被注意，据有关专家统计，唐代雕塑家留下姓名的不足 30 人。宋代留下姓名的雕塑工匠较多，除碑刻、文献记载之外，更多见于石窟造像题记，尤其是在大足石刻之中。这一现象表明工匠对自身创作的自觉和艺术价值的认可，成为中国雕塑史上一例独特的风景。

唐五代时期的大足石刻中，未见有石刻匠师的名字。大足石刻中出现的第一件雕刻工匠名字的作品，是在北宋皇祐四年（1052 年），文昌和他的儿子文惟简、文惟一父子三人完成的一件陀罗尼经幢。这拉开了大足石刻匠师署名的风气，仅在宋代，就出现有 30 余位匠师的名字。此是大足石刻匠师署名最具有代表性的时期，他们的作品和署名迄今仍存于崖壁之上、造像之旁，成为大足石刻呈现出的一个重要文化特色。

大足石刻保存的工匠名字数量，哪怕放在中国雕塑史与中国石窟艺术中来看，也是极为稀有的。和留下姓名不足 30 位的唐代石刻相比，宋代大足留下的工匠姓名是极丰富的。这在中国石窟艺术中，也是极为稀见的现象。

在大足从事石刻雕凿的匠师有着自己家族的传承。经梳理，大足宋代主要有"文""伏"二姓雕刻匠师，其中，"文氏"一族先后有六代在此献艺，且世系明确，有名有姓，在中国古代匠师历史上显得甚为奇特。自文昌署名之后，其后还有文惟简、文惟一、文居礼、文居用、文仲璋、文琇、文玠、文孟周、文孟通、文艺等后代，先后在石篆山、石门山、妙高山等献艺。文氏家族署名，大多会在姓名前署上籍贯，如"岳阳""东普""普州"等，据考证，所指的地方均为大足的邻县安岳。

北山转轮经藏窟

　　石刻工匠们署名时，除籍贯外，往往加上独特的身份。文氏工匠在署名时，前多镌刻有"镌作""镌作匠人""攻镌""镌作处士""处士"等称谓，如佛安桥三教窟中有"东普攻镌处士文孟周记"。雕刻北山弥勒下生经变和泗州大圣龛的伏元俊，自称为"本州匠人"。来自"赖川"的匠师胥安，在北山转轮经藏窟中则自称"镌匠"。工匠们不仅对雕刻完工的造像加以署名，同时还冠以职业上的自称，或体现出在此行中的地位，或表明自身有较高的文化素养，体现出一种自我人格意识的加强。

　　以文、伏二姓为主的匠师，在雕刻区域上似乎有约定俗成的地域。在大足石刻众多的造像点中，目前还未发现一例石窟点和石刻造像属于"文""伏"二姓匠师共同开凿的情况。而且他们雕刻的造像点显示，他们各自有着一个明显的区域，其中，"伏"姓匠师雕刻的主要所在地，为城区附近的北山石刻以及10千米外舒成岩石刻，在这区域之外的其他造像点，则为"文"氏造像区域。

　　以文、伏二姓为代表的匠师、佛、道、儒三教造像兼造，石篆山、妙高山的三教合一造像为文氏匠师中文惟简、文仲璋等营造，伏姓匠师除在北山营造佛像，还在舒成岩石刻雕凿道教石刻，由此来看，他们对于中国石窟史上三教合一造像的出现可谓是功不可没。

　　在大足石刻众多造像点中，规模宏伟的宝顶山石刻近万尊造像中，未见有一处关于工匠的署名题刻，之后的史料文献也未见有记载，迄今仍是人们津津乐道的话题。

宝顶山未雕刻完工的明王像

参考文献

第一部分　专著

宋·郭若虚、邓椿《图画见闻志 画继》，米田水译注，湖南美术出版社，2000年。

宋·黄休复《益州名画录》，何韫若、林孔翼注，四川人民出版社，1982年。

宋·王象之《舆地纪胜》，中华书局，2003年。

宋·四水潜夫辑《武林旧事》，浙江人民出版社，1984年。

清·刘喜海编，王家葵导读《金石苑》，巴蜀书社，2018年。

《大足石刻全集》，重庆出版社，2017年。

《大足石刻铭文录》，重庆出版社，1999年。

《大足石刻内容总录》，四川省社会科学院出版社，1985年。

重庆大足石刻艺术博物馆等编《大足石刻研究文集》，重庆出版社，1993年。

重庆大足石刻艺术博物馆等编《大足石刻研究文集》第2辑，重庆出版社，1997年。

重庆大足石刻艺术博物馆等编《大足石刻研究文集》第3辑，中国文联出版社，2002年。

重庆大足石刻艺术博物馆等编《大足石刻研究文集》第4辑，中国文联出版社，2002年。

重庆大足石刻艺术博物馆等编《大足石刻研究文集》第5辑，重庆出版社，2005年。

重庆大足石刻艺术博物馆编《2005年重庆大足石刻国际学术研讨会论文集》，文物出版社，2007年。

大足石刻研究院编《2009年中国重庆大足石刻国际学术研讨会论文集》，重庆出版社，2013年。

大足石刻研究院编《2014年大足学国际学术研讨会论文集》，重庆出版社，2016年。

大足石刻研究院、四川美术学院大足学研究中心编《大足学刊》第1~4辑，重庆出版社，2016—2020年。

陈习删《大足石刻志略》，四川省社会科学院出版社，1985年。

刘长久、胡文和、李永翘《大足石刻研究》，四川省社会科学院出版社，1985年。

郭相颖《大足石刻研究》，重庆出版社，2000年。

陈明光《大足石刻考古与研究》，重庆出版社，2001年。

陈明光《大足石刻考察与研究》，中国三峡出版社，2001年。

陈明光《大足石刻档案（资料）》，重庆出版社，2012年。

黎方银《大足石刻》，三秦出版社，2010年。

李传授、张划、宋朗秋《大足宝顶香会》，中国文联出版社，2005年。

《民国重修大足县志》，中国学典馆北泉分馆印刷厂排印，1945年。

《大足县志》，方志出版社，1996年。

《安岳县志》，四川人民出版社，1993年。

陈少丰《中国雕塑史》，岭南美术出版社，1993年。

金维诺、罗世平《中国宗教美术史》，江西美术出版社，1995年。

《巴中石窟》，巴蜀书社，2003年。

胡文和、胡文成《巴蜀佛教雕刻艺术史》，巴蜀书社，2015年。

刘长东《晋唐弥陀净土信仰研究》前言，巴蜀书社，2000年。

白化文《汉化佛教法器服饰略说》，商务印书馆，1998年。

业露华撰文，张德宝、徐有武绘图《中国佛教图像解说》，上海书店，1995年。

张总《地藏信仰研究》，宗教文化出版社，2003年。

《敦煌学大辞典》，上海辞书出版社，1998年。

杜斗城《敦煌本佛说十王经校录研究》，甘肃教育出版社，1989年。

牛龙菲《敦煌壁画乐史资料总录与研究》，敦煌文艺出版社，1996年。

李际宁《佛经版本》，江苏古籍出版社，2002年。

《刘敦桢全集》，中国建筑工业出版社，2007年。

《梁思成全集》，中国建筑工业出版社，2001年。

第二部分　主要参考论文

吴显齐《介绍大足石刻及其文化评价》，《大足石刻研究》，四川省社会科学院出版社，1985 年。

重庆大足石刻艺术博物馆《大足尖山子、圣水寺摩崖造像调查简报》，《文物》1994 年第 2 期。

陈明光《大足北山佛湾发现开创者造像镌记》，《四川文物》2007 年第 3 期。

王惠民《北山 245 窟的图像与源流》，《2005 年大足石刻国际学术研讨会论文集》，文物出版社，2007 年。

《宋范祖禹〈古文孝经〉石刻校释》，马衡《凡将斋金石丛稿》，中华书局，1996 年

米德昉《大足北山宋刻〈维摩诘经变〉及其相关问题考察》，《中国国家博物馆馆刊》2015 年第 3 期。

马世长《大足北山佛湾 176 与 177 窟——一个奇特题材组合的案例》，《2005 年重庆大足石刻国际学术研讨会论文集》，文物出版社，2007 年。

陈玉女《大足石刻北山摩利支天像的雕凿时局》，《200 年重庆大足石刻国际学术研讨会论文集》，文物出版社，2007 年。

陈明光《大足多宝塔外部造像勘查简报》，《2005 年重庆大足石刻国际学术研讨会论文集》，文物出版社，2007 年。

刘蜀仪、陈明光、梁洪、张划《唐末昌州永昌寨考略》，《大足石刻研究文集》，重庆出版社，1993 年。

杨方冰《大足石篆山石窟造像拾遗》，《四川文物》2005 年第 1 期。

顾森《大足石篆山"志公和尚"龛辨正及其他》，《美术史论》1987 年第 1 期。

重庆大足石刻艺术博物馆《大足十王殿石刻造像初识》，《重庆历史与文化》2007 年第 2 期。

梅林、纪晓棠《难信"地藏菩萨说"，疑是僧伽变相窟——大足七拱桥第 6 号窟调查简记》，《2009 年中国重庆大足石刻国际学术研讨会论文集》，重庆出版社，2013 年。

方珂《大足石刻舒成岩释疑两则》，《石窟寺研究》第 4 辑，文物出版社，2013 年。

陈世松《试论大足南山淳祐十年碑记的价值》，《四川文物》1986 年第 1 期。

方广锠《四川大足宝顶山小佛湾大藏塔考》，《大足石刻研究文集》第 2 辑，重庆出版社，1997 年。

张划《大足宋代石刻镌匠考述》，《大足石刻研究文集》第 2 辑，重庆出版社，1997 年。

邓之金《简述镌造大足石窟的工匠师》，《大足石刻研究文集》第 2 辑，重庆出版社，1997 年。

陈静《大足石刻水月观音造像的调查与研究》，《大足石刻研究文集》第 5 辑，重庆出版社，2005 年。

侯波《从自我观照到大中救赎——水月观音造型流变考》，《2009 年中国重庆大足石刻国际学术研讨会论文集》，重庆出版社，2013 年。

黎方银《大足石窟不空羂索观音像研究——大足密教造像研究之二》，《大足石刻研究文集》第 5 辑，重庆出版社，2005 年。

姚崇新《大足地区唐宋时期千手千眼观音造像遗存的初步考察》，《大足学刊》第 2 辑，重庆出版社，2018 年。

罗世平《地藏十王图像的遗存及其信仰》，《唐研究》第 4 卷，北京大学出版社，1998 年。

《石窟遗存〈地藏与十佛、十王、地狱变〉造像的调查与研究》，陈明光《大足石刻考察与研究》，中国三峡出版社，2001 年。

胡良学《大足石刻的诃利帝母及其经变相研究》，《2009 年中国重庆大足石刻国际学术研讨会论文集》，重庆出版社，2013 年。

李小强、邓启兵《"成渝地区"中东部僧伽变相的初步考察及探略》，《石窟寺研究》第 2 辑，文物出版社，2011 年。

张安兴、张彦《西安碑林博物馆藏张澍〈大足金石录〉考略》，《2014 年大足学国际学术研讨会论文集》，重庆出版社，2016 年。

胡文和、刘长久《大足石窟中的宋代道教造像》，《世界宗教研究》1987 年第 3 期。

彭金章《千眼照见　千手护持——敦煌密教经变研究之三》，《敦煌研究》1996 年第 1 期。

李力《从考古发现看莫高窟唐代壁画中的香炉》，《1990 年敦煌国际学术研讨会文集·石窟考古编》，辽宁美术出版社，1995 年。

李静杰《陕北宋金石窟题记内容分析》，《敦煌研究》2013 年第 3 期。

罗世平《四川唐代佛教造像与长安样式》，《文物》2000 年第 4 期。

图书在版编目（CIP）数据

大足石刻十八讲 / 李小强著. -- 南京：江苏凤凰
美术出版社，2022.2（2023.11重印）
ISBN 978-7-5580-3898-3

Ⅰ.①大… Ⅱ.①李… Ⅲ.①大足石窟–石刻–研究
Ⅳ.①K879.274

中国版本图书馆CIP数据核字（2022）第018094号

策　　划	程继贤
责任编辑	龚　婷
责任校对	吕猛进
责任监印	生　嫄
封面设计	郭　渊
责任设计编辑	郭　渊

摄　　影　张文刚　罗国家　杨光宇　唐长清　邓启兵　毛世福
　　　　　周　颖　郑文武　王　远　吕文成　李小强等

书　　名	大足石刻十八讲
著　　者	李小强
出版发行	江苏凤凰美术出版社（南京市湖南路1号　邮编：210009）
制　　版	南京新华丰制版有限公司
印　　刷	南京新世纪联盟印务有限公司
开　　本	718mm×1000mm　1/16
印　　张	17.5
版　　次	2022年2月第1版　2023年11月第2次印刷
标准书号	ISBN 978-7-5580-3898-3
定　　价	98.00元

营销部电话　025-68155675　营销部地址　南京市湖南路1号
江苏凤凰美术出版社图书凡印装错误可向承印厂调换